休闲农业系列教材

农庄经营管理

总 主 编：谈再红
本书主编：朱　颖

中国农业大学出版社

图书在版编目（CIP）数据

农庄经营管理 / 朱颖主编 . —北京：中国农业大学出版社，2015.3
ISBN 978-7-5655-1190-5
I. ①农… II. ①朱… III. ①农业经营 IV. ①F306
中国版本图书馆 CIP 数据核字（2015）第 046545 号

书　　名	农庄经营管理		
主　　编	朱　颖		
责任编辑	张　蕊	**责任校对**	阳晓婷
封面设计	廖　畅		
出版发行	中国农业大学出版社		
社　　址	北京市海淀区圆明园西路 2 号	**邮政编码**	100193
电　　话	发行部 010-62818525,8625	读者服务部	010-62732336
	编辑部 010-62732617,2618	出　版　部	010-62733440
网　　址	http：//www.cau.edu.cn/caup	e-mail	cbsszs@cau.edu.cn
经　　销	新华书店		
印　　刷	长沙鸿发印务实业有限公司		
版　　次	2015 年 4 月第 1 版　　2015 年 4 月第 1 次印刷		
规　　格	700×1000　16 开本　14.5 印张　270 千字		
定　　价	31.00 元		

编写人员

总　主　编：谈再红

副总主编：唐年青

编　　委：（按姓氏笔画排序）

邓灶福　邓建平　阳征助

朱　颖　李卫东　李翠芳

谈再红　唐年青　董益生

本书主编：朱　颖

本书副主编：杜　鹃　庄　洁

参　　编：何跃飞　张志龙　骆　灿

主　　审：唐年青

序 言

休闲农业要以园区整体景观提升为目标，从艺术农业、景观农业、观赏农业出发，将农业景观纳入到旅游内容之中。在农业种植景观的基础上，围绕田园风光将主题、文化、休闲等融入其中，为都市人提供认识农业、体验农业的机会。同时还应该在乡村农民创业引导和培训旅游产业工人方面作出示范，让农民积极地参与到旅游开发中来，通过以农耕产品为原材料的农民手工艺制作工坊、农民创意集市等丰富的有田园韵味的项目，形成休闲农业发展的互动引擎。要让“吃、住、行、游、购、娱、体、学、研、悟”等旅游元素与现有农业资源形成良好的互动，通过农耕生产——初级加工——定制成品的模式，提供体验式销售、体验式购物，直接面对都市顾客，提供农产品的定制加工，实现服务业服务的目标。要结合园区示范种植，从传统农耕中取材，增加乡土、乡俗、乡趣的田园游乐体验内容，展示农业发展进程，对本地的农耕民俗文化进行保护。

休闲农业系列教材——《休闲农业创意》《农庄规划设计》《休闲农庄服务》《农庄经营管理》《农庄养殖技术》《农庄种植技术》《休闲农产品加工技术》，首次系统地介绍了休闲农庄的创意、规划设计、管理、服务等方面的基础理论与专业知识，以及休闲农业的种、养、加技术。这套教材对休闲农业人才的培养将会起到很大的促进作用。

明道大学在中国台湾首创精致农学系，该系拥有占地十余公顷的果园、有机农场及温网室，开设有休闲保健特色专业，培养现代休闲产业经营的新型人才。课程设计注重实务，讨论中强调“案例分析”以增长学生实务经验，并以“专案研究”带领学生深入了解业界实况。“实务实习”课程将直接在职场进行，并训练学生的独立分析、资讯研判及参与协调等能力。学校还开办以下方面的课程：数位设计、时尚造型、景观设计、绿环境设计、精致农业、资讯传播、生物科技等。

明道大学创办人及董事长

明道大学系统总校长　教授

汪大永谨志

序 言

中国台湾拥有一千多家休闲农庄。休闲农场让中国台湾的农业从第一产业走向了第三产业，使农业实现了产业升级。其中精致种植的水果、蔬菜和部分特色作物从育种、育苗、栽培、防控、加工等方面都处于世界的领先地位。中国台湾的农庄在建设过程中，不是将经济效益放在第一位，而是将环境的保护与改善、生态功能的恢复放在第一位，越来越多的人对其感到向往，进而前去游玩、观赏、放松、体验；并在经营过程中，都明显融入了自己的思想、创意与追求，具有鲜明的个性特征，精致、时尚，富有特色。中国台湾的农庄汲取老子的道教思想，挖掘当地特色资源和本土历史文化，讲究因地制宜，顺其自然，师法自然，道法自然，而不是墨守成规，复制照搬，更不是依靠人力或者机械的力量去改造自然。其农庄多以“小而精”取胜，以质取胜，以特色取胜，并非常注重产品的“口碑”，为保证产品安全营养，他们严格控制化肥、农药、除草剂的使用，保证产品质量。他们不仅设法吸引游客前往观赏、购买产品、享受服务，更注重游客的参与和互动。人们在这里不仅可以避开城市的喧嚣，充分地放松身心、亲近自然，尽情地游玩、休闲、娱乐，还可学到不少在课堂上学不到的知识，因而很受欢迎。

《休闲农业创意》《农庄规划设计》《休闲农庄服务》《农庄经营管理》《农庄养殖技术》《农庄种植技术》《休闲农产品加工技术》是祖国大陆首次介绍休闲农业专业知识的系列教材，其内容通过借鉴中国台湾在休闲农业上的成功经验，运用相关专业知识理论，结合实际情况，全面、系统地阐述休闲农业从规划设计到管理服务全过程的基本知识。是一套值得一读的好书。

“中华青年企业家协会”荣誉理事长

刘璨树

前　言

《农庄经营管理》是专门介绍现代农庄管理理念与实务的专业用书。本书为2014年立项的湖南省高等学校科学研究项目《旅游休闲农庄游客忠诚度与场所依恋关联研究——以长沙市的旅游休闲农庄为例》（项目编号：14C0678）成果之一，内容丰富、涉及面广，汇集了农庄经营管理的基础和核心理论，具有较强的针对性和可操作性。近年来，休闲农业快速发展，成为农业农村经济的新兴产业、朝阳产业。人们休闲旅游消费不断增加，乡村旅游日益火爆，由此促进了休闲农业转型提质，涌现了一大批环境条件优越、休闲功能多样、经营规模较大、服务比较规范的现代农庄。农庄在拓展农业功能、开发农村资源、促进新农村建设，以及带动农民就业增收上发挥了重要作用。市场上亟须关于农庄如何管理的书籍，但总的来说有关农庄具体如何开发与发展的书籍较少。而现代农庄专业化、规模化、综合化的发展趋势要求农庄管理要紧跟时代节奏，农庄的经营管理已经成为一门专业的学科，值得人们研究和探讨。具体来说，本书主要有如下特色：

1. 创新性。本书突破了一般的企业经营管理内容，创造性地紧密联系农庄的实际情况，并辅有农庄案例的展示，有力缓解了目前国内有关农庄经营管理方面教材稀缺的情况。本书是观光农业、生态农业、旅游管理等专业的专业教材，也可作为其他相关专业的参考资料。

2. 针对性。本书针对目前我国农庄发展的特点，以适合的相关理论为前提，以开发和发展适应我国休闲农业特色的现代农庄为目的，有针对性地进行农庄管理的引导。

3. 可操作性。本书有大量实例和案例分析，根据具体的现行农庄实体为蓝本，针对农庄的不足和欠缺，因地制宜地对农庄的管理进行改进和改善，对农庄的管理工作有具体现实意义，可操作性强。

4. 特色性。本书强调农庄管理的特色性，鼓励农庄根据自身的地域或文化的不同，打造符合自身发展的特色型现代农庄，以此为指导思想贯穿全书。

5. 启发性。本书可以说是一本集结合休闲农业、旅游观光以及经营管理等方面相关知识的书籍，涉及面比较广，每章的小案例和小知识以及书中采用的部分开放式的案例，都对读者有一定的启发性，启发读者自主思考和分析，给人留下深刻印象。

全书共分为9章，分别是绪论、农庄经营管理的特点与原则、农庄游客及市场开拓、农庄旅游市场营销、农庄生产管理、农庄财务管理、农庄服务管理、农庄景区运营管理和农庄的可持续发展，由浅入深地介绍农庄的经营和管理过程。从第一章绪论主要阐述农业经济管理和农庄经营管理的概念开始，到第二章具体地分析农庄经营管理的特点与原则；进入第三章和第四章就农庄旅游市场的开拓和农庄市场营销等核心问题进行深刻探讨；并且突破性地在第五章农庄生产管理中阐述了具有农村、农庄特色的管理工作；同时第六章农庄的财务管理也紧密围绕我国农村经济的具体情况进行阐述；第七章、第八章则围绕具体的农庄的服务管理和农庄景区运营管理进行讨论；最后，本书提出了在农庄建设和发展过程中必须遵循可持续发展这一理念。本书在主编朱颖、副主编杜鹃、庄洁以及其他编者的特色选材和精心编写下完成。在此，特别感谢给予本书大力支持的湖南生物机电职业技术学院的院、系领导和同事，同时感谢湖南省乡镇企业局的张志龙、湖南省现代休闲农业研究院规划设计所的骆灿，以及其他为本书提供帮助和大量实例资料的企业、单位和个人。

由于编写时间仓促，加上编者水平的局限性，本书中定有许多不足之处，敬请广大同仁和读者批评指正。

朱颖

2014 年 10 月

目录

第一章 绪论

第一节 农业经济管理及农庄经营管理概述

一、农业经济管理的概念

“农业”是一个古老的概念，是人类社会进步的物质基础。一个国家、一个民族只有在其本身农业保持长盛不衰的情况下，或者是能稳定从外部获得农产品的条件下，才能使其文化和历史得以延续。农业对于拥有数千年灿烂文明的中国，更是有其重要意义。

《汉书·食货志》如此定义农业：“辟土殖谷曰农”。辟土，即开辟农田，殖谷即种植五谷。也就是说，农业就是开辟农田，以种植五谷的意思。而农业在英文中的单词为agriculture，agric 源自拉丁文，是土地的意思，culture 意为耕耘或栽培，两个词合起来，也就是在土地上进行耕耘与栽培的意思，这和“辟土殖谷”的意思相近。但这都是农业最狭隘的表述，也是千百年来传统农业的基本表达和概念。随着社会的不断发展和人类需求的增加，农业衍生出了新的概念和更为丰富的内涵。目前我们把普遍利用动植物等生物的生长发育规律，通过人工培育来获得产品的生产活动，统称为农业。农业可分为原始农业、古代农业、近代农业和现代农业。

农业经济是研究农业中生产关系和生产力运动规律的科学，即经济发展主要取决于劳动力资源的占有和配置。农业经济的发展一直持续了几千年，发展到现在已经成为一门重要的学科。农业是国民经济的基础，也是经济发展、社会稳定的基础。我国一直是以农业为主的发展中国家，乡村地域广阔，农村人口众多。改革开放三十多年来，农业经济、农村生活环境和农民精神面貌发生了巨大变化。十八大会议报告中特别强调，“解决好农业、农村、农民问题是全党工作重中之重，牢固树立‘重中之重’的战略思想，对于做好新阶段‘三农’工作，推进社会主义新农村建设和小康建设，促进经济社会协调发展，构建社会主义和谐社会，具有重大而有深远的意义”。中央对农业、农村政策从之前的“支农”到“支农惠农”到“强农惠农”再到如今的“强农惠农富农”，可以看出国家对农业的重视提升到了发展战略的首要位置，在强化农业基础、促进农村发展、富裕农民生活等方面提出了更加科学、具体的指导方针，这也就对农业经济中如何做好管理工作提出了具体的要求。

农业经济管理（management of agricultural economy），是对农业生产过程中的生产、交换、分配与消费等经济活动，进行计划、组织、协调、控制，并对人员进行激励，以达到预期目标的一系列工作的总称。

农业经济管理是国家管理农业发展的重要方面，主要是按自然规律和经济规律的要求，在农业生产各个部门中合理组织生产力，正确处理生产关系，适当地调整产业结构，从而更有效地使用人力、物力、财力和自然资源。并妥善处理国家、企业、劳动者之间的利益关系，从而提高农业生产的经济效益，最大限度满足社会对农产品的需要。

二、农庄经营管理的概念

随着近几年农业经济的发展，传统意义的农业也在发生新的转变。伴随着城市化进程的不断加快和科学技术的进步，经济发展到了一定阶段，“休闲农业”“休闲农庄”“观光农业旅游”“农家乐”等新型农业产品出现在人们的眼前，给传统意义的农业赋予了新的生命，带来了新的发展契机。

休闲农业起源于19世纪30年代，当时社会城市化进程加快，人口增长加剧，为了缓解都市生活的压力，人们渴望到农村享受暂时的悠闲和宁静，体验乡村生活，于是这一产业逐渐在意大利、奥地利等地兴起，随后迅速在欧美各国发展起来。休闲农业一词源于英文的agritourism/agro.tourism，是由农业（agriculture）和旅游（tourism）两个词组合而来的，因此翻译过来就有了都市农业和乡村旅游两种说法，但我国目前普遍采用休闲农业这一解释。休闲农业是乡村地区为消费者提供的所有游览、休闲、度假服务的总称，是一个内涵较为广泛的术语。而农庄恰恰是休闲农业这一产业中承载着重要职能的一个载体，它是传统农业与旅游业相结合而产生的一种新兴的旅游项目。所以说农庄不仅仅是传统意义上的指生产农、林、牧、副、渔的封闭型成片土地或村庄形式，而是指能满足消费者参加农作物的耕种、收割、采摘等农耕体验或者其他有关农业生产体验的经营性场所。

农庄的经营活动就是农业经济的具体实践活动，而经营管理是研究在不同的环境条件下，如何根据国民经济发展的政策和市场的需求状况，拟定研究对象的经营目标、经营方针、经营策略及其实施途径，并通过人才开发、产品开发、技术创新、控制成本以及其他措施，不断提高研究对象的经济效益，充分满足国家建设与人民群众日益增长的物质文化生活的需要的科学。

经营中的“经”是指筹划或者说是大方针的决定，“营”是指谋求或者说是目的的追求。经营，是经济学中一个专门术语，在我国《诗经》上有记载“经始灵台，经之营之”，意思是说土建工程的营造（经度营造，即筹划营谋之意）。后来随着社会经济的发展，经济事业的经营办理一般称为经营。而管理活动自古即有，管理有着管辖、处理、管人、理事等意。对于管理的定义很多，但基本上可以理解为，管理是指一定组织中的管理者，通过实施、计划、组织、人员配备、指导与领导、控制等职能来协调他人的活动，使别人同自己一起实现既定目标的活动过程。

农庄是特殊的经营管理对象。农庄是休闲农业的经营主体，是休闲农业具体的经营单位，其经营者大多是农户、农村集体组织、城市来的投资者或某些投资机构。农庄的类别也很多，比如大类有观光休闲型、观光生态型、生产经营效益型等，而这些又可以细分为许多小类，根据不同的地理、自然资源、人文资源分类皆不一样，但是农庄的经营管理理念是相同的。管理活动都要有一个根本的原则，一切管理都要围绕一个最基本的核心思想。这个核心思想就是经营理念，是管理者追求企业效益的根据，是客户、竞争者以及职工价值观与正确经营行为的确认，然后在其基础上形成企业基本设想与发展方向、共同信念和企业追求的经营目标。这些被我们称为“经营理念”。

农庄的经营管理任务，就是要解决如何使农庄能适应外部社会与市场环境的变化，制定出符合当地农庄的经营方针、经营目标和经营决策，使农庄能更好地满足市场的需要，以取得更好的经济效益。根据以上目标任务，农庄经营管理的研究具体有以下七个方面。

①研究经营管理的基本原理，根据农庄的区域性特点，因地制宜地确定农庄经营思想、方针、目标、方向，采取相应经营战略与策略，并建立必要的经营组织。

②研究农庄的内外部环境，并进行综合分析。

③进行经营预测，作好经营决策，制定经营计划。

④作好农庄的营销和市场开拓。

⑤进行农庄的产品开发和人才开发，推动农庄的技术改革。

⑥研究适合农庄的财务决策与投资方案。

⑦进行农庄经营中问题的诊断与经营效果的分析，及时作出整改。

农庄经营管理具有其科学与艺术的双重性，两者不可分割地交织在一起，缺一不可。农庄在管理过程中需要经营管理科学与经营管理艺术相结合，灵活、有效运用。通常涉及农庄生存和发展方面的重大决策，必须建立在经营管理的规范性和科学性之上；而处理日常经营中随时出现的各种各样复杂问题，经营管理艺术则比经营管理科学有更高的价值和适应性。因此，在农庄的经营管理中，既要依靠经营管理科学，也要依靠高超的经营管理艺术。

第二节 农村经济的发展与现代农庄的产生

一、农村经济发展趋势

我国是农业大国，农业和农村经济的发展状况直接影响到我国农村改革的效果，进而影响整个国民经济的发展。

（一）农村经济发展现状

众所周知，中国农村人口居多，因此农村经济的发展对于中国经济的整体发展而言意义重大，同时也只有发展好农村经济、增加农村人口的收入水平、提高农村人口的生活质量，才能真正达到建设小康社会的目的，最终实现共同富裕。近年来，虽然中国农村经济发展取得了很大的成就，但是农村经济的发展也还存在很多的问题和不足。

1. 基础建设落后

基础建设是农村经济发展和农村经济开发的基本物质保障，是其经济发展的基本前提，但就目前来说，我国农村的基础设施仍旧比较落后。比如，道路交通的不完善。道路交通是农村对外打开大门的基础保证，但我国目前仍有许多农村地区道路建设十分落后：道路承载量低、质量差、宽度不够、交通网络结构单一，甚至有的乡村还没有实现村村路、路到村。同时，水、电、网络通信等设施也不健全。水、电、网络通信是农民生活的物质保证之一，是获取信息的主要工具。目前我国有的农村尚处于生活用水难以得到保证、电力与网络通信也不健全的境况。21 世纪已经是信息时代，但还有很多农村地区，农民的经济和社会信息渠道难以保证，严重阻碍了经济发展。

2. 农村生产经营模式落后

土地作为农民最基本的生产资料，目前主要生产方式以种植业为主，大多结构单一，没有形成农、林、牧、副、渔一体化的农业生产，没有形成多样化、特色化的农业生产结构。我国大部分农村地区生产力水平低下，有着靠天吃饭的现象，许多地方还处于以牛耕锄种为主要生产工具的原始农业时代，生产技术含量低，劳动者素质低。再者，农村资源开发利用率低，大量资源闲置浪费，难以实现资源的经济价值。生产经营模式落后同时还表现在农村市场的不规范上：市场管理交易不规范，市场小，商品流通率低，农村市场网络化程度低；同时资本市场、货币市场发展缓慢，农村经济发展对外开放程度低，导致外部资金无法进入、先进的科学技术和人才无法引入，内部市场无法与外部市场相结合，阻碍了农村经济的发展。

3. 政策制度的不健全

首先，社会保障制度不健全。比如养老保险、最低生活保障制度力度小，医疗制度难以落实，虽然经过改革，但还是存在弊端。社会保障制度的不健全，加重了农民的后顾之忧，无法调动自主投资生产的积极性，阻碍农村经济发展。其次，基层干部管理机制不健全。农村基层干部作为基层农村经济发展的直接管理者，在农村经济建设过程中处于重要地位，但如今农村基层干部素质普遍不高，基层腐败现象明显，这对农村经济的发展影响很大。再次，农村经济发展中激励机制不健全。我国农村经济发展处于缓慢发展阶段，呈现疲惫状态，需要合理的科学的激励机制用于农村经济建设过程中。最后，农村经济中人力资源开发机制不健全，阻碍了农村劳动力素质和基层干部管理能力的提高，不利于转变农村落后观念，特别是使农村剩余劳动力得不到合理的开发和引导。

（二）农村经济改革方向

农村经济改革势在必行，农村经济也必将向着健全、健康、科学、合理的方向发展。这需要我们努力改革创新，大力发展农村经济，促进农村生产经营发展模式的转变，不断促进农村生产经营发展模式由劳动密集型向技术密集型转变、传统农业向现代农业转变、封闭半封闭状态向对外开放型转变。

1. 完善农村基础建设

这是农村经济发展的客观需要。第一，加强农村道路交通建设，做到“乡乡通、村村通”，打造乡村城镇立体化交通网络。第二，加强水、电、网络通信建设。提高农民生活用水、农业用水质量；加强电网改造，完善农村通信网络；普及电脑技术，促进农村信息化建设。

2. 促进农村生产经营模式转变

第一，农村经济发展结构调整。改变目前我国农村农业结构单一现状，因地制宜实行立体农业结构调整，形成农、林、牧、副、渔一体化，建立科学的农业结构分布布局。第二，加大农村资源开发力度，提高自有资源利用率。农村资源丰富，具有巨大的资源开发潜力，科学、合理地大力开发农村资源，有利于直接促进农村经济发展，使农村资源优势转变为经济优势。资源开发应以可持续发展观和生态保护为依据，提高资源利用率，运用循环经济理念，使资源开发和资源环境问题相协调。第三，大力发展农村生产力。引进先进的生产技术、管理技术、加工技术，提高劳动者素质和管理者水平，摆脱传统的、原始的农业生产经营模式。第四，规范农村市场。这要求政府加大市场管理，逐步健全农村市场管理制度。完善农村资本市场和货币市场，促进市场繁荣，实行产供销一体化结构，健全农村市场网络系统。第五，开放农村市场。农村市场的封闭性是造成农村经济发展缓慢的原因之一，应该在政府的引导下打开农村市场，引进科学合理的管理理念、技术和人才，全方位打开农村市场。

二、现代农庄的产生和发展

农庄这一形式是在人类发展过程中自然发展形成的，并且随着社会的发展不断扩充自身的范围及内涵。农庄最初的意思是指封建社会里的君主、贵族等所占有的成片土地，用来征收赋税、获取农作物及其他经济利益。后在元代戏曲家武汉臣《生金阁》的楔子中，农庄的含义有了新的发展，“只因我家祖代不曾做官，恐没的这福分，不如只守着农庄世业，倒也无荣无辱。”这其中农庄则指的是地主的庄园。随着社会经济发展的需要，农庄的职能和内涵也在发生转变。

1. 庭院式农庄

庭院式农庄的种植和养殖在我国已有数千年的历史，早在农业和畜牧业形成的初级阶段，人们就以自己的栖息地为中心进行原始的种植劳作。千百年来，庭院式农庄经济一直处于自给、半自给的封建型自然经济状态。在封建社会发展中后期，农民逐渐发展成为拥有一个小的庄园，除了从事大田生产外，还利用屋前房后的空闲余地进行一些其他的养殖、种植的副业，补充大田生产收入不足。这种做法代代相传，已经成为我国广大农民的习惯。但由于各方面条件的限制，庭院式农庄不可能有较大发展，仅能温饱，满足自给自足的需要，还谈不上商品经济的发展。

2. 集体农庄

我国作为社会主义国家，农庄的发展有其特殊的发展过程。在俄国十月革命后，集体农庄这一词出现在社会主义国家经济发展中，又称为农业劳动组合。前苏联劳动农民自愿组成集体经济组织，集体农庄的主要生产资料和劳动产品归全体庄员所有，实行按劳分配。前苏联建立基于生产资料集体所有制和集体劳动的社会主义农业企业。在苏维埃政权初期，前苏联农村曾经出现过农业公社、共耕社、农业劳动组合等多种形式的集体农业。20 世纪 30 年代前苏联开展全盘集体化运动时，确定农业劳动组合为集体化的基本形式。此后，通常就把农业劳动组合称为集体农庄。而在我国，20 世纪 50 年代初，也出现了农村人民公社这一集体形式，但不同的是，当时给农村人民公社的定义是既有农业合作，又有工业合作的基层组织单位，是农业和工业相结合的人民公社。事实上，农村人民公社是以农村为基础、以农民为主要成员、以农业生产为主的经营形式，是属于集体农庄的一种形式。

3. 家庭式经营农庄

家庭式经营农庄一般是指以一家一户为基础，生产规模小，产品项目不多，是比较初级的农庄经营形式。随着改革开放的发展，“农家乐”这一概念被我们所熟知。“农家乐”这一词在我国由来已久，南宋爱国诗人陆游的《剑南诗稿》之《岳池农家》中就有“农家农家乐复乐，不比市朝争夺恶”的诗句，是人们渴望回归自然、放松身心的一种夙愿。20世纪80年代中后期，我国城市化进程加快和经济发展迅速，人们生活水平不断提高，一个休闲时代孕育而生，乡村旅游逐渐成为现代人生活的一部分。在喧闹的城市中，环境质量的降低、空气污染的加大、生活和工作的双重压力导致人们向往乡村的自然风光、新鲜空气、绿色景观以及看似缓慢的生活节奏。家庭式经营农庄以农家乐这种形式满足了人们的需要。但就家庭式经营农庄本身而言，农家乐规模较小、发展不平衡不合理、产品项目少，从长远的角度来看，并不能满足人们日益增长的休闲需要，其发展必定受到限制。

4. 现代农庄

随着人们日益增长的休闲需要，我们应该赋予农庄新的范畴和更为广阔的含义。从政府的角度来看，现代农庄是以现代农业产业化为基础，发展农村经济为目的，通过土地流转集中管理，让农民手中的土地效益最大化，推动“三农”问题解决的有效渠道。从招商引资角度来看，政府对农庄农业项目的投资引导、对农业的一系列优惠政策以及财政资金的支持，让投资商对农业项目有了更加浓厚的兴趣，让农业项目成为投资者心中的理想投资项目。对于经营管理来说，现代农庄不同于家庭式经营农庄即“农家乐”的形式，而是以农业活动为基础，以旅游休闲为载体，是农业与休闲旅游业相结合的一种交叉型新产业。

近年来，农庄在数量上还是以家庭式经营农庄居多，但也出现了一些成规模的、较大的现代农庄典范，比如一些休闲农业园、观光农业园、农业区等，这些园区也发展为集观光、休闲、娱乐、教育为一体的有组织的园区发展的高级形态。现代农庄或园区，将生态、休闲、科普有机地结合在一起。同时也出现了分别以生态型、科普型、休闲型为特色主题的园区，改变了传统农业仅专注于土地本身的大耕作农业单一经营思想，客观地促进了旅游业和服务业的开发，有效促进了城乡经济的快速发展。现代农庄对园区从规划、建设选址、设计思路、自然资源的开发，以及农庄战略经营思想、生态可持续发展等方面都作出了科学合理的开发和安排。

案例：

闵行万科现代农庄

闵行万科现代农庄位于上海浦江镇新风村，占地33万多平方米，驱车距市中心仅25分钟。基地东临海南路，西临新风村工业区，北临老盐铁塘河，南临先新路。其中浦星公路、三鲁公路交汇于先新路，交通十分便利，区间道路配套好。现有的原生态河流、滩涂、植物等为“万科现代农庄”的建立提供了良好的地理条件。

农庄主要经营项目分为六大部分：其中庄园生态部分可为消费者提供绿色种植、家庭采摘和宠物认养等体验活动；多功能餐厅的大鱼锅、野鸭宴等特色农家饭菜吸引了大批食客；农业大舞台表演农家风情曲和现代歌舞，为消费者提供新鲜的视觉体验；小型会议室、标准宾馆客房受到团体消费者的青睐；而各种特色的娱乐活动更是让消费者欢乐无比。

“万科现代农庄”作为农业观光的旅游开发项目，是为迎合人们“绿色之旅”应运而生并受到广泛关注的项目，拓展了我国旅游资源的开发形式，而且有效地促进了第一产业和第三产业的交叉与渗透，建立起以农业养旅游、以旅游促农业的互动机制，它主要是利用农庄资源、农庄景观吸引消费者前来观光、品尝、体验、娱乐、购物，体现了“城郊合一”“农游合一”的基本特点和发展方向。

案例知识点提要：现代农庄 农庄的经营活动

现代农庄：农庄是乡村旅游的一种职能载体，是传统农业与旅游业相结合而产生的一种新兴的旅游项目，所以说农庄不仅仅是传统意义上的指生产农、林、牧、副、渔的封闭型成片土地或村庄形式，而是指能满足消费者参加农作物的耕种、收割、采摘等农耕体验，或者其他有关农业生产体验的经营性场所。

农庄的经营活动：农业经济的具体实践活动，而经营管理是研究在不同的环境条件下，如何根据国民经济发展的政策和市场的需求状况，拟定研究对象经营目标、经营方针、经营策略及其实施途径，并通过人才开发、产品开发、技术创新控制成本以及其他措施不断提高研究对象的经济效益，充分满足国家建设与人民群众日益增长的物质文化生活的需要的科学。

思考题

1. 农业经济管理与农庄经营管理有何不同？

2. 谈谈目前我国农村经济的发展改革方向。

3. 现代农庄的产生与发展趋势？

第二章 农庄经营管理的特点与原则

多数企业在初具规模时，想到的都是如何快速发展、如何快速做大做强，实现国际化、现代化、信息化、多元化经营和上市等。企业发展有远大的理想与目标，固然可喜可贺，可是一着不慎，全盘皆输。因追求快速发展，倒闭、破产、严重不景气的例子不胜枚举。农庄经营和企业经营因存在的环节多、情况复杂，所以具有很多相似之处。

如企业和农庄在经营的过程中都可能有的经济收入的问题：企业每年的发展预算不切实际，过度夸大企业年收入的虚假预算，或者过于保守地对企业经济、年收入进行估算，都会导致企业年预算不合理，不切实际。这样的企业预算失真容易导致企业在发展中无章可循，从而致使企业经济发展通常以投石问路的方式发展，无法达到企业所真正要求的发展目标。从小的方面讲这是企业财务问题，换一个角度思考这其实也是企业经营管理中财务监管不到位的具体问题。又如在营销人员的选拔和引进方面，不少农庄在营销人员的选拔方面不是任人唯亲就是开后门拉关系，特别是在人力资源缺乏的情况下，这种现象更加严重，从而导致农庄营销策略变得落后，不能为农庄提供有利的营销方案，总结下来这属于营销策略管理理念相对落后。

农庄的经营管理是一门科学，也是一门艺术，需要经营科学和经营艺术的综合运用。农庄经营管理任重道远，是发展商品经济、建立社会主义市场经济体制的客观要求，更是农庄生存和发展的必要前提。

第一节 农庄经营管理的特点

诗经《大雅·文王之什·灵台》中“经始灵台，经之营之”的意思是说开始规划修筑灵台，经营设计妥善安排，筹划营谋。社会经济发展到今天，经营的含义包括买卖活动、筹划治理和调整调度等众多内容。管理，是指社会组织中，企业组织管理者为了实现预期的目标，以人为中心通过各种方式方法和手段对组织资源进行的协调活动。

在企业里，一切的管理活动都需围绕一个根本的核心思想和一个基本的原则来进行，经营理念是一种系统的、根本的管理思想。在西方资本主义发展的历史中，资本主义的企业经营理念可以归纳成唯利是图。其本质是为资本家企业主获取最大利益，最终远离经济危机。在我国实行的是社会主义制度，那么社会主义的企业经营思想则是一切从人民的根本利益出发，一切对人民负责，它的本质是将国家和人民的利益摆在首要位置。在这个社会里，不论是企业、事业单位还是团体机关，任何一个组织都需要一套属于本组织的经营理念。

企业的经营理念是经过日积月累的思考、努力和不断实践逐渐形成的。企业的经营理念包括对组织环境的基本认识，其中有对社会和社会环境、市场、目标人群等因素的认识；其次是对根据企业自身特色而制定的企业目标和使命的认识，这包括如何在复杂的经济与社会环境中脱颖而出且始终位居于不败的地位；第三是对完成企业使命的核心竞争力的基本认识。

不同的企业或组织在确定本组织的经营理念时都会根据自身的情况来决定经营理念的内容和在经营管理中要坚持的重要事项。而企业的经营理念是企业的经营宪法，就像宪法是国家的基本大法不能去随便更改。但是企业和组织在处于特殊时期认为企业必须作整体调整的时候，就会针对经营理念作出调整或更改，作为新发展的开始。

确立企业经营理念的程序方法、推行的规模以及具体方法等实际操作方面，各企业组织应该按照当时情形斟酌情况进行。在确定经营理念的过程中首要的任务就是彻底了解并分析如企业使命、行为准则、企业文化、视觉系统、经营方针等内容。通过了解和分析上述内容并融合企业主也就是企业组织管理者的最终经营意图和经营目标，外加充分地分析当前时代的经济、社会趋势，并与已有的企业经营理念和管理者的追求作比较，从而得出能够在当下成为本企业经营理念的部分选择。同时通过了解企业组织外部（包括社会环境，消费者、目标人群、传播媒介以及厂商对于自己企业组织的认识、评估、期待）和企业内部力量对于企业的要求、未来的希望等综合考虑，从而彻底了解企业的长处、短处、弱点，以及明确需要加强的地方。最后将所有调查和意见情况进行整理、归纳，由组织的核心领导部门作出企业组织关于经营理念的决定，并在企业组织内部进行传达和宣传，使企业上下一心，共赴理想。

经营理念确定之后，企业组织开始一系列复杂的经营过程，这个过程是指企业组织的经营活动或经营活动的某一分项活动从开始到结束所经历的各个阶段或环节。一般来说，任何经营过程都包括了四个阶段，即决策阶段、管理阶段、监督阶段和改进阶段。因此，企业组织的经营职能包括决策职能、管理职能、监督职能、改进职能四个相互关联的职能。其中管理职能和监督职能又构成了维持职能，其任务是保证企业组织的经营按原经营方向和经营方案运行。而改进职能和决策职能共同构成了发展职能，其任务是通过调整企业组织的经营方向、经营目标、经营方针及经营方案，使企业组织达到适应经营环境变化而发展的要求，并使经营组织向更高层次发展。而管理职能即执行决策的职能又包括计划、组织、领导（指挥、协调）、控制四个方面；改进职能包括改善和创新这两个不可缺少的方面。

我国现阶段企业发展的特色可谓百花齐放，但是，企业发展大体上受传统管理模式和体制方面的影响，存在着很多方面的问题和困惑，没能真正找出可发挥企业自身优势的突破口，发展力度较为缓和。企业组织的经营管理方面也呈混乱状态，空有严格的财务责任管理制度却没能很好地执行。市场发展方面，大多数企业目光短浅、急功近利，只看到眼前的利益，从长远发展的角度上考虑企业发展问题方面有欠缺。

一、企业经营管理的一般特点

（一）一般特点

1. 管理思想现代化

现代企业组织的经营管理思想是指导企业发展的中心思想，是实现管理现代化的先导条件，需要创建具有企业个性特征的企业文化和企业精神。现代企业组织的管理思想是一种与时俱进的相对科学的系统，它包括：企业对自身产品的市场观念、服务观念、消费者满意观念、危机竞争意识、效益观念、创新理念、人力资源管理科学、质量满意观念和企业发展的战略观念等。这些观念和认识对应着企业中的具体发展部门和环节，就像一台机器里的各种零部件的组合，任何具体实际操作的进行都会影响企业组织的持续运转。

2. 管理组织高效化

现代企业组织的高效化管理表现为：在任何客观的时代或环境下，企业能够适应顺境和逆境的挑战而有条不紊地进行生产经营活动，并且用最短的时间、最少的人力资源为企业组织带来最大的经济效益。要做到这一点，企业组织的管理者必须建立完善的管理体制，并设置相应的监督管理机构和制定相关的规章制度，以确保灵活地统一指挥、调度和监管，从而达到高效化管理的目的。

3. 管理方法科学化

管理方法科学化是指在企业管理的过程中，合理地运用经济、法律、数学、心理等学科的科学方法，总结出一套适合自身企业组织的管理方法。同时强调企业组织在这个过程中应当在总结和继承本企业组织已有的经验方法上，根据准确的数据和信息，有效地计划、组织和协调各部门的工作，使本企业组织的管理日趋完善，从而做到标准和优化。

4. 管理手段电子化和数字化

根据企业组织的需要，在管理的过程中更多地采用现代化的管理工具。如采用现代通信设施、自动检测设施，以数字化的形式宣传本企业组织的企业形象和产品，以及建立信息网络系统等，这些手段都能够帮助企业更有效地达到阶段性的经济目标。

5. 管理人员专业化

现代企业组织中包括分工不同的各个部门和环节，由各个部门和环节的专业化人员进行管理显得尤为重要。如食品加工部门的管理者要对 HACCP 等知识有深刻的认识，并能够做到在生产中严格把控。所以，企业组织根据自身的发展，需要相当数量的、具有多种专业知识和技术的员工，使企业运作更顺利，从而达到生产专业化、产品系列化、经营多样化。同时人力资源管理要以发挥员工的潜能为目标，鼓励各种具有专业知识和技能的员工及其所在部门勇于创新和开拓。企业人事管理的目的是使企业工作成为员工的一种享受，而不是刻板的义务；使企业成为员工学习知识、发展自我、实现人生价值的地方。

6. 管理方式民主化

企业组织无论规模大小都应该实行民主化的管理方法。因为企业组织内部分工不同、涉及的专业领域不同，使得企业组织是一个综合功能强、涉及面广而且必须面对市场的激烈竞争的地方，是一个人或少数人所难以驾驭的，所以只有全心全意地依靠全体员工的共同努力，发挥群体的智慧，才能更稳妥地前进。

以上六个方面是现代企业组织经营管理的一般特点，这六点互相联系，互相影响着企业的发展。其中，管理思想现代化是企业发展的核心灵魂，管理组织高效化是企业组织发展的保证，管理人员专业化是企业发展的前提，而管理方式民主化是企业成功的因素。

（二）企业经营管理中常见的问题

1. 财务管理制度有待完善

企业财务监管权力不明、权责不清等因素直接影响企业财务监管力度。由于集团公司拥有明显高于其他部门的权利，直接参与企业的最高决策，因此其经济活动更为复杂，财务监督更有深度和广度。切实有效地发挥财务监督的职能，建立与现代企业制度相适应的、体现市场经济要求的财务监督体系，就显得尤为重要。

2. 营销策略管理理念相对落后

不少企业在营销策略管理理念方面缺乏专业意识和创新意识，往往落后于现实社会的实际发展步伐，赶不上时代发展的潮流，从而在利润方面落后于营销策略理念先进的企业，在竞争中处于劣势。

3. 市场展望能力不足

时代在不断向前进步，发展的速度越来越快，发展的步伐越来越大，然而，现阶段不少企业在发展的道路上市场展望能力不足，大多数在发展中顾此失彼，多专注于眼前发展层面，很难达到长远的市场展望局面。这样，必然导致企业发展空间在激烈的市场竞争中逐步缩小，发展的范围也逐步变小，愈来愈显现出能力不足的发展状态。

二、农业经济管理的特点

我们从农业经济管理的微观角度来探讨农业经济管理的特点，在我国农业经济中的微观组织有农业家庭经营、农业合作经济组织和农业产业化经营组织。

（一）农业家庭经营的特点

1. 分散性

我国的农业家庭经营经历了个体农户时期、集体经济时期和双层经营时期。家庭经营的特点首先表现为分散性很强，每一户农家都是一个独立的生产经营单位，实行的是自主经营，而全国各地到处都分散着这样的单独个体，具有分散性很强的特点。

2. 灵活性和计划性

农业家庭经营又有灵活性和计划性，农户以家庭为单位，人员少、规模小，没有复杂的管理层次，可以根据市场变化及时调整生产方向。同时农户能够根据市场行情和自身消费需要作出计划和安排。

3. 自给性与商品化

农户的自给性生产和商品化生产的程度因农业生产水平和市场环境不同而存在着差异。在交通和经济不发达的边远地区，市场和交通的不成熟使得农业家庭经营出现自给性生产为主、商品化生产为辅的情况。

4. 专业化

农户家庭经营的专业化表现为从过去的农户生产小而全到现在的农户只从事某一项农事生产的经营。农事生产从分散到集中、生产项目从多到少，这样的农事生产有利于充分发挥各农户的自然经济条件，最大限度地利用优势。而集中生产和经营某一特色产品，也给农户带来致富的机会。

（二）农业合作经济组织的特点

1. 农业合作经济组织

它是以家庭为单位的协作经营，如社区性合作经济组织、农民专业合作社和农村股份合作制企业等。这种合作式的农业经营表现的是社区性。

2. 农业合作经济组织的经营困难大

由于农业经营具有典型的分散性，那么在商品化比重低、规模小等条件下农民的合作意识不强。

（三）农业产业化经营组织

1. 生产专业化

生产专业化使得每一种农产品都体现为从原料、初级产品、中间产品到最终产品的一系列过程，并且在生产后由商品品牌的形式进入市场。农业产业化也是由于市场需求的变化而产生的，随着消费者生活的变化使得农业企业组织围绕主导产品进行专业化生产。

2. 企业规模化

由于农业企业经营规模的增大更有利于降低农业生产的成本和使用先进的技术从而提高企业效益，农业企业的规模化自然也是大势所趋。这里所提到的农业生产不仅仅是农产品的生产还有生产后的加工、物流和销售等一系列环节。

3. 经营一体化

通过商贸、工业和农业一体化的经营体制可以使商品交易成本降低，减少交易过程中的风险。20 世纪 80 年代中期，我国山东等一些地区率先采用了以公司或集团企业为主导，以农产品加工、运销企业为龙头，重点围绕一种或几种农产品的生产、加工、销售与农户实行有机联合，形成“风险共当，利益共享”的经营方式，农业经营一体化受到了重点关注。

4. 管理企业化

参照企业的管理方法来管理农业产业化经营组织，采取合同契约制、自负盈亏等方式实行企业化管理。

三、农庄的经营特点

（一）特色化

农庄经营的特色化表现为消费者所接触的农庄服务或产品是与农业相关联的。农业本身而言就是自然与人类互相作用的结果，通过人类的劳动在自然的环境中实现，两者互相紧密联系着。“农业是人类按照自然规律克隆的自然。农业中潜伏着几乎所有的生理和心理方面人类最原始的需求……人类通过农业劳动可以通过四肢实现直接与自然的交流。就像离开海洋，又回归大海一般。”张占耕（上海市农业科学院农业研究员）在《休闲农业的对象、本质和特征》一文中这样理解农业在休闲农庄中与人的关系。

（二）体验化

体验通常被看成服务的一部分，但实际上体验是一种经济物品，像服务、货物一样是实实在在的产品，不仅仅是虚无缥缈的感觉，体验通过消费者游憩经历后的思考和回忆有着实在的价值。在农庄经营中，生产者通过提供特定的体验而创造的经济价值就是体验经济。农庄提供的众多体验活动都是要通过消费者自己体验而进行消费的过程，在最大程度上提升了农产品的附加值。农业特别是休闲农业与体验经济有着天然的相关性。农庄经营的核心就是提供体验，这是一种通过利用田园景观、自然生态及环境资源，结合农林渔牧生产、农业经营活动、聚落文化及当地自然生活，经过资源整合和策划，使消费者体验农业及农村生活，以达到休闲、观光、娱乐等为目的的农业经营活动。

（三）文化性

农庄经营的文化性指的是乡土文化。乡土并不代表落后，而是一个地区的人们在历史和岁月中沉淀下来的地方特色。乡土文化包含了恬静舒适的自然环境、质朴善良的民风、多种多样的民间特色和流传已久的历史传统等，而这种乡土文化正是都市文化所欠缺的。在农庄体验新鲜美味的特色食品、粗犷真挚的乡村音乐、历史与文化的积淀，使消费者可以远离都市嘈杂，抛却生活烦恼，在遁迹山野、驻足农庄的潮流中，与自然完美和谐共处。

（四）生态化

农庄未被破坏的自然景观给消费者带来的感受尤为重要。自然的农村景观、敦厚的农民、简朴的乡居生活、清新的空气、宁静的空间、传统建筑以及各类产业与环境和谐配置，再加上安全卫生的地方特色饮食，给人以回归自然的感受，并有利于来自都市的消费者调剂身心及养生保健，使他们流连忘返。

（五）健康化

在物质生活高度丰富的今天，追求生活质量的提升是人们的努力目标之一，而民以食为天的传统没变，人们日益重视食品的绿色、健康和自然。农庄经营的健康化表现为能为消费者提供新鲜、健康、无公害的食品和让消费者感受清新自然的生态环境。

（六）规模化

农庄的经营规模大小不一，根据不同的划分方法，可将休闲农庄划分为如下种类：

1. 以占地面积划分

根据占地面积的不同，可将休闲农庄划分为大型、中型、小型三个类别。小型农庄：指占地面积在 33 万平方米以下的农庄，农庄规模较小。由于受到面积的限制，小型农庄游憩活动项目较少，常以餐饮、垂钓作为主要娱乐项目，俗称“农家乐”。中型农庄：指占地面积在 33 万平方米以上、100 万平方米以下的农庄。大型农庄则是指占地面积在 100 万平方米以上的农庄。

2. 根据空间布局规划划分

休闲农庄的发展主要受与主要城市的距离和到达的方便程度两方面因素的严重制约，这种制约将会在农庄的功能定位和项目安排等规划设计上直接反映出来。根据农庄旅游发展的空间布局划分，可将休闲农庄划分为以下几种。近郊旅游点：与主要城市的市中心距离为20千米以内，交通便捷，消费者可以在当天到达并于当天离开。中郊旅游点：距离主要城市的市中心20～50千米，交通较为方便，除跟团或自驾游以外，消费者还可以通过乘坐公交车到达。消费者可以当日到达当日游玩，并于当日离开。远郊旅游点：距离主要城市市中心50千米以上，交通不方便，消费者大部分只能选择自驾游或者跟团出行。消费者进行一日游会显得较为疲惫，一般都需要花费两天以上的时间进行参观游览。

3. 根据休闲农庄依托方式划分

都市郊区型：坐落于大中城市郊区，以大城市为依托，拥有宁静而优美的乡村景观。凭借城市郊区良好的自然生态环境、地理区位优势、独特的人文环境以及便利的交通条件进行发展建设。靠近城市，客源市场巨大。城市是都市郊区型农庄的目标市场，休闲农庄是为都市人提供观光、休闲、度假的场所。景区边缘型：此类农庄多数是依靠当地著名的风景区或者利用处于风景名胜区旅游范围内的资源优势而发展起来的。

（七）精致化

农庄经营的另一特色是精致农业，它是依托农业传统技术和科技进步，以生产高品质、高科技含量、高附加值的农产品为目标，以特色化布局、标准化生产、产业化经营为主要手段，从而实现高质量、高效益、高水平的农业生产全过程。山东省“中国驰名商标”的马家沟芹菜充分体现了精致农业的力量。平度市围绕打造马家沟芹菜品牌，建立马家沟芹菜产业示范园，提升产品质量，精心分类包装，开辟高端市场，先后挖掘整理记载芹菜的诗书典籍十余处，历史故事十几个，食用疗效九种，吃法一百多种，让消费者感受到马家沟芹菜不仅口味独特、营养丰富，而且文化品位浓厚，增强了品牌的文化魅力。它的基础是高投入和高科技，围绕高标准化和高质量的核心，做到生产精致和有特色，以凸显高竞争力、高价格和高收益。在生产方式上，要求精耕细作，以最少的投入和资源消耗获取最大的产出效益；在生产形态上，要求高质量、高附加值、高商品率，满足市场对农产品及其加工品的质量要求；在生产过程中，要求应用现代科学技术，生产、加工、包装、流通等各环节实行标准化。

（八）休闲化

休闲性是农庄文化中的显著特性。农村、小城镇、大自然能给消费者提供休闲的、慢节奏的、体验式的文化消费，满足因快节奏生活方式而身心疲惫的繁忙都市人的特殊需求，使其身心获得休憩。除了传统的垂钓、骑自行车、野地散步、划船、爬山等，还可以吃农家饭、住农家屋、摘农家果、干农家活、谈农家事，参观文化古迹、博物馆、产业文化馆、民俗文化村，感受生态保护区、森林游乐园。这些都能让都市人体验耕作乐趣，缅怀田园的返璞归真的生活。

（九）融合化

农庄经营是依托当地的特色产业和景观而发展起来的，季节性很强，所以这些为消费者服务的经营场所普遍存在“冷热不均”的季节性问题，而制约休闲农业发展的，还有政策和资金支持不足等原因。那么如何另辟捷径来更长久地发展农庄的经营成为迫在眉睫的问题。我们知道可持续发展的、和谐的自然环境是农庄经营得以开展的前提，而多元化产业的融合和交叉联动则可以使农庄得到更加长久的发展，主要包括农工结合、三产结合、与文化结合以及与养老等产业的互动。

（十）国际化

发展农庄经营是促进农业可持续发展、农民增收和扩大内需的一个重要途径。我国的农业发展有着悠久的历史并蕴含着丰富的文化，多样化的农作物品种和独特的地理条件更是使中国在休闲农业领域拥有巨大的发展潜力。在发展休闲农业方面，我国不仅应该重视内需，更应该充分利用国内国外两个市场、两种资源来推动中国休闲农业走向更高的标准。目前，西方国家在推动跨国性的休闲农业方面，十分注重通过建立国际性的联盟组织来实现建立交流的绿色通道，对此，我们应该积极地加以学习和借鉴，并充分利用国际平台，如国际农业旅游机构联盟（agricultural tour operators international，ATOI）来发展农庄经营。

知识链接：

国际农业旅游机构联盟，是国际上专门从事农业旅游的非政府国际组织，其总部位于美国伊利诺伊州拉法耶特市。ATOI 的会员主要是专门从事休闲农业或农业国际交流与合作的机构和旅行社，目前共有来自 34 个国家和地区的 60 多个会员。ATOI 的主要组织机构包括 ATOI 会员大会和执行委员会。ATOI 会员大会是 ATOI 最高权力和决策机构，会议每年举行一次，由所有会员参加。ATOI 所推动的农业旅游和中国的休闲农业的侧重点稍有不同，它主要是为发达国家的农场主的跨区域技术交流、市场开拓等需要服务，同时将农业考察及旅游观光融入其中。ATOI 的主要作用包括：推动会员之间的业务交流与合作，组织实施会员间农业旅游星级评定活动；组织会员开展农业旅游规划、开发建设、经营管理、市场营销、业务培训等方面的经验交流；举办专业论坛、技术推广及展示活动，为会员开展市场调研等。

四、农庄经营经常存在的问题

（一）规划体系不健全，缺乏科学合理性

农庄整体规划是指为了科学保护和合理开发土地和空间等各项资源，有效经营和科学管理农庄，充分发挥各种资源价值而进行的统筹部署和具体安排。农庄的规划设计是否科学合理，关系到日后的经营成败，规划既是农庄发展的龙头，又是农庄发展的科学依据。大多数农庄发展至今已经小有规模，但规划中仍缺乏科学的、系统的指导。其中一些农庄由于经营管理模式的不科学，甚至没有规划的概念，盲目经营，导致企业组织的生命周期短。还有一些农庄经营者缺乏科学的规划和市场调查，盲目地一哄而上搞开发，致使在同类竞争者的激烈竞争中缺乏相对优势而迅速消亡于市场。有的农庄由于决策失误、投资不到位等原因，导致建设的项目不但未达到预期的效果，而且废农造景。

（二）科技含量低，产业、产品定位不准

由于休闲农庄的经营主体具有多元化的特点，大多数经营者缺乏对前沿科技信息的了解，科技知识相对贫乏，种植、养殖技术依然沿袭着传统方式，对于新技术、新品种的了解较少，管理粗放，产品科技含量低。休闲农庄要有正确的市场导向，能够把握市场规律，瞄准市场需求和消费趋向，以利于占领市场、开拓市场。休闲农庄的开发要重视季节转换和消费心理的变化，并根据这些变化及时调整经营内容和经营方式。然而有的休闲农庄却出现产业、产品定位不准，主业和主导产品不明确，依然是小农经济，什么都种、什么都养、什么都做，从而无法形成规模效益。

（三）产品结构相对单一，特色不显著

与传统的观光产品相比，现今很多农庄提供的产品仍停滞在反映农村生活的浅层次状态，只是观赏的对象不同而已，没有充分体现出农庄的产品特性与消费者的体验性，影响了消费者的持续吸引力和回头率。农庄提供的产品缺乏深度，缺乏新产品的开发，全方位地体现农业资源的优势欠缺，同一个地区的农庄经营主题雷同、缺乏特色的情况严重。因此农庄经营必须重视“民俗文化就是资源，特色品牌就是客源”的问题。

（四）缺乏文化综合性

农庄所提供的产品并非稀缺的旅游资源，自然优势和交通便捷是两个最基本的要求。由于门槛低，造成产品品位低、同质化现象严重，难以达到消费者多样化、多层次、全方

位的游览要求。而往往一些农庄的娱乐活动缺乏文化沉淀，大部分消费者只限于吃饭、玩牌、钓鱼等初级活动，并没有融入观光、休闲、教育和旅游为一体的综合经营模式，从而无法满足消费者求真、求知、求趣心理的需求。

（五）管理和服务滞后

服务质量的好坏取决于服务人员的服务意识、专业技能和专业素质，管理者和从业者专业知识的欠缺使得农庄不能如期地朝着良好的方向发展。一些休闲农庄是在原有农业基础上建立起来的，员工多以当地农民为主，而农民大多存在着缺乏专业知识和管理水平落后的问题，致使对消费者提供的服务质量难以得到保障。而农庄的管理者也因为没有接触过相关的经营理念而缺乏各方面的管理常识。作为农庄经营者，必须具备专业素养，精通服务与管理，懂得与消费者的相处之道，善于开拓和创新。然而，一些农庄的经营者一直没有把眼光扩展到更广阔的领域和更高的水平上去，很少有人能有目标、有计划地去学习经营管理的先进方法和经验，造成人力资源和财务等问题日趋严峻。

（六）废农造景

农庄在建设过程中由于企业组织追求短期迅速的经济效益而对农庄的规划欠缺周全的考虑，希望通过翻天覆地的变化和建设来使农庄有新的卖点，从而使生态遭到破坏，影响可持续发展。一些休闲农庄只顾追求经济利益，大兴土木，在建设过程中出现了盲目开发、急功近利的现象，盲目追求设施的高档化，使得农庄经营的产品失去其本来面目，反而得不到认可。

第二节 农庄管理的原则

一、企业管理原则的内涵

企业在经营管理的过程中，要顾及民主性、合理性、职能化的推进，企业全体与各个职员间是否协调，公司与社会是否协调等问题。

（一）共同目标原则

经营管理的目标不是支配，而是以满足劳资双方的共同目标为优先。这里的双方的满足是指在一个互相承认的指定的时间段内，从工作内容、工作性质、工资待遇、薪酬福利等方面，劳资双方都能达成共识的层面，也就是说，劳资双方有共同的奋斗目标。

（二）命令一元化原则

简单来说就是一名职员只接受一位上司的命令。这样可以避免因重复命令造成的混乱和人力资源浪费的局面，从而提升组织的工作效率。不过在特殊情况下，这项原则可以进行变动。

（三）分业与专业化原则

分业与专业化原则与命令一元化原则有关联，指的是工作时应尽可能采用分业制度及专业制度，若想使本原则与命令一元化原则不发生冲突，可引入“直线职能型组织”（line and staff）制度。这种组织结构，相对于产品单一、销量大、决策信息少的企业非常有效。

知识链接：

直线职能型组织结构是现代工业中最常见的一种结构形式，而且在大中型组织中尤为普遍。这种组织结构的特点是：以直线为基础，在各级行政主管之下设置相应的职能部门（如计划、销售、供应、财务等部门）从事专业管理，作为该级行政主管的参谋，实行主管统一指挥与职能部门参谋、指导相结合。在直线职能型结构下，下级机构既受上级部门的管理，又受同级职能管理部门的业务指导和监督。各级行政领导人逐级负责，高度集权。因而，这是一种按经营管理职能划分部门，并由最高经营者直接指挥各职能部门的体制。

（四）管理幅度（大）原则

管理幅度也称为管理范围。每个管理人员所管理的人数皆有一定限度，当超过了管理幅度时，就必须增加一个管理层次。这样，可以通过委派工作给下一级主管人员而减轻上层主管人的负担。如此下去，便形成了更有具体层次的结构。一般企业组织使用的有扁平式管理结构和直式管理结构，各企业组织因具体情况不一应视情况而定，可弹性增减。

（五）管理层次（少）原则

这一原则强调在一个企业组织中管理阶层的划分愈少愈好。如果管理层的阶梯拉得过长，不但命令从顶层传到低层需要浪费较多的时间，而且内容可能有出入。这条原则必须与第四项原则相互协调，以求平衡。

（六）权限委让原则

权限委让原则强调的是权责对等，每一层面的员工的工作与权限有密不可分的关系。当上级把工作交给部属时，必须连同权限一起委让。它的结果是，委让者必须管理委让出去的权限。

（七）分权化原则

分权化原则表现为权限委让必须遍及组织全体。企业组织实行分权化制度意味着企业组织具备完整的公司管理体制。分权化包含决定及执行，完整的企业组织制度能让分权部门独立地行使决定权和执行权。

（八）目标管理原则

企业组织管理者为了完成既定目标而有目的性地分权与各部门，那么各部门和分权机构也相应地制定目标从而与企业的总体目标一致。这种目标管理能够加强各分权部属的自主性和参与性。

二、农庄管理的原则

（一）农庄管理的原则

1. 实践第一原则

农庄经营管理应从实践出发，选择与自身相应的发展模式，并经受市场和时间的检验，找到真正属于本农庄组织的正确发展模式。要切实从农村实际资源和消费市场需求出发，不脱离现实、不脱离乡土资源、不脱离市场，要因地制宜、规模适度、档次适中、项目丰富、特色突出；要注意合理规划，不搞盲目的高大上；要增强针对性，避免劳民伤财，从而从根本上提高农庄和当地的经济效益。

2. 农业主体原则

我国是农业大国，农庄在经营的过程中应该强调农业与休闲观光、教育等领域相互结合，共同发展。与其他产业不同的是，农庄经营是以农业以及农业相关的人文与自然资源为对象而衍生的综合产业，因此应着力于延长农业经营产业链，开拓农业发展的新领域，从本质上增加农民收入，造福一方百姓，提高企业组织的社会影响。同时以特色农业资源作为依托，加强相应的旅游产品开发与消费者观光游憩、农耕体验、休闲度假等的有机结合。

3. 可持续发展原则

每一个农庄在经营的过程中都必须保护耕地、环境和当地文化。要树立科学的发展观，促进一、二、三产业的协调发展。要维护好当地的生态资源，保护文化。充分发展生态农庄经营模式，运用生态经济原理指导和组织农庄的经营和生产。运用高新技术为主要发展手段，利用如信息技术和生物技术来保护物种的多样性和生态系统资源等。

4. 科学规划原则

企业组织要有科学的发展规划，从而避免盲目投入。规划的科学性在于合乎实际、有效益、可持续发展。

5. 目标市场原则

从目标市场出发选择发展模式。企业组织的经营要获得成功，首先必须确定目标市场和目标人群，明确提供服务和产品的市场所在。只有明确了目标市场，才能进一步研究他们的需要，从而继续思考企业组织将要提供的系列产品。根据一系列的战略规划思考后的行动才可能避免盲从的错误。

6. 资源优势原则

农业资源是最普遍的资源，处处皆是。农庄在经营的过程中必须找到自己的特色，特色就是优势而且是可持续开发的资源。如果资源上没有特色与优势，经营上、产品上也必须开发出自己的特色。

7. 产品开发原则

要选择注重产品开发的发展模式。要保证在竞争中有优势或不被市场淘汰，就要不断推陈出新，开发新的服务和产品，在景观、生产、消费、住宿，疗养、度假、观赏、品尝、参观、体验、休闲、娱乐、学习、劳作、购买等方面不断推出新的内容和形式，

8. 市场导向原则

市场是检验企业组织及其产品的唯一标准。从市场出发进行投资决策，并准确把握市场需求的变化，开发适销对路产品；并适时进行产品的更新换代，有效占领和扩大自己的市场领域，是农庄经营成败的关键。

9. 综合效益原则

要选择注重综合效益的发展模式，遵循经济效益原则。农庄经营是一种农游结合且综合多种产业的、交叉的高效型市场农业。通过科学的投资和收益分析，对那些资源规模大、旅游价值高、原有基础好、交通便捷、投资少、建设周期短、投资回收快的项目优先开发；并开发旅游观光、休闲度假、种养体验、农业科普等多种服务，以提高农庄的综合效益。

（二）农庄经营管理中应注意的问题

1. 经营决策

农庄在发展过程中都有自己制定的战略目标，这个目标是农庄未来发展的一个方向，并能够帮助农庄在未来发展的道路上越走越远。然而企业的成功与否，取决于战略的成功与否：正确的战略，将促使企业发展壮大，而错误的战略，则很有可能加速失败的来临。《孙子兵法》始为“计”，三国争雄成于“谋”。农庄的经营决策是指农庄通过对其内部和外部环境进行综合分析和评价而确定的企业组织的经营目标，根据目标来选择最符合农庄企业组织发展的经营方案并付诸实践的过程。农庄经营决策的内容包括：生产决策、营销决策、

财务决策、开发决策和人力资源决策等。

2. 资金管理

农庄经营的过程中财务问题是一个核心的问题，具有综合性、复杂性。在现实的经营中往往会发生农庄资金跟不上农庄发展的需要的情况。要注意提高农庄资金管理的经济效益，提高资金的周转速度。其中加快固定资金和加快流动资金的周转尤为重要。

3. 管理机制

管理机制是农庄企业组织内部管理系统的内在结构与机理，一旦形成机制就会按一定的规律、秩序，影响农庄企业组织的行为。农庄企业组织在设立时就会有一套相应的管理机制出台，而随着经济环境的变化，曾经的前期管理机制往往需要作出调整，以至于更有效地组织农庄内部的工作来适应现阶段的发展。

4. 企业文化

农庄企业组织管理的最高境界是用文化来管理。企业文化以企业经营者的个人经营思想为核心，体现着企业理念、经营思想、伦理道德、社会价值、价值观念、营销体系等一系列理念，决定着企业的核心竞争能力。很多农庄企业组织的员工对企业文化只有一种表面的认识，并不能理解企业文化的真正内涵，只知其一不知其二，只知有用，并不知到底如何用之。因此，农庄企业在发展过程中，要有意识地确立及灌输企业文化，通过企业文化的影响来谋求更好的发展。

5. 人才流失

企业缺乏人才职业生涯规划、薪酬制度不合理、缺乏良好的工作氛围和工作环境都有可能是人才流失的原因。许多在农庄企业就业的人才不再是以满足财富需求为最终目标，他们对自己选择的农庄的工作需求有明确的追求方向，不仅仅是为了获得高薪，而是为了发挥自己的专长并且热衷于自我价值的实现，并期望得到社会的认可。作为农庄企业的管理者需要有一套完善的人力资源管理方案来减少人才流失的问题。

6. 安于现状

许多农庄创业者因把握住难得的一两次机会而把农庄建设得初具规模，此后便有了小富即安和故步自封的心态，不愿意再花心思深入地向市场学习，农庄内部管理的决策依据、经营模式、管理体制等都参照着前期的成功经验。但市场在不断变化，农庄消费者的消费观念和需求等也在不断变化。农庄企业的可持续发展，在于不断推陈出新。所以农庄企业发展到一定的程度后，原有的经营模式、管理体制等已不适应农庄企业的发展需要，如果管理者安于现状，农庄企业只会开始衰败，甚至破产、倒闭。

7. 内部失控

农庄企业组织在做大之后，人数将大大增加，各部门的工作复杂程度也会增强。企业也将更加复杂，各种各样的问题也将产生。加上最高决策者精力有限，不可能面面俱到，往往顾得了这边，顾不了那边，最容易出现的问题是内部失控。内部失控的最大危害有资金管理失控和人员管理失控，这些失控现象，都能导致农庄企业组织的倒闭、破产。

8. 注重企业核心竞争力的培育

农庄企业的长期可持续发展是一种综合性的发展，从表面上来看，是人才的竞争与发展，但从实质上来看，是一个企业的核心竞争能力的可持续发展。农庄企业的核心竞争力，不是单纯技术方面的竞争力，也不是单纯资金上的优势，而是汇合企业经营、经营理念、企业机制、人才机制、企业实力、企业文化、核心技术等为一体的系列整合。表现为农庄企业组织的管理者注重提高职工队伍素质，着眼于特色企业建设工作，通过加强企业的文化建设，这种先进的文化将深深地熔铸在农庄企业的生命力、凝聚力和创造力之中，开创一个富有激情、富有活力、富有创造力的新局面。

案例 1

北京市蟹岛绿色生态度假村(以下简称“蟹岛”)创建于1998年,地处朝阳区金盏乡境内，坐落在优美的山、水、田、园、林、花中。旗下创立了北京蟹岛绿色生态现代农庄有限公司、北京蟹岛种植养殖集团有限公司、北京蟹岛赶海宫餐饮娱乐有限公司等七家分公司。为突出休闲农业的作用，打造蟹岛休闲农业的定位，蟹岛率先提出旅游农业大全的理念，向消费者充分展示农耕文化、回顾农业发展史、再现农村旧风貌，可谓集现代休闲农业之大成。蟹岛始终秉持“生态、环保、可持续”的经营理念，旗下七公司共生共存、互相依赖、互相促进、互为补充，集团内部的资源实现了最大程度的利用。蟹岛以生态农业为核心，根据自然规律和生物链原理，把养殖业、种植业、有机农业技术开发、再生能源、旅游接待等产业构建成为互相依存、互相转化、互为资源的循环封闭系统，通过对各个公司的资源进行调控整合，整个蟹岛实现了产业、物质、能源之间的生态平衡，构建成一个相对完善的循环经济产业模式，打造出一个集“环保、高效、和谐”于一身的经济生态园区。蟹岛现已发展成为集养殖种植、生物能源、田园观光于一体的，京郊规模最大、极具特色、最具魅力的农业旅游集团。各级政府多次授予蟹岛现代农业示范园区、绿色生态园基地、全国农业旅游示范点等荣誉称号。联合国、欧盟等国际组织专家对于蟹岛模式也给予了高度关注和评价，并将其认定为中国第一家旅游生态村。每年到蟹岛度假的人数有 20 多万人，成为发展可持续高效农业并将现代化农业融入第二、第三产业的成功范例。

成功因素分析：

首先，秉持贯彻“生态、环保、可持续”的经营理念，大力发展循环经济。自1998年成立至今，蟹岛始终坚持以生态农业为依托，树立“高产、优质、高效、可持续发展”的方针，构建了种养加工、水资源循环系统和沼气相结合的立体化的农业新模式。蟹岛构建了以生物组成为核心的“生物—社会—经济”复合系统，各系统、各环节之间错综复杂，互相利用生产、生活、加工等过程中产生的有机废弃物，促进了系统内部资源的多级利用和循环利用。在发展过程中，注重降低污染排放，开发生物能源，力争合理利用生态链的良性循环。在经营过程中，蟹岛通过降低资源消耗，取得了经济发展与生态保护的双赢。

其次，以农业为主体，实现多元化发展。由单纯的农业生产向生产与经营相结合的方向转变、从单一品种生产向多元化方向发展，蟹岛不断提高农业服务化水平。蟹岛将旅游业和农业结合在一起，构建集农业生产、休闲度假、科普教育等于一体的综合性农业示范园。

再次，重视特色产品开发，增强企业核心竞争力。蟹岛着重打造“乡村性”的氛围，为人们缔造“世外桃源”。蟹岛不仅环境优美、空气清新，还拥有完善的设备设施。度假村充分利用农业观光、采摘、农机展示、农业科普、乡土风情展示以及农村生活体验，将旅游业与农业有机结合起来，不但拓展了农业的产业化发展，而且形成了个性化的特色旅游格局。在这里，游人不仅能感受到度假的舒适，而且觉得蟹岛恍如是个世外桃源，令人神往。宽阔的荷塘、静谧的垂钓池、依依杨柳，以及一望无际的豆角等蔬菜种植基地、再加上远处不时传来的羊、鸡、鸭、鹅等家畜家禽的叫声，真可谓“阡陌交通，鸡犬相闻”，美好景色让人沉醉。这些都满足了都市人们亲近自然、追求返璞归真的生活渴望。

最后，开发体验产品，提高消费者参与度。在蟹岛，消费者可以享受到耕种、养殖、采摘、康体、美食等多种乐趣。蟹岛有一大块菜地，每年消费者只要交纳一定的土地租金就能成为会员，享受亲自耕种，为菜苗浇水、施肥，感受当农民的滋味。还有农艺师全程指导耕种。而想考验耐力和勇气的消费者，则可以选择尝试通过横跨百米宽水面的铁索桥。此外，骑骆驼、马拉车、羊拉车等体验参与性活动样样俱全，能全方位的满足消费者的体验需求。

案例2

山合水易是中国休闲产品设计与度假项目开发的专业规划设计机构，其基于近十年来的休闲农业与乡村旅游规划经验，从消费者体验的角度，提炼出休闲农业与乡村旅游健康可持续发展必备的十大基础要素——“归耕戏养尝，采学憩淘赏”。

当今人们的休闲旅游需求日趋强烈，而且已不满足于单一的农家乐、观光、采摘等休闲农业体验模式，需求日趋多元化。面对这种市场需求，现代休闲农业园区，不论项目规模、主题定位如何，必须从消费者体验本身说起，从这十个基本要素出发，落实到产品设计和游客感知的各个维度，使休闲农业向深度和广度方向发展，丰富休闲农业产品的内容，为消费者提供高品位、多层次、全方位的休闲体验。这样打造出来的休闲农业园，不仅特色鲜明，且农味十足。

一、赏

赏是休闲农业基本的构成要素。视觉是人最重要的感觉，人体外界有用信息80%以上是经视觉获取的，因此，观光游览、体会农业之美必然是休闲农业基本的构成要素。山合水易机构专家经反复斟酌，认为“赏”比“游”更能体现休闲农业体验给人心灵上带来的愉悦，而且休闲农业中“赏”的内容和方式都很广泛，可以无限挖掘和创新。

二、采

吸引消费者和赢利的主要手段。采摘作为近年来迅速兴起的新型休闲业态，以参与性、趣味性和娱乐性强而受到消费者的青睐，已成为现代休闲农业与乡村旅游的一大特色。山合水易机构专家提出，采摘聚人气、带财气、成本低、收益高，是休闲农业园吸引消费者和赢利的主要手段。农业采摘不仅类型可以丰富多样，像草莓、葡萄、番茄、樱桃、柑橘、茶、杨梅、小西瓜、桃、苹果、枣、柿子、核桃、荔枝、柚子、莲雾、琵琶、龙眼、板栗、灵芝、蘑菇、茶叶等，都可以成为人们采摘体验的对象，而且还可以深度挖掘，进行细分，比如针对儿童、情侣、残疾人士等各类人群打造不同的采摘环境。

三、尝

为消费者带来味蕾绽放之旅。民以食为天，长久以来，中国各地由于气候、资源及经济条件等原因形成了差异化的饮食习惯和博大精深的饮食文化，风味多样且四季有别。近年来，伴随着人们对健康饮食方式的日益推崇，城市居民越来越崇尚乡村美食的生态自然和简单朴实，对于一些消费者而言，品尝特色乡村美食、满足味觉享受，就是到乡村去的原动力。放眼全球，亦有不少缺乏特色自然资源的乡村，凭借特色美食成了人们追捧的旅游地，比如日本的十胜、北京怀柔虹鳟鱼等。

山合水易机构认为，在休闲农业中，“吃”应该超越基本的生活需求，提升为“尝”，为消费者提供“地产地销”的特色美食，从食材、调料、做法、容器、饮食环境、饮食文化传承等各方面打造不一样的“食”体验，体现鲜明的本地特色和不可带走性。而根据不同的农业主题，又可以延伸出很多内容，比如田园主题餐厅、鲜花主题宴等。

四、学

发挥农业的教育功能。山合水易机构认为，缺少科普教育的休闲农业体验是残缺的、不完美的，因为从城市人需求的视角来看，久居城市的人们渴望了解农业的奥秘及农村的生活方式，这种农村和城市的差异性、互补性是发展旅游的基本条件。

而在休闲农业中，“学”又无处不在，比如农业科普、农业生产劳动中渗透出的人们的智慧和勤劳、人与自然的和谐、乡野幽静的学习环境……

五、耕

休闲农业的灵魂。山合水易机构认为，农业以“耕”为本，农耕是休闲农业与乡村旅游区别于其他休闲类产品最本质的体现，是休闲农业的灵魂。农耕文明作为中国几千年的历史沉淀和中国传统文化的核心组成，在发展现代休闲农业的过程中，应对其精髓加以继承、弘扬和创新。在现实中，除了农耕博物馆、农耕劳动体验、亲子小菜园等形式，探索更为丰富多彩的体验方式，是休闲农业园出彩制胜的关键。

六、戏

快乐农业。在休闲农业环境中，有抓鱼、捡鸡蛋、逮鸡、斗蛐蛐、斗羊等乡村野趣项目，民间二人转、民间演义、篝火晚会等乡村娱乐活动，还有玉米迷宫、真实版愤怒的小鸟、稻草人等创意农业活动。

山合水易机构认为，这些轻松有趣的玩耍、嬉戏活动，对青少年有着强大的吸引力，也很容易将成年人带回到无忧的童年时代，引起情感上的共鸣，延长消费者的停留时间，提升消费者的满意度。

农业是快乐的，如果我们深入挖掘，还可以营造出更多的快乐元素。

七、憩

放松心情、释放压力是大多数消费者出游的主要目的。山合水易机构认为，休闲农业中的“憩”不仅指住宿体验，而是从各个方面，给消费者带来身体和心灵的放松与享受，契合消费者的出游目的。

对于发展旅游必不可少的住宿，在休闲农业中应淡化住宿设施本身的功能，植入农村文化和农业特色元素，强调乡村特有的住宿体验。山合水易机构在休闲农业规划设计中，非常注重对项目地原有民居等资源的利用，同时善于融入木屋、房车营地等原生态、环保时尚的世界性休闲产品，旗下山语林木屋有限公司更是业界内名誉卓著的木屋建筑公司，曾成功规划设计了江苏彼岸欧陆风情木屋小镇、世界木屋博览园等有影响力的木屋工程。

八、养

发现农业的健康功能。农村不仅可以为游客提供新鲜的空气、轻松的氛围、原生态的食品等有利于身心健康的环境，更重要的是农业生产丰富性、完整性和前后关联的连续性，给消费者的生活节奏带来了变化，是完整人性的体现。而在雾霾成为常态、城市环境污染日益严重的今天，很多人都无比向往自然的绿色。逃离城市、寻找天然氧吧，成为人们休闲的热点。

山合水易机构认为，养生、养心、养肺、养颜、修身养性等，都可以成为休闲农业中“养”的内容。其对陕西汤峪镇进行规划设计时，以健康农业产业为基础产业，充分发挥农业的养生功能，延伸出健康休闲产业，配套智慧园区服务，同时以健康生态产业为保障，提出“大健康产业”发展路线，为汤峪镇开辟了一条产业健康化的发展道路。

九、淘

快乐“淘宝”。在休闲农业中，“淘”实现了农产品的直销，使乡村生产者与城市消费者直接对接，减少了中间销售环节，生产者的利润大幅度提高。而且，消费者在旅行时大多都有购买体验的需求。因此，如何打造类型丰富又具有自身特色的商品，并让消费者快乐地把商品带回家，也应该是园区经营者最关注的问题。

山合水易机构认为，商品的开发应跟园区主题结合，比如说，台湾以葱闻名的三星村，仅与葱相关的美食就多达四十余种，除了常见的葱油饼、青葱饺子外，还有葱根茶、葱蒜酱、香酥葱，葱蛋卷、青葱牛轧糖、青葱冰淇淋等。让消费者快乐淘宝的方法也有很多，就销售方式来讲，休闲农业应强调消费引导和购买体验的过程，以满足消费者心理和精神需求的体验式消费为主。

十、归

休闲农业高层次的体验。都市生活的紧张繁杂，使人们对于返璞归真的纯手工农业生产及生活越来越喜爱，休闲农业应本着“生态乡野、回归本真”的原则，让消费者情不自禁地产生回归大自然的情愫，产生心灵的归属感。

山合水易机构在《重庆顺山舜水·山城归谷概念性总体规划》中，将主题定位为“綦江顺山舜水，中国山城归谷”，项目整体以“归”为主线，贯穿到与农村发展相关的各个方面，包括从二产、三产到一产的回归——归农、归田，现代人生产生活方式的回归——归山、归水、归林、归隐、归生活，由追求农产品产量到质量的回归——归原，原生态农业的生产、精品农业的开发等，同时结合原始农业的养生、农业产业链条的延伸等，打造复合型山地农业主题产业基地。

思考题

1. 浅析农庄管理的原则。

2. 请结合案例浅析农庄经营管理中注意的问题?

3. 请思考企业管理原则与农庄管理中的相似之处。

第三章 农庄游客及市场开拓

第一节 农庄旅游市场调查

【案例导入】

安徽黟县开展乡村旅游问卷调查受益匪浅

2008年五一小长假期间，安徽省黟县旅游发展委员会面向来黟县的游客开展了乡村旅游市场问卷调查，9名市场调查员深入景区进行调查。此次调查共发放问卷250份，收回有效问卷201份。通过对有效问卷的全面分析，黟县旅游委对假期调整后黟县乡村旅游的现状和游客满意度有了详细的了解，主要得出了以下几个方面的结论：

一、15～45岁年龄段的游客共有159人，占了被调查总游客数的79.1%。其中又以25～44岁的中青年最多，共有109人。这反映出中青年仍为乡村旅游的主力，如何开发极具潜力的儿童、老年人游客市场，给我们提出了一个新的课题。

二、游客中职业是企事业管理人员的共有55人，占总游客数的27.36%；其次是学生和公务员，分别占19.40%和13.93%，而军人和农民最少，仅有5人和4人。前三类人群具备了旅游所需的经济实力或空余时间，而军人、农民等由于工作性质、收入状况、身体状况的限制，人数较少。在今后的发展中，我县会进一步调整乡村旅游产品结构，推出一批度假休闲型旅游产品，满足不同人群的旅游需求。

三、大部分（60.2%）的游客认为五一假期的缩短对自己的出游没有影响，一些旅行社和景区对假期变化会影响经营效益的担心是多余的。

四、在黟县过夜时间在2天以上的游客占63.18%。选择在黟县过夜的游客将越来越多。我县饭店、宾馆应进一步加快发展，大力提高黟县旅游接待能力。

五、游客获得黟县旅游信息的渠道由多到少依次是朋友介绍、网络、电视媒体、旅行社、报纸杂志；今后应进一步利用网络、电视等媒体做好宣传促销，做大做强黟县旅游品牌。

六、90%以上的游客对我县乡村景观风貌、民俗文化传统、服务水平表示满意，但有50%的游客认为我县乡村旅游景区价格偏高，一定程度上影响了满意度。

七、多数游客除了愿意住设施齐全的宾馆，也乐意住在清洁卫生的“农家乐”和经济型小旅馆，发展农家乐旅游、小型家庭旅馆潜力巨大。

很多游客还就我县乡村旅游发展提出了很好的意见和建议，如提高公交服务水平、控制游客数量以保护古建筑、增加西餐服务等，表现出对我县乡村旅游的热情关注。

农庄旅游市场的开拓离不开对市场的调研。只有通过调研，才能摸清农庄旅游市场整体态势和消费者对农庄旅游产品的需求状况，获得第一手的材料和可靠信息，让经营管理者做到心中有数，为未来利用旅游资源寻找客源市场及其开拓途径做好充分准备。

一、农庄旅游市场调查的概念与特点

企业的市场调查与研究行为是市场经济的衍生品，是中国改革开放后自发涌现出来的，也可以说是欧美的舶来品。跨国公司在20世纪80年代初期进入中国，为制定其有关产品、价格、渠道、促销等方面的策略，除了宏观的国民经济和收入数据可作参考，更注重收集微观的有关中国消费者的消费特征、消费结构、消费偏好、地方文化差异、媒介接触习惯等方面各种定性和定量数据。企业对这种微观数据的需求，不但催生出了市场调查行业，而且促进了市场调查学科的发展。

（一）农庄旅游市场调查的概念

根据调查涉及的企业市场营销因素的不同，市场调查又有狭义和广义之分。

农庄旅游市场调查的狭义定义是运用科学的方法，收集、记录、整理和分析农庄目标市场的消费者及其行为的信息，以达到农庄市场营销适应外部环境的活动的目的。因此，狭义的农庄旅游市场调查是指对消费者的购买动机、购买行为等方面资料的收集、记录与分析研究，而不包括企业市场营销其他因素的调查研究。

农庄旅游市场调查的广义定义是运用科学的方法，系统、客观地收集、记录、整理和分析农庄旅游市场营销过程中每一环节的信息，以帮助农庄或政府有关管理部门制定有效决策的活动。广义的农庄旅游市场调查定义中除了包括对消费者及其行为的调查外，还包括对市场环境、竞争对手、产品、销售、广告效果等其他有关因素的调查。

（二）农庄旅游市场调查的特点

农庄旅游市场调查的特点有很多，这里从调查过程和调查结果的应用方面介绍其中的主要特点。

1. 科学性

市场调查不是主观臆测，其方法必须是科学的，包括文案法、观察法、实验法和访问法等。

2. 系统性

市场调查不是盲目的，而是一个有组织、有条理的工作过程。明确调查目标、精心设计调查方案、预先选定所使用的分析模型和所收集的数据，缺一不可。

3. 客观性

市场调查不是感情和偏见，调查人员必须是公正和中立地对所有的信息资料进行客观的记录、整理和分析，只有保证调查资料的真实与可靠，才能避免导致错误的经营决策。

4. 创造性

市场调查不是僵死的，调查内容和方法都应该根据实际需要灵活设计，创造性地开展市场调查才能保证调查结果的质量和价值。

5. 应用性

市场调查不是形式主义，调查结果一定要能用于指导农庄经营决策。一次有效的市场调查，其结果不能停留在对数据的简单收集和一般化整理，而应该对原始数据进行统计学分析，并进而进行推断和预测，为相关决策提供依据和参考。

二、农庄旅游市场调查的作用

市场经济条件下，市场调查在农庄经营活动中有着基础性的地位，是农庄认识并走进市场的“眼睛”和“雷达”。市场调查的结果不仅是农庄经营决策的依据，更是农庄决策纠错和战略调整过程中的重要参考。

农庄市场调查的作用可简要概括为下述六个方面。

（一）了解农庄消费者需求

了解消费者对农庄产品或服务的需求，在充分考虑消费者意见的基础上，指导农庄进行产品开发、设计、改进和升级，最大程度地满足消费者的需求。

（二）了解竞争产品市场表现

了解农庄竞争对手产品目前的价格、促销等策略，分析市场细分状况，寻找适合本农庄发展的目标市场，恰当进行产品定位，确保农庄产品的市场竞争优势，稳固农庄产品市场占有率。

（三）评估、监测农庄营销决策在市场运营中的状况

监控农庄营销决策方案的实施效果，获知市场经营状况的及时反馈，了解某一种营销策略的执行情况，及时进行方案调整，避免不必要的资源浪费。

（四）进行品牌评价和分析

收集消费者对进入市场一段时间的农庄产品或服务的满意度和美誉度的评价，经过科学的比较研究，其结果就是农庄和广大消费者所需要的农庄产品或服务的品牌分析数据。农庄品牌价值的高低，直接影响着农庄产品的市场占有率和农庄无形资产的变化。

（五）发现市场空缺和市场机会

了解消费者现实状态与理想需求之间的差距，分析市场空缺，准确把握市场机会，不断寻找农庄在市场竞争中的经济增长点。

（六）分析行业发展态势

掌握农庄旅游行业的发展趋势，制定与市场相适应的营销策略，帮助农庄树立品牌形象，保持品牌价值。

三、农庄旅游市场调查的分类及内容

（一）农庄旅游市场调查的分类

农庄旅游市场调查涉及的内容很庞杂，所以市场调查的类型也多种多样。按照不同的分类标准，可将市场调查划分为不同的类型。其划分标准和划分类型可参见表 3–1。

表 3–1 市场调查类型的划分

分类标准	调查类型	分类标准	调查类型
按调查方式分	市场普查	按调查区域空间层次分	地方性市场调查
	重点调查		地区性市场调查
	典型调查		全国性市场调查
	抽样调查		国际性市场调查
按调查时间频率分	定期市场调查	按调查的性质和目的不同分	探索性调查
	经常性市场调查		描述性调查
	一次性市场调查		因果性调查
按调查分析的方法分	定性调查	按调查主体分	委托调查
	定量调查		自行调查

对农庄旅游市场调查类型的划分不止上述几种，上表只捡其中重要的进行介绍。

（二）农庄旅游市场调查的内容

农庄旅游市场调查的内容十分广泛，受调查目的和调查时间的限制，内容也大不相同。一般情况下，农庄旅游市场调查的内容如下。

1. 农庄旅游市场环境调查

农庄的生存与发展是以农庄旅游市场环境为前提条件的。对农庄而言，市场环境是不可控因素，农庄的生产与营销活动必须与之相适应。

（1）政策法规环境调查

调查影响和制约农庄旅游市场的国内外政治形势和国家有关部门制定的政策法规。

（2）经济环境调查

调查农庄所在地及客源地的经济特征、经济发展水平、产业结构、国民生产总值、农庄旅游资源状况等。

（3）社会文化环境调查

调查农庄所在地和客源地人口的受教育程度与文化水平、职业构成与民族分布、宗教信仰与风俗习惯、社会审美文化与文化禁忌等。

2. 农庄旅游市场需求调查

农庄旅游市场需求是在一定时期内、一定价格上，消费者对某一农庄旅游产品或服务的消费能力，是农庄旅游市场调查内容中最基本的部分。

（1）农庄消费者规模及构成调查

调查主要内容：经济发展水平与人口特征；收入与闲暇；农庄消费者数量与构成情况，即调查农庄旅游产品或服务的现实或潜在的消费者数量及其构成（国籍、民族、年龄、性别、职业、入境方式以及地区分布等）；农庄消费者消费水平及构成（吃、住、行、游、购、娱等）、滞留时间等；农庄消费者对旅游产品质量、价格、服务等方面的要求和意见等。

（2）农庄旅游动机调查

农庄旅游动机是指触发消费者去农庄娱乐消费的心理动因。不同文化背景、社会环境、个性特征的消费者，触发他们开展农庄旅游的动机也各不相同。因此，了解消费者的旅游动机（身心健康需要、交际娱乐需要、文化生活需要等）是农庄旅游市场调查的又一关键性内容。

（3）农庄旅游行为调查

农庄旅游行为是农庄消费者的旅游动机在旅游过程中的实际表现，农庄旅游行为调查就是研究农庄消费者的出游时间、游玩目的地、旅游决策者以及旅游方式等问题。如农庄旅游市场有明显的淡旺季之分，黄金周、节假日、春秋时节消费者扎堆出行，到郊区野外享受自然的馈赠；工作日、酷暑寒冬时节消费者更多的是选择交通便捷或体感舒适、硬件条件好的目的地出行。因此，摸清消费者的出行习惯和出行需求，对缓解农庄旺季压力，减少农庄淡季损失大有裨益。

3. 农庄旅游市场供给调查

农庄旅游市场供给是一定时期内农庄旅游市场所提供的旅游产品和服务的总量。

（1）农庄旅游吸引物调查

旅游吸引物是指凡是能够吸引农农庄消费者到来并能引发消费者兴趣的事物、事件或现象，它的数量和质量决定着消费者对农庄目的地的选择。主题农庄就是通过在农庄中设置不同的旅游吸引物来招揽消费者的。如农庄可以是主打农耕生活和农事活动体验的（耕作、播种、采收、捕捞等)，可以是主打特色景观的(稻田麦浪、桃园杏林、水车石磨等)，还可以是主打民俗趣味活动的(婚俗、丰年祭、赏花灯、舞龙舞狮、皮影戏、歌子戏、布袋戏、划龙舟、雕刻、绘画、泥塑、剪纸、赏花节、采摘节等)。

(2)农庄可进入性调查

可进入性是指消费者进入目的农庄的难易程度，主要研究进入农庄享受服务所付出的时间、费用和精力成本。调查内容包括交通工具和目的农庄的交通基础设施条件、地方政府政策因素、农庄服务组织能力和效率等。

(3)农庄品牌形象调查

农庄品牌形象是农庄经营的无形资产，农庄的品牌形象直接决定消费者的消费意愿。调查内容包括农庄经营理念、农庄视觉识别系统和农庄行为识别系统。

(4)农庄旅游容量调查

农庄旅游容量作为农庄规划管理的强有力工具，能起到确保实现农庄可持续发展的作用，客观上保证消费者在农庄的体验质量。其调查包括：农庄基本空间标准、资源容量、生态容量和经济发展容量等。

4. 农庄旅游市场营销调查

现代农庄旅游营销涉及的内容包括产品、价格、分销渠道和促销在内的诸多因素。因此，农庄旅游市场营销调查也应围绕这些营销组合要素展开。

(1)农庄竞争者状况调查

调查的内容包括：竞争者及其数量，竞争者所在地区的市场占有率及市场覆盖率，竞争者市场营销、竞争策略，竞争者产品质量、数量、品种及价格，竞争者的销售渠道、宣传手段与广告策略，竞争者在消费者心目中的声誉与形象，竞争者的优势和劣势等。

(2)农庄旅游产品和服务调查

产品和服务的好坏是决定农庄一切经营活动成败的关键。调查内容包括：农庄有形产品的种类、档次及数量，如农副产品、手工艺品、纺织品等；依托农庄自然资源、人力资源和硬件设施所提供的服务的种类、档次及数量，如餐饮服务、客房服务、观光旅游服务、特色项目体验服务等；资源的品位、级别以及产品和服务的特色、优势、风格、声誉及组合方式等，产品和服务的市场生命周期；产品和服务的市场占有率与销售潜力，消费者对产品和服务的评价与接受程度，消费者购买或接受产品的频率，消费者对产品和服务的进一步要求和意见等。

（3）农庄旅游价格调查

价格调查内容一般包括：产品和服务价格的成本和利润，产品和服务价格的供给弹性、需求弹性及价格预期，产品和服务的定价合理与否，消费者对产品和服务价格的反馈，各种产品和服务的差价及优惠水平合理与否，新推出的产品如何定价等。

（4）农庄旅游销售渠道调查

销售渠道是指产品从生产者向消费者转移所经过的通道或途径，它由一系列相互依赖的组织机构组成，即产品由生产者到消费者的流通过程中所经历的各个环节连接起来形成的通道。农庄销售渠道的起点是农庄，终点是消费者，中间环节包括农庄销售部门、代理旅行社、商业服务机构（如经纪人、交易市场等）。调查内容包括：产品和服务销售渠道的数量、分布和营销业绩，现有销售渠道是否畅通、市场上是否存在经销此类产品和服务的权威机构，市场主要的销售渠道策略实施、评估、控制和调整情况及其对本产品和服务的要求与条件等。

（5）农庄旅游促销调查

农庄促销调查主要着重于促销对象、促销方法、促销投入、促销效果四个方面，包括促销对象类型、促销信息源选择、信息发送方式与发送渠道，广告、营业推广、人员推销、公共关系等促销手段是否为促销对象接受，促销投入预算，促销宣传的内容是否符合促销对象的实际需求、文化水平和风俗习惯，促销能引起多少人的注意和兴趣，促销给目标消费者什么样的印象、是否能激发他们的消费欲望，促销后的农庄销售业绩如何等。

四、农庄旅游市场调查的程序和方法

（一）农庄旅游市场调查的程序（图 3-1）

从市场调查的实际情况来看，可以将市场调查研究的程序分为计划阶段（调查准备）、实施阶段（现场工作或数据收集）、分析阶段（处理和分析数据）和报告阶段（提供书面或口头报告）。

1. 计划阶段

第一步，根据农庄开展市场调查的目的、意图以及信息需求界定调研问题，确保对所要调查问题的界定的准确性；

第二步，拟定调查方案；

第三步，调查方案论证；

第四步，通过调查方案，进入实施准备。

图 3-1 调查方案内容示意图

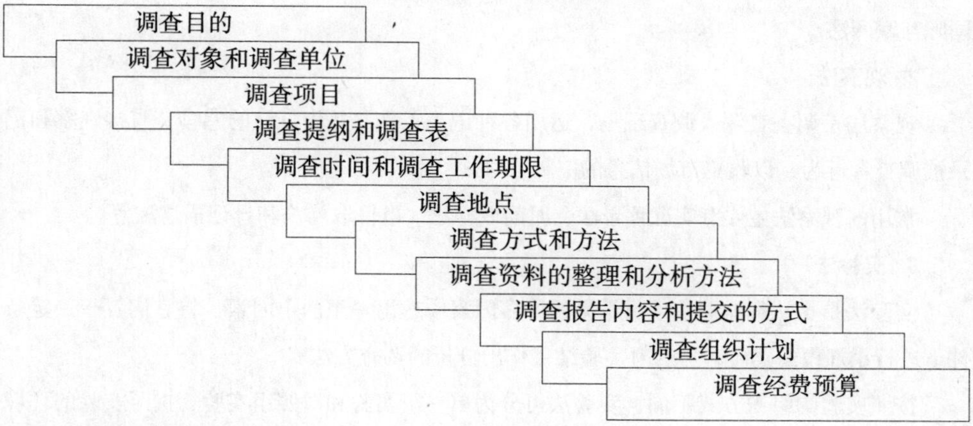

2. 实施阶段

按照事先确定好的调查方法实施调查，下面以常用的问卷法为例展开说明：

第一步，进行问卷设计、样本选择以及访问员的招聘和训练；

第二步，审查并修改问卷初稿，开展预调查；

第三步，采集调查资料，通常包括访问、问卷复核和回访三个程序。

3. 分析阶段

第一步，对收集的资料进行统计处理；

第二步，统计处理包括接收和清点资料、检查和校订资料、编码、数据录入、查错或数据净化、处理缺失数据、统计预处理、制表作图和统计分析、输出结果等过程；

第三步，对计算机输出的数据结果进行分析。

4. 报告阶段

第一步，撰写调查报告，一般情况下报告的内容应包括界定调研课题、寻求解决问题的方法、进行调研设计、数据收集与分析、取得的调研结果和主要发现；

第二步，呈报调查结果；

第三步，补充、修改调查报告。

（二）农庄旅游市场调查的方法

1. 文案法

文案调查是指通过搜集各种历时的和共时的动态统计资料，从中摘取与市场调查项目有关的信息，在室内进行统计分析的调查方法。文案调查法又称资料查阅寻找法、间接调查法、资料分析法或室内研究法。

文案资料的搜集方法主要有四种：文献资料筛选法、报刊剪辑分析法、情报联网法和国际互联网法。

2. 观察法

观察法是调查者深入调查现场，运用各种记录工具，凭借自己的感官，直接观察和记录被调查者行为，以收集市场信息的一种方法。

常用的观察法主要有实况评录法、时间取样法、事件取样法和日记描述法等。

3. 实验法

实验法是指从影响调查项目结果的许多因素中选出一至两个因素，将它们置于一定条件下进行小规模的实验，然后对实验结果作出分析的调查方法。

按照实验的组织方式不同，实验法可分为单一组实验和对照组实验；按照实验的环境不同，实验法可分为实验室实验和现场实验；按照实验的目的不同，实验法可分为研究性实验和应用性实验。

4. 访问法

访问法是由访问者向被访问者提出问题，通过被访问者的口头回答或填写调查表等形式来收集市场信息资料的一种方法。

访问的方法比较多，有面谈访问、电话调查、邮寄调查、留置调查和网络调查五种方式。

五、农庄旅游市场问卷调查和抽样调查

（一）农庄旅游市场问卷调查

1. 问卷和问卷调查的概念

问卷是调查者根据调查目的和要求设计的，用来搜集调查数据的一种工具，由一系列问题、备选答案、说明以及码表组成的一种调查形式。问卷调查是调查者通过统一设计的问卷，了解被调查对象的态度、意见和反映的资料收集技术。目前，在旅游市场调查实践中，问卷技术与抽样技术相互结合使用最为普遍。

2. 问卷的类型

按照调查方式的不同，问卷可划分为自填式问卷和访问式问卷。自填式问卷是指由调查者将问卷发给被调查者，由被调查者根据实际情况自己填写的问卷。访问式问卷则是由调查者按照事先设计好的问卷或问卷提纲向被调查者提问，然后根据被调查者的回答进行填写的问卷。其中，在农庄旅游调查中，散发自填式问卷再予以回收是最常见的方式。

3. 农庄旅游调查问卷设计

一份完整的问卷通常由开头、甄别、主体、背景和结尾五部分构成。

（1）开头部分

这部分包括问卷标题、封面信、填写说明和问卷的编号。

（2）甄别部分

甄别也称过滤，能够确保被调查者符合调查研究的需要。

（3）主体部分

主体部分包括问题和答案、问题和答案的编码。

（4）背景部分

背景部分主要指被调查者的背景资料。被调查者的背景资料是指被调查者的性别、年龄、婚姻状况、文化程度、职业、收入等一些主要特征。通过这些项目，可以对调查资料进行分组、分类，方便后期的统计分析。

（5）结尾部分

结尾部分包括记录调查员的姓名、访问日期、访问时间、访问地点等，目的是为了核实调查的执行和完成情况，并方便对调查员的工作进行监督和检查。

下面是一份结构完整的农庄旅游调查问卷：

关于北京朝阳区居民农家乐消费特征及行为的调查问卷

问卷编号__________

亲爱的朋友您好！

非常感谢您在百忙之中抽出时间填写本问卷。本调查旨在了解北京朝阳区居民农家乐消费特征及行为。您的见解和意见对我们有至关重要的作用，为此我们需要您的真实想法。我们将对您的问卷严格保密，只作为统计和建议依据使用，请您放心如实填写。谢谢！

北京联合大学旅游学院

2012年3月

若没有特殊要求，题目均为单选

1. 您是否进行过农家乐旅游？

A. 是　B. 否

2. 您能够接受的农家乐每人每日消费数额在？

A.50 ~ 100 元　B.100 ~ 150 元　C.150 ~ 200 元　D.200 元以上

3. 请问您倾向选择何种交通工具进行乡村旅游？

A. 自驾车　B. 公交车　C. 租车　D. 自行车　E. 火车

4. 您平均多长时间去一次？

A. 每周一次或以上　B. 每月一两次　C. 每半年一两次

D. 一年去一两次　E. 很少去

5. 您到农家乐游玩，一般会打算停留游玩多长时间？

A.1 天以内　B.1 到 2 天　C.2 到 3 天　D. 更长时间

6. 您关于农家乐等旅游方面相关信息的主要来源是？

A. 旅行社　B. 报纸杂志　C. 电视广播　D. 旅游宣传手册　E. 互联网

7. 您选择农家乐旅游的动机有哪些？请根据您对该描述的认同度给予 1 ~ 5 分的评分，1 分代表非常不认同，5 分代表非常认同。

	非常不认同（1分）	不认同（2分）	一般（3分）	认同（4分）	非常认同（5分）
7.1 娱乐					
7.2 放松					
7.3 远离城市喧嚣					
7.4 体验型餐饮					
7.5 体验乡村生活					
7.6 感受乡村文化					
7.7 交际需要					
7.8 学习乡村知识					

8. 请问您倾向于游览何种农家乐风景？请根据您对该描述的喜欢程度给予 1 ~ 5 分的评分，1 分代表非常不喜欢，5 分代表非常喜欢。

	非常不喜欢（1分）	不喜欢（2分）	一般（3分）	喜欢（4分）	非常喜欢（5分）
8.1 河流湖泊					
8.2 鱼塘					
8.3 山地					
8.4 树林					
8.5 农田					
8.6 现代化农田					
8.7 草原					

9. 请问您倾向于何种农家乐娱乐方式？请根据您对该描述的喜欢程度给予 1 ~ 5 分的评分，1 分代表非常不喜欢，5 分代表非常喜欢。

	非常不喜欢（1分）	不喜欢（2分）	一般（3分）	喜欢（4分）	非常喜欢（5分）
9.1 吃农家饭					
9.2 住农家院					
9.3 采摘					
9.4 种植					
9.5 户外运动（骑马、卡丁车等）					
9.6 休闲活动（KTV、温泉等）					
9.7 游览周边美景					
9.8 民俗娱乐活动					

10. 您认为农家乐最吸引您的地方是？请根据您对农家乐的吸引度给予 1 ~ 5 分的评分，1 分代表非常不吸引，5 分代表非常吸引。

	非常不吸引（1分）	不吸引（2分）	一般（3分）	吸引（4分）	非常吸引（5分）
10.1 体验乡村休闲活动（钓鱼、打牌等）					
10.2 享受清新空气，过健康生活					
10.3 开展健身疗养活动（温泉等）					
10.4 去附近的景点旅游顺便来玩下					
10.5 物美价廉的菜肴					
10.6 体验农家的生活，感受农家人的朴实					

答卷者信息

1. 您的性别：

A. 男 B. 女

2. 您的年龄阶段

A.18 岁以下　　B.19 ~ 25 岁　　C.26 ~ 35 岁　　D.36 ~ 45 岁

E.46 ~ 55 岁　　F.56 ~ 65 岁　　G.65 岁以上

3. 您目前的职业：

A. 机关 / 事业单位人员 / 教师　　B. 专业技术人员　　C. 公司一般职员

D. 公司中高层管理人员　　E. 私营业主　　F. 待业人员

G. 家庭主妇　　H. 学生　　I. 其他

4. 您的文化程度：

A. 初中及以下 B. 高中 / 中专 / 职高 C. 大专 D. 大学本科 E. 硕士及以上

5. 您的每月个人税后总收入：（包括工资、奖金及津贴分红等）

A.1000 元以下　B.1000 ～ 1999 元　C.2000 ～ 2999 元

D.3000 ～ 4999 元　E.5000 ～ 7999 元　F.8000 ～ 9999 元

G.10000 ～ 19999 元　H.20000 元以上

6. 您目前的家庭成员有：＿＿＿＿＿＿＿＿＿＿＿＿

再一次感谢您的合作！祝您生活愉快，一切顺利！

（二）农庄旅游市场抽样调查

1. 抽样调查的概念

抽样又称取样，是从欲研究的全部对象中抽取一部分样本单位。抽样调查是从研究的全部对象中，抽选一部分进行调查，并据此对全部研究对象作出估计和推断的一种调查方法。目前，已经发展成为一套全世界范围内广泛应用的先进主流调查技术体系。

农庄旅游业是一个集第一产业、第二产业、第三产业于一体的新型交叉产业，也是一个容易受随机因素影响的敏感产业，因此农庄旅游市场调查运用抽样调查的方式，比起耗时费力的全面普查来具有更明显的优势。事实上，国内外旅游市场调查大多采用抽样技术进行，因此抽样技术就成为旅游市场调查设计者必须掌握的基本技术。

2. 抽样调查的类型

农庄旅游市场抽样调查的具体方式很多，这里介绍两种主要类型：随机抽样和非随机抽样。

（1）随机抽样

随机地从总体中抽取样本的抽样方式，就叫随机抽样。其中包括简单随机抽样、等距抽样、分层抽样和整群抽样几种方式。

（2）非随机抽样

非随机抽样是指抽样时不遵循随机原则，而是按调查人员主观设立的某个标准抽选样本。其中包括偶遇抽样、判断抽样、配额抽样和雪球抽样几种方式。

第二节 农庄游客的形成及培养

农庄游客的形成，受主客观双重因素的影响。分析、研究这些因素，为农庄消费培养固定的客源是农庄经营的关键。

一、农庄游客形成的客观条件

影响农庄游客形成的客观条件主要是经济能力、休闲时间、社会经济环境和身体状况。

（一）经济能力

从马斯洛需求层次来看，旅游属于居民消费中一种较高层次的需求。经济基础决定上层建筑，只有具备良好的物质基础，才能享有健康的生活方式。

1. 可自由支配收入

可自由支配收入指的是居民在一定时期内（通常为一年）的全部收入扣除税收、社会保险花费（健康人寿保险、养老保险、失业保险等）、预防意外开支的储蓄、生活必需消费（衣、食、住、行等）以及个人发展费用（购书费、购置设备资料费、学费、培训费）等部分后的剩余收入。据此，可自由支配收入可用以下公式表示：

可自由支配收入 = 总收入—（税收额 + 社会保险费 + 预防意外开支储蓄额 + 生活必需消费额 + 个人发展费用）

2. 旅游消费

可自由支配收入决定了居民的消费能力和消费水平，是旅游活动开展的重要条件，居民出游人数和频次受居民的可支配收入的影响较大。

分析国际旅游消费统计资料会发现这样一条规律：当一个国家或地区月人均国民生产总值达到 300 美元时，居民将普遍产生国内旅游的动机；达到 1000 美元时，将产生跨国旅游的动机；超过 3000 美元时，将产生洲际旅游的动机。

（二）休闲时间

据社会学家分析，人的生活可以分为休闲时间和约束性时间，约束件时间又分为生物本能时间（如睡眠、饮食等）、谋生活动时间（也就是大多数人的“上班时间”）和家务与社会活动时间。休闲时间是可自由支配的时间，主要包括每日闲暇时间、周末、公共节假日、带薪假期等，它是决定人们能否参加农庄旅游的必要条件。没有闲暇时间，就没有休闲农业活动。

1985 年，国际劳工组织确认每天工作 8 小时，每周 40 小时。至 1995 年 5 月 1 日，全世界175个国家中，已有145个国家实行了5天工作制，各国带薪年休假期为5 ~ 32天不等。到了现在，人类文明不断进步，休闲时间的拥有量不断增加，这为休闲农业活动提供了更为充裕的时间条件。

现代人不满于日益增加的噪音、拥挤、水泥沙漠等城市病，休闲农业成为一种生活时尚，成为一种人们周末、节假日休闲度假的新方式。

（三）社会经济环境

这里的社会经济环境是指一个国家的社会、政治与经济现状。

1. 直接影响

一个地区的政治地位和声誉、社会治安和人民的社会道德水平以及旅游政策、经济发达程度等，会对农庄游客的形成产生举足轻重的作用，这是因为游客有一个共同的心理需求：即追求安全、舒适和友善的旅游社会环境，他们愿意选择社会环境安定的地方去旅行。

2. 间接影响

社会政治经济发达程度影响了交通运输业与旅游住宿业的发展以及都市化进程，而这些因素对农庄游客的产生也有一定的作用，安全快捷的交通运输条件，能够让农庄游客安全、迅捷、舒适地到达目的地，有效利用闲暇时间。

（四）身体状况

一个人的身体能力和健康状况如何，直接影响到他能否成为一名农庄游客。由于农庄休闲是在大自然中进行，对体力的要求比较高，对体能的消耗较大，身体状况成了能否出游的重要生理性因素。

二、农庄游客形成的主观条件

人们要参加休闲农业活动，还需要有强烈的主观的旅游愿望，这就是旅游动机。

（一）旅游动机

1. 旅游动机的产生

有了旅游动机进而要选择或寻找旅游目的地，目的地确定后，随之就为满足需求而进行旅游活动，过了一定时期又会重新产生旅游需求，又有新的旅游动机产生。因此，旅游动机的产生和满足过程是动态的、循环往复的。

总之，有什么样的需求，便会有什么样的动机，要了解人们的旅游动机如何，必须充分理解人们的愿望、意向、兴趣及理想。

2. 旅游动机的分类

我国学者把旅游动机分为一般动机与具体动机。一般动机，指的是人们出去旅游的根本原因，包括健康和娱乐的动机、乐趣和冒险的动机、民族和家庭的动机、文化的动机、社会和自我表现的动机。具体动机，指的是人们选择某个旅游目的地、某种旅游方式、某项旅游服务的原因，其受到个人知识与经验、别人的介绍和广告的强烈影响。

有的将旅游动机归结为十类：求实、求新、既求实又求新、求名、求美、好胜、兴趣爱好、求知、访古寻友、追宗归祖。

有的则把旅游动机划分为六种类型：健康或娱乐、猎奇或冒险、民族或家庭、文化、社会和自我表现、经济。

一个人一旦要作出一个或几个旅游动机的旅游决定时，他将选择他认为最符合于其动机的主要旅游目的地，并将内心所形成的不同旅游目的地的各种形象跟相关动机进行对照，经过反复的强化意识和排除意识，对一系列目的地进行比较筛选，直到最终把那些符合他基本动机的旅游目的地挑选出来。

（二）农庄游客的旅游动机

农庄游客旅游动机的研究与一般旅游动机相类似，这里主要分析其产生的原因及种类特点。

农庄游客的旅游动机是为了满足其“回归大自然”的心理需求。由于人类原本起源于自然、脱胎于自然，故把人类这种重返自然的行为称为“回归大自然”。人们之所以想回归大自然，是外因与内因共同作用的结果。

外因主要是生存环境的恶化，于是企望返璞归真，回归大自然，寻找环境质量好的“世外桃源”。

内因主要是精神上对自然的母亲情结与身体需要恢复精力。人类属于自然，人类对自然这个母亲有本能的依恋之情，需要到大自然中去寻找原始的、混沌的精神家园。同时，喧嚣拥挤的城市、单调和公式化的生活、高节奏和重复的工作，给现代人带来压抑、烦闷、疲劳的感觉，而到宁静祥和的大自然中去，会唤起人们对美好事物向往的天性，去捕捉美、欣赏美和热爱美，将一切烦恼抛掷脑后，得到彻底的放松。此外，随着科技水平的提高，人们的求知欲越来越强，大自然的神奇奥妙、大自然的博大精深，都激发人们去认识、去探索。

三、农庄游客的培养

具备了农庄游客形成的主客观条件，农庄游客就可能产生到大自然中去的旅游行为，但作为一名合格的农庄游客，还应具有较强的环境意识，这种意识不是与生俱来的，需要教育和培养。

一个人通过环境教育，从而成为向往大自然、自觉保护大自然的农庄游客的过程就是农庄游客的培养过程。

（一）培养的意义

1. 有助于农庄目标的实现

对农庄游客的培养，可以使旅游的负面影响减少到容许的范围内，提高游客的环境保护意识，促进农庄的可持续发展目标的实现。

2. 有助于休闲农业客源的扩大

农庄游客通过培养，能够激发对大自然中环境复杂多样性、生态系统特征、生态平衡原理、生物多样性等知识的兴趣。这样就不断会有游客反复多次地参加农庄活动，也不断有经过培养的传统大众游客成为新的农庄游客。

3. 有助于全民环保意识的提高。

环境教育是系统中的一个重要环节，有助于提高全民环保意识，使人们树立持续发展的环境观。

（二）培养的内容

1. 自然知识

自然知识是提高环境意识的基础，通过理解自然达到欣赏自然，通过欣赏自然达到保护自然。自然知识包含地质地貌、江河湖海、气象气候、动物植物、宇宙繁星等丰富内容，涉及起源、构成、规律、特点及价值等各个方面。对某个农庄而言，主要是深入洞察和切身体验所在区域的自然生态资源、农业资源、风俗习惯与社会文化。

2. 农业知识

农庄是以独具特色的田园风光和原汁原味的农村生活方式、文化风俗来吸引游客的。农业知识相当广泛，不仅包括农业景观、农作物、饲养的动物、传统农具的培训和欣赏，也包括最新的农业科技成果和农业科学技术的介绍，如农业新品种、现代农业技术、农产品加工、贮运保鲜、特殊的乡村民俗、乡土文化活动、乡村传统劳作和乡村民居建筑介绍等。

3. 环境意识

人们的环境意识包括两个方面的内容：一是人们对生态环境的认知水平，即环境价值观念；二是人们参与保护生态环境行为的自觉程度。环境价值观念的树立是环境保护行为的前提，而环境保护行为是环境价值观念的反映。

（三）培养的措施

农庄游客的培养是一个系统的综合过程，需要社会和个人的共同努力，有效途径主要有游客平时的自我学习、社会教育和休闲农业园区的现场教育。学习是指人不断获得知识、经验和技能，形成新习惯，改变自己行为的过程。通过间接的书本学习与直接的实践活动学习，提高环境意识，改变破坏环境的行为，养成爱护环境的好习惯。生态环境恶化是全球性的问题之一，应该从社会教育的途径，促进人们去了解、认识并关心环境及有关问题，成为潜在的农庄游客。如在大学、中学、小学、幼儿园开设自然保护课程和在已有课程中渗透自然保护的内容；把生物多样性作为重点，举行绿色夏令营、科普活动周，寓教于乐；出版教科书和其他各种读物，并且利用广播、电视、报刊等媒体，调动新闻、宣传多方面的社会力量，采取丰富多样、生动活泼的教育形式，造成强大的社会舆论。

第三节 农庄旅游的客源市场分析

一、农庄旅游市场的客源构成及特点

综合游客年龄、阶层及旅游目的等因素，农庄旅游市场可细分为七大类：

（一）青少年乡村修学旅游市场

这一客源市场主要特点是认识学习型，以学校或家长等安排的特殊旅游与考察、写生、实习等为主要内容，以学生远足、夏令营等为主要形式，通过有别于城市生活场景的农庄旅游，扩大视野，开阔眼界，培养吃苦耐劳的精神。针对这一市场，可以开发参与农事的采摘务农活动、高科技农业技术参观活动等，增进青少年对农村、农事和大自然的了解。

（二）青年农事体验与乡村娱乐旅游市场

青年人多追求生态环保潮流，渴望体验多彩人生。农庄旅游对于这类人群来说更多的是一种体验式旅游。

（三）中年娱乐与身心放松旅游市场

中年阶段层是旅游消费能力最强的一个群体，该阶层人员收入高、压力大，身心需要放松减压，农庄旅游产品的生态功能、参与性功能正好迎合了该阶层游客的需要 。

（四）老年健康疗养与休闲旅游市场

老年旅游市场的本质特征为寻根怀旧、回归自然。他们喜欢有独特乡村氛围和景色的

农庄。富氧环境、康体设备、养生、饮食等延年益寿的事物对他们有着特殊的吸引力。

（五）都市居民休闲旅游市场

都市居民往往向往乡村宁静、安稳、健康的生活环境，喜欢绿色健康食品，偏好休闲的旅游方式。乡村特色的餐饮美食，以采摘、垂钓等为特色的农庄旅游产品较为适合都市人群。

（六）城市文化者文化旅游市场

对于城市中文化水平和受教育程度较高的都市知识阶层，他们的主要旅游动机是体验城乡文化差异。他们更愿意探索村寨历史地理、感受乡村独特风土人情、品尝土特产品，体验自己不熟悉的乡村生活以达到心理享受。其中包括现代农业观光、科技农业考察、古村落民居体验等具有文化内涵和人文精神的农庄旅游产品。

（七）乡村度假旅游市场

乡村度假旅游产品的目标客源市场主要是城市收入较高者及其家庭，如企业高级雇员、机关干部、事业单位高级职员以及部分企业老板等。山野及水体运动，和以乡村自然环境疗养健身为主的乡村度假活动较符合这一市场的需求，如温泉疗养、中草药浴、名贵药材采摘等。

二、农庄游客的消费决策

旅游消费决策是游客作出的关于购买某种旅游产品进行消费的决定。人们的旅游消费决策五花八门，决定进行农庄旅游消费也是其中的一种决策。

（一）消费决策面临的问题

农庄游客在作出决策时面临的问题，可以归纳为六个“W”。

一是 why，即为什么消费。农庄游客的消费动机不同，产生消费行为的原因也多种多样。

二是 what，即消费什么。决定消费什么是农庄旅游消费决策的核心，具体内容包括农庄旅游产品的类型、品牌、新颖度、等级、规格和价格等。

三是 how many，即消费多少。农庄游客消费数量的多少，通常取决于其实际需求、支付能力及市场供求状况。

四是 where，即到哪儿去消费。一般农庄游客都会选择相对较近的目的地消费，但对一些服务良好、信誉可靠的休闲农庄，游客也会“舍近求远”。

五是 when，即什么时候消费。一般取决于农庄游客需求的紧迫性及农庄旅游市场行情的变化状况。

六是which，即怎样消费。如是否选择预订，是选择口头预订、电话预订，还是网上预订。

（二）消费决策的过程

通常情况下农庄游客购买决策的全过程，分为消费认识、信息调查和方案的评价与选择等阶段。

1. 消费认识阶段

农庄游客作出消费决策的第一步是对消费问题的认识，这种认识是由于农庄游客的期望状况和现有状况之间存在着一定的差距所产生的。只要发生期望的状况大于或小于现有状况，就会产生对消费问题的认识，而在期望的状况与现有状况基本吻合时，不会产生消费问题的认识，因而也就无须作出农庄旅游消费决策。在这一阶段，游客会根据自己的经济实力、闲暇时间以及所在地区休闲农庄的发展情况，作出是否出游的决定。

2. 信息调查阶段

如果游客认为有必要进行农庄旅游消费，就会寻找有关农庄旅游产品的信息。农庄游客获得信息的渠道大致有固有记忆、亲友的意见和建议、政府部门提供的信息、新闻媒体和专家学者提供的信息、企业公开活动及销售员的推销指导所提供的信息。其中亲友的口传信息和政府、新闻媒体、专家学者提供的中立信息，往往对农庄游客的消费决策起着决定性的作用。

3. 方案的评价与选择阶段

收集信息后，农庄游客就开始对信息进行评价和选择。作为支持的信息可分为三类：解决问题所需的各种评估标准、各种可行的解决方案以及实现的难易程度。

农庄游客在信息采集和决策制定时，首先会从产品的类型和品牌等方面确定一个范围，如果范围内的信息和产品能提供满足，他们就会进行消费选择；如果得不到满足，就会再次扩大选择的范围，直到选定满意的旅游产品。

第四节 农庄旅游的市场开拓

一、农庄旅游供求关系

（一）旅游市场需求规律

旅游市场的需求是指在某一特定时期内，对应于旅游市场上某一产品的各种价格，游客愿意而且能够购买的旅游产品的数量。

普通经济学理论认为，在其他因素不变的情况下，人们对某一商品愿意并且有能力购买的数量会随着该商品价格的变化而变化。旅游产品价格的变化会导致人们对旅游产品需求量的变化。由于人们的收入毕竟是有限的，所以当旅游产品的价格上升时，往往会减少人们对外出旅游的需求。

除价格外，游客可自由支配收入的多少对旅游市场的需求也有很大的影响。一般而言，收入和旅游市场的需求呈正相关关系，即其他条件不变的情况下可自由支配收入越多，对旅游的需求越多。较高的收入水平代表了较高的购买能力和支付能力，只有当社会生产力不断发展，人们生活水平不断提高，手中拥有相当数量的闲置资金时，才有能力进行旅游活动。

闲暇时间本身不属于经济学范畴，但在旅游活动中，它对旅游市场需求起着与可自由支配收入同样的作用。我国实行每周 5 天工作制后，双休日市民外出旅游的数量大增，可见闲暇时间增加了，即使市场价格不变，旅游市场需求量也会增加。

（二）旅游市场供给规律

旅游市场的供给是指旅游接待地区在一定时期和一定价格水平下愿意而且能够提供的旅游产品的数量。

依照旅游目的地总体旅游产品的构成情况，旅游供给可划分成基本旅游供给和辅助性旅游供给。前者是指针对来访游客的需求而开发和提供的旅游供给部分，主要包括借以吸引游客来访的旅游资源、为保证其旅游活动顺利开展而提供的各种旅游设施以及旅游服务。后者是指旅游目的地的旅游基础设施，主要包括当地的公用事业设施和满足现代社会生活所需要的基本服务设施。这些基础设施虽然主要是满足当地居民工作、生活的需要，但同时也为旅游活动的顺利进行提供必要的保障。

旅游供给量同旅游产品价格之间存在一定的关系。市场上旅游产品价格的被动和变化趋势对一个国家或地区的旅游供给量会产生一定的影响。一般情况下，如果市场上旅游产品价格出现下跌趋势，旅游供给量便会因之减小；如果旅游产品市场价格呈上涨趋势，旅游供给量则随之增加，这就是旅游市场供给规律。

（三）旅游市场供求关系

旅游市场的供求关系，是指旅游市场的供应者和游客之间的关系。游客通过购买旅游产品使其自身需求得到满足，而旅游经营者则通过提供游客所需要的旅游产品来取得经济效益。

旅游供求平衡总是相对的，而不平衡是绝对的。旅游供求之间在某个时期实现的平衡常因为某些影响因素的变化而打破，市场活动的必然性继而又促使双方在新的水平上实现新的平衡。这种“不平衡—平衡—不平衡”的循环往复变化过程，即为旅游供求矛盾运动规律。

旅游供求矛盾在市场上的具体表现，主要有以下几个方向：

第一，旅游接待能力同游客总人次之间的矛盾。由于一定时期内旅游供给量为一个常量，而旅游需求量则随着各种影响因素发生变化，旅游需求的这种不确定性随时可能造成旅游接待能力同旅游需求量不适应。

第二，旅游供求在地域上的矛盾。这一矛盾是指旅游产品的供求在同一旅游目的地内不同地区中出现的不相适应。对一个旅游接待地来说，尽管旅游供求总量可能基本平衡，但每个地区吸引游客数量的不同，可能带来地域上的结构失衡。

第三，旅游供求在季节上的矛盾。旅游目的地全年的旅游供求总量可能基本平衡，但旅游旺季中可能发生供给短缺，旅游淡季则难免会出现供给过剩。

第四，旅游供求在各自构成比例上的矛盾。旅游目的地在设计旅游供给时一般都依据游客消费层次的调查和预测，按高、中、低档次的比例，建设相应数量的旅游设施和提供相应层次的旅游服务，但由于其他影响因素导致的游客层次比例的变动，可能会打破这一平衡。

旅游市场供求平衡对任何一个国家或地区的旅游业发展都很重要。在商品经济条件下，旅游市场的供需平衡主要靠价值规律的作用，即通过旅游市场价格的变化来实现调节旅游经济活动。在供大于求的情况下，存在超额供给，此时如果价格继续上涨，将会使供给越来越多而需求越来越少，供需矛盾无法解决。要想供需平衡，只有通过降低价格，从而使旅游市场供给量减少，旅游市场需求量增加，才能达到旅游市场的供需平衡。而在供不应求的情况下，存在着超额需求，此时只有通过适当提价，才能达到供需平衡。

价值规律是调节旅游市场平衡的一个重要杠杆，每一个农庄经营者都要遵循旅游价值规律。

二、农庄旅游的开拓

农庄旅游市场的开拓，要在明确市场战略目标的前提下，进行农庄旅游市场调研和预测，了解市场需求和竞争对手；要分析农庄经营者所处市场的宏观和微观环境，使经营活动适应市场环境的变化；要进行市场细分，准确选择目标市场；要针对目标市场，确定合适的市场营销组合，最终实现农庄旅游市场开拓的战略目标。

（一）农庄旅游目标市场选择及策略

任何一种农庄旅游产品的供给者，都没有足够的实力面对整个农庄旅游市场，满足所有游客的需要，因此，必须对农庄旅游市场进行细分，进而以确定市场目标。农庄经营者选择目标市场的策略一般有三种，即无差异性市场策略、差异性市场策略和密集型市场策略。

1. 无差异性市场策略

无差异性市场策略是把整个农庄旅游市场看成是一个无差别的整体，认为所有游客对其农庄旅游产品和服务的需求是一样的，将整体市场作为自己的目标市场。无差异性市场策略主要适应于一般的大众观光类的农庄旅游产品。

2. 差异性市场策略

差异性市场策略是在市场细分的基础上选择几个细分市场作为自己的目标市场，针对每一个细分市场的需求特点，设计和组合不同的农庄旅游产品，并采取不同的旅游促销方式分别进行促销，以差别性产品和促销方式满足差异性的农庄旅游目标市场需求。

3. 密集型市场策略

密集型市场策略是在市场细分基础上只选择一个细分市场作为目标市场。这种策略追求的不是在整体市场上占有极小的份额，而是在较小的细分市场上占有较大的份额，适用于资源能力有限的中、小型农庄经营者。

以上三种策略各有其优缺点，农庄经营者在选择目标市场策略时要考虑自己的实力、产品特点、市场特点、产品生命周期和竞争者市场策略等因素，灵活地确定自己的目标市场。目前，我国农庄经营者大多采用差异性市场策略。

（二）农庄旅游的市场开拓策略

1. 培养素质高、责任感强的农庄游客群体

在开展农庄旅游时必须进行有效的宣传，宣传农庄旅游的实质、特点及需要注意的事项，加强培养符合农庄旅游条件、具有高素质和高责任感的游客群体。

2. 培养既懂旅游开发经营，又懂环境保护的高素质开发商

农庄旅游的发展需要真正落实“在保护的前提下开发，在利用中保护”的原则。培养一支既懂旅游开发经营，又懂环境保护的高素质开发商队伍，是建设农庄旅游市场的重要条件之一。

3. 培养对环境保护有诚意的经销商

农庄旅游产品的经销商不仅应该是懂经济的行家，而且应当是自然保护主义者。目前，一些专门经营农庄旅游和生态旅游的旅行社在组团出发时，非常注重对游客进行环境教育，他们向游客讲解注意事项，分发自己编印的农庄旅游“行为规范”和“行动指南”。

4. 建立健全农庄旅游管理机制

农庄旅游管理机制包括由各部门组成的协调管理机构、能够在各个环节行使监督和检查职能的高素质人员，以及规范企业和个人行为的管理条例和法规等。所有国际组织制定的开展农庄旅游和生态旅游的相关标准、条件以及一些行业组织制定的行为规范都应纳入本行业的管理机制中，并以通告的形式向社会公布。

5. 取得农庄旅游目的地的农民的理解和支持

农庄旅游除了保护环境的目的外，还应该使当地居民在经济上真正受益，让旅游地的居民参与农庄的管理和服务，为他们创造更多的就业机会，使他们的生产和生活得以改善。受益后的农庄，会直接或间接地引起他们对环境保护工作的重视，激发他们环境保护的积极性。当然，旅游地的居民参与管理和服务必须经过严格的培训，要教育和开导农庄经营者不应有急功近利的思想，一旦经济利益和眼前利益与环境保护之间出现矛盾和冲突时，应把保护环境放在第一位。

思考题

1. 请举例说明现代农庄旅游市场调查的作用。
2. 简述如何培养现代农庄的客源。
3. 谈谈现代农庄游客消费决策行为的影响因素。
4. 现代农庄的市场开拓策略有哪些？

第四章 农庄旅游市场营销

市场营销是一门综合的学科，它虚实相间，存在于我们的生活当中与我们密切联系。有人说企业与企业营销之间存在着资金付出的正比关系，如可口可乐公司每年的广告费用和营销创意，这是一笔每年必须花费的固定费用，哪天它不做广告了，说明它不赚钱了。企业主，换个词叫商人，在经营的过程中都本着赢利的目的，如何将自己的产品经过包装一番推向目标市场的消费人群，并使人们都欣然接受，这就是市场营销。我们生活的周围处处都有营销后的产物，有的是极端而疯狂的，有的是让人欲罢不能的，还有的给人感觉是一种触不可及的遥远。

路边被城管驱赶的推车上满是橘子，有黄有绿，还有一块废纸箱做的广告牌上面写着“甜过初恋”。这类广告低成本，不存在过多的设计、营销人员的花费，却着实让人嘴角上扬、思绪连篇，最终引发一场橘子和人文精神的联想。

我们常常可以在报纸、书籍和新闻里接触到市场营销这个词，然而对于这个词语的理解却存在着不少的出入，其中误区最大的就是把营销认为成推销，甚至有消费者认为是传销。什么是市场营销？美国西北大学有教授提出：市场营销是个人和集体通过创造，提供出售，并同别人交换产品和价值，以获得其所需、所欲之物的一种社会和管理过程。

第一节 农庄旅游市场营销概述

一、市场营销概述

（一）市场营销的产生和发展

1. 萌芽时期

自工业革命时期到20世纪20年代，是市场营销的萌芽时期。此时西方经济一直处于一种卖方市场的状态，所谓的卖方市场是指供给小于需求而卖方在交易上处于有利地位的市场。当时的市场产品供不应求，消费者能选择的范围很窄，在价格合理的前提下消费者就会购买。而商家并不重视消费者的需求和喜好，只负责大量生产。随后到了萌芽时期的末期，逐渐地供不应求的现象在西方世界发生了改变，产品观念受到了商家的重视。在同一市场中，同类产品在有选择的情况下，消费者会选择质量最好、性能最好和价格合理的产品。企业和商家因此投入到如何制造出最好、最优良的产品中，通过产品的更新换代来改良产品。同期的美国正是资本主义迅速发展时期，国内市场急剧扩大离不开西部大开发运动和铁路向全国各地的延伸等事件的铺垫。随着市场竞争日趋激烈，促使企业日益重视产品的宣传和销售。而最初在美国几所大学开设的有关市场营销的课程，当时较多地称为“分销学”，而不是“市场营销学”。

2. 销售观念时期

20世纪30年代，由于科技的进步和发展，产品质量不断提高，这个时候也是买方市场逐渐形成的阶段。企业主认为，想要在竞争中取胜就必须最大限度地销售自己的产品以避免造成滞销的局面，而在产品观念时期强调的优良的产品质量也是有缺陷的，因为在生产的过程中一味地追求高品质的产品往往意味着高成本的投入，这并不符合当时的时代发展现状。如何最大限度地销售自己的产品成了头等大事。企业主逐渐认识到引起消费者购买自己产品的欲望是根本所在，而想要引起这种欲望和兴趣，企业本身必须进行大量的宣传。首先企业必须让消费者认识自己和自己的产品，然后才可能接受自己的产品，所以企业必须进行大量的推销活动，以此来宣传自己的产品。在当时的美国，由于国民收入增加，人们的生活水平显著提高，一跃而成为世界上消费水平最高的国家。但广大消费者中间却蕴藏着大量未满足的需求。美国消费经济结构的变化，再度引起学术界和企业界研究市场营销理论的热潮。这一时期以市场营销职能的研究最为突出。

3. 市场营销管理观念形成时期

第二次世界大战以后的20世纪50年代中期，欧美各国的军工工业转向民用工业，进入工业品和消费品生产的剧增时期，同时也带来了因生产相对过剩，而符合时代发展的市场激烈竞争的出现。由于激烈的竞争，企业和企业主认识到传统的销售观念已经不再适合时代的要求，消费者的需求和欲望成为他们注意的对象。从此结束了以产定销的时代，开始了买方市场为主的局面。1952年，有两部重要著作问世：一部是由范利、格雷斯和考克斯合著的《美国经济中的市场营销》；一部是由梅纳德和贝克曼合著的《市场营销原理》。市场营销理论在这一时期开始形成。市场营销已被明确为是满足人类需要的行为，市场营销调研也在现实经济生活中受到了越来越广泛的重视。

4. 协同和发展时期

经过长时期的进化和演变，市场营销学逐渐从经济学中独立出来，其中对管理学、行为科学以及心理学、社会学等学科开始有了综合性的研究和思考。从20世纪60年代到80年代，市场营销理论进一步成熟，市场营销概念和原理的运用日益普及。

美国的市场营销理论家乔治·道宁在1971年《基础市场营销：系统研究法》一书中提出系统研究法。道宁认为企业应在其所选择的市场上经常不断地修正自己的行动的原因和手段以增强适应性。他说："作为一个系统，它有一个人为的控制机制。这个机制将对各种破坏力量作出反击，以维持本系统与其外部环境的平衡。"由此可见，企业作为一个系统，它同时存在于一个由市场、资源和各种社会组织等组成的大系统之中，它将受到大系统的影响和制约，同时又反作用于大系统。而从企业系统内部看，它又是一个由若干相对独立又以一定方式相互联系的部门所组成的有机整体。

道宁强调说，市场营销并非仅仅是某种职能，它是一个贯穿始终的过程。企业通过不断地观察、发现和评估市场中各种变化因素，然后投入反馈给企业，作为企业制定新战略和行动计划的基础。运用根据新战略投入到市场中所得出的结论，并观察、评价顾客和竞争者对此作出的反应，作为第二次的结果再次投入反馈给企业，使企业决策部门再次形成新的战略结果。

菲利普·科特勒有当代市场营销学之父的称号。他在1967年出版了《市场营销管理》，这本书成为美国管理学院最受欢迎的教材并译成十几国文字，受到各国管理学界和企业界的高度重视。科特勒提出，市场营销管理就是通过创造、建立和保持与目标市场之间的有益交换和联系，以实现组织的各种目标而进行的分析、计划、执行和控制过程。其管理体系包括：①分析市场营销机会；②确定市场营销战略；③制定市场营销战术；④组织市场营销活动；⑤执行和控制市场营销行为。他还指出，市场营销是与市场有关的人类活动，市场营销理论既适用于赢利组织，也适用于非营利组织。这一观点，扩大了市场营销学的研究和应用领域，使学术研究从管理学、行为科学以及心理学、社会学等学科扩大到更广泛的学科中。

5. 全面营销时期

在20世纪末，市场营销领域又出现了大量丰富的新理念，使得市场营销这门学科出现了变形和分化的趋势，其应用范围也在不断地扩展。精明的企业主在开展营销活动的实践中开始关注企业内部和企业外部的综合能力。在这里企业外部的因素取决于企业是否能与市场、消费者、竞争对手和供应商等方面和谐发展。

将产品、技术、管理、销售等各个方面看成是营销的一个部分，而将这些部分结合起来之后的产品和服务的产物构成一个为满足消费者需求的一个完整的整体，这就是全面营销。在之前，人们会认为营销是企业内部市场营销部门的工作，而全面营销强调企业的经营活动和生产活动都应该从消费者的需要出发并且最大限度地满足消费者的需要，从而使企业得到不仅仅是经济效益还有社会效益。

6. 人文营销

社会和科技的快速发展使得每一个人（消费者）都可以成为信息的来源点，新的社会发展对人类在平等、共赢以及消费者参与方面对企业提出了更高的要求。传统的营销观点也因此发生了巨大的改变，从狭隘的利益、产品等关键词转化为人类、未来、地球和环境等概念。从物质的方面转化为关注人类发展历史中我们仍然坚持和信奉的精神和理念，这种关注点变化所带来的新的营销理念就是人文营销。

在这种概念中，消费者关心的不仅仅是企业的产品是否优良和是否符合自身的特性，更加强调生产商品和服务的企业具备服务整个社会和世界的使命。消费者作为一个具有独立思想的完整个体越来越关注如何让全球化的世界变得越来越好，以满足自己对社会、经济和环境所面临巨大问题的内在需求和自我思考。所以我们不难联想到人文营销是一种文化、精神营销，同时也是具有时代发展需求的参与式合作营销。

（二）市场营销的核心概念

在前面的篇幅里提到的关于菲利普·科特勒的市场营销的定义，我们不难发现一系列的核心概念，准确地理解这些核心概念能够帮助我们在学习和工作中全面把握市场营销的中心思想。

1. 市场

市场一词最早是指买主和卖主聚集在一起进行商品交易的场所。而现今的市场营销学者认为，买主构成市场，是某种产品的现实购买者和潜在购买者的需求的总和。市场包括三个要素：消费者、购买力和购买欲望。

2. 需求

这种需求是人类经济活动的出发点，由于我们研究市场营销的对象是人，是消费者，是一种非常复杂的综合体。心理学家马斯洛提出了人的七种需求层次：生理需求、安全需求、社交需求、教育需求、受尊重需求、求美需求和自我实现需求。这些需求是层层递进叠加的，当最原始的需求得到满足后才可能引发第二层的需求。而根据需求的水平、时间和性质的不同又可以归纳出八种不同的需求状况：负需求、无需求、潜伏需求、下降需求、不规则需求、充分需求、过量需求和有害需求。

3. 产品

产品可以分为有形产品和无形产品，广义来说，任何一个有形的实物或无形的服务或思想理念都可以称为产品，前提是它能满足个人或组织的需求。

4. 交换

交换是一种相互的行为，然而人类对需求的满足可以通过不同的方式，就像农民耕地、土匪抢夺、乞丐乞讨等，只有通过买卖的方式来满足的才能构成市场营销活动。要满足市场交换有以下因素：需要至少两个以上的交换者、交换双方都拥有对方想要的东西、交换双方都觉得与对方交易是自愿的、值得的等。

（三）市场营销组合

1. 以满足市场需求为目标的4P组合

市场营销组合这个概念最早由美国哈佛大学教授波顿（N.H.Borden）在1964年提出，其中描述了市场营销组合的要素和手段，1975年，美国哈佛大学教授、销售学家麦卡锡进一步发展了这一概念。并归纳能够有效地运用于企业市场营销的要素有四大类：产品（product）、价格（price）、渠道（place）和促销方式（promotion）。这四个词语的英文开头都是P，所以是4P组合。

2. 以满足消费者为目标的4C组合

从消费者角度也就是买方的角度来看，市场营销的作用是使消费者能够更好地接受企业产品或是服务，是为消费者提供利益的一种工具。在20世纪90年代，美国学者罗伯特·劳特朗提出了4C理论：由顾客问题解决（customer solution）、成本（cost）、便利（convenience）和沟通（communication）组成。

3. 以建立消费者忠诚为目标的4R组合

这一理论的特点是以竞争为导向，在市场不断成熟和竞争日益激烈的环境下，强调企业或组织要注重与消费者的互动和双赢为最终目标。其内容为与消费者建立联系并提高市场反应的速度，进行准确的利益关系营销从而取得长期的回报。关联（relevancy）、节省（retrenchment）、关系（relationship）和回报（reward）是4R理论的关键点。

二、旅游市场营销

（一）概念

旅游市场营销涵盖的内容随着旅游市场和商品经济的发展在不断丰富。它是市场营销学在旅游行业中的具体运用，是指旅游产品或旅游服务的生产商在认识消费者（游客）需求的基础上，通过确定其所能提供的目标市场并设计适当的旅游产品、服务和项目，向消费者提供满意的产品和服务以满足这些市场需求的过程。具体还可以分为景区旅游营销、酒店旅游营销、旅行社旅游营销等。

（二）内容

旅游市场营销的内容包括以下几个方面的内容。

1. 旅游市场营销观念

以满足消费者需求为中心的市场营销观念作为旅游企业的核心经营思想，以研究旅游市场的需要为出发点，最终获取利益。

2. 旅游市场的调研与预测

通过市场调研、分析目标市场、进行目标市场的定位来充分了解市场发生的变化和趋势。

3. 消费者的需求分析

通过了解消费者的需求，分析能够影响消费者需求的各种因素，以至于购买行为的产生，从而制定明确的、有针对性的营销策略。

4. 旅游市场营销组合

通过对产品开发、品牌定位、定价、宣传促销等环节的组合来使旅游企业和组织达到获得经济效益的目的。

5. 开展营销活动

通过管理、组织、控制等手段和方法来有效地进行相应的营销活动，使旅游企业达到营销目的。

第二节 农庄的旅游产品

一、农庄旅游产品的构成及特征

（一）农庄旅游产品的构成

1. 旅游吸引物

旅游吸引物分为广义和狭义的理解。狭义的旅游吸引物一般是指有形的旅游资源，包括自然旅游资源和人文旅游资源。广义的旅游吸引物除有形的旅游资源外，还包括旅游服务、社会制度、居民生活方式等无形的旅游资源。农庄的旅游吸引物是指对消费者产生吸引力的各种事物和因素，这可以是农庄本身具有的秀丽的自然资源，也可以是农庄提供的漂流、观赏等旅游活动。一般分为自然旅游吸引物和人文旅游吸引物。

2. 旅游设施

农庄的旅游设施是指农庄企业或组织向消费者提供服务时依托的各项物质设施和设备。它包括交通运输设施、食宿接待设施、游览娱乐设施和旅游购物设施等。它是农庄景区经营活动开展的承载，一个完整的农庄必须在旅游设施方面全面考虑才能有效地进行经营管理。

3. 农庄的可到达性

农庄的可到达性和任何景区的可到达性一样都是非常重要的因素。如：消费者在自驾游的过程中常常会因为指示牌不完整或缺少指路牌而心情烦躁从而放弃旅游目的。农庄的可到达性指消费者进入农庄的难易程度。具体表现为到达农庄的游览点、服务设施和参与农庄旅游活动所付出的时间、费用和精力。

4. 农庄提供的服务

农庄提供的服务是农庄景区的重要产品，不仅仅包括农庄在消费者游憩过程中的吃住服务，还有导游讲解、门票服务、安全服务等综合服务。这种综合性服务除了表现在农庄经营过程中直接向消费者提供的服务外，还包括向旅游企业提供物质和非物质产品的、经济与非经济部门的服务，如建筑、食品、卫生、环保、文化、科技、教育部门提供的服务。

（二）特征

1. 综合性

农庄景区旅游产品是由旅游吸引物、旅游设施等多方面的因素组成，涉及的行业广，专业性强，存在着有形产品和无形服务的类别。旅游活动的社会性和旅游需求的复杂性构成其综合性。它不仅包括吃、住、行、游、娱、购各个方面的管理和协调，也是物质产品和精神产品等产品的综合存在形态。

2. 无形性

农庄景区提供的旅游产品中的重要核心产品是服务，服务是一种行为，是一种不能以物质的形式存在的特殊产品，同时也是指农庄经营者与消费者之间抽象化的、个体化的互动关系。农庄经营者和消费者之间存在的直接利益关系表现为：农庄为消费者提供旅游、观光过程中的各种服务，从中获得利益；消费者接受农庄提供的信息，付出利益，知道这一层的服务是无形的、不可量化的，而最后的利益交付便是服务的具体化的表现。

3. 不可移动性

农庄景区的经营生产是围绕农庄的经济生产而展开的，农庄所拥有的旅游资源和设施是不可能随意移动的，存在一定的空间条件。

4. 同步性

在任何景区或是农庄景区，服务的开始到结束都没有具体形态，消费者从到达农庄的那一刻就开始接受农庄所提供的服务，在一定的空间里服务的生产和完成也是同时进行的。

5. 需求多样性

各个农庄因地理位置和特色经营产品的不同，使消费者增加了许多可以选择的空间，而又因为影响消费者消费的经济收入、职业、受教育程度等因素，消费者的市场需求随着消费者的要求而呈现多样性。

二、农庄旅游产品类型

农庄的旅游产品是指以农庄为依托，以农庄的空间环境为主要活动场所，以农业生产过程、农村风貌风俗、农民生活的场景等主要旅游吸引物，满足消费者的观光、休闲、娱乐、体验等目的综合产物。

目前就我国农庄旅游的发展情况列出以下几种比较常见的农庄旅游产品的类型。

（一）采摘型

以特色蔬菜、果品等农作物为特色吸引物，为消费者提供观赏、采摘、休闲等活动的种植园区和科研生产基地。

（二）住宿型

农庄依托自然的人文风景、自然风光和民俗文化，以农庄住宿、餐饮为主要旅游吸引物。整个农庄建筑规划合理，加上建筑风格具有当地的乡村特色，并且能够展示当地原著居民的生活风貌，提供有地方特色的餐饮产品等附加产品。

（三）养生型

养生型农庄依托山地资源，以绿色健康为经营特色，提供健康休闲、度假等产品。农庄内种有对人体有益的植物，打造与养生文化联系的文化氛围，具有负氧离子含量高、安静优雅等特点。

（四）民俗型

此类农庄以民族建筑、服饰、风情等为依托，目的在于展示民族文化，提供民族文化体验为特色的综合接待场地。消费者在游憩的过程中可以体验到民族的节庆活动、民族工艺品的制作等特色活动，参与性充分显示。

三、农庄旅游产品开发原则

在农庄旅游产品开发中，无论是对农庄的开发，还是农庄旅游吸引物的组合，都首先要对市场需求、目标人群、政策法规等诸多因素进行深入分析。根据对这些因素的分析和比较，可得出一系列的农庄特有的旅游产品的设计方案，从中选择既符合目标市场消费者的需要又符合农庄特点、既能形成特殊的市场竞争力又有能力运作的方案进行开发的项目。

（一）市场观念原则

农庄旅游产品的开发必须从资源导向转换到市场导向，牢固树立市场观念，以旅游市场需求作为农庄旅游产品开发的出发点。这样才能形成有特色、能吸引消费者的农庄和农庄旅游产品，同时要考虑避免造成对旅游资源的浪费和生态环境的破坏。

树立市场观念，一是要根据社会经济发展的实际状况，进行旅游市场定位，确定客源市场的主体和重点，明确旅游产品开发的针对性，提高旅游经济效益。二是要根据市场定位，调查和分析市场需求和供给，把握目标市场的需求特点、规模、档次、水平及变化规律和趋势，从而形成适销对路的农庄旅游产品。三是针对市场需求，对各类旅游产品进行筛选，进行加工或再创造，然后设计、开发和组合成具有竞争力的农庄旅游产品，并推向市场。总之，树立市场观念，以市场为导向，才能使农庄旅游产品开发有据有序、重点突出，确保旅游产品的生命力经久不衰。

（二）效益观念原则

农庄旅游业作为一项经济产业，在其开发过程中必须始终把提高经济效益作为主要目标。而农庄旅游业又是一项文化事业，因此在讲求经济效益的同时，还必须讲求社会效益和环境效益。也就是要从整个开发的总体水平考虑，谋求综合效益的提高。

树立效益观念，一是要讲求经济效益，无论是旅游地的开发，还是某条旅游路线的组合，或是某个旅游项目的投入，都必须先进行项目可行性研究，认真进行投资效益分析，不断提高旅游目的地和旅游路线投资开发的经济效益。二是要讲求社会效益，在旅游地开发规划和旅游路线产品设计中，要考虑当地社会经济发展水平，要考虑政治、文化及地方习惯，要考虑人民群众的心理承受能力，形成健康文明的旅游活动，并促进地方精神文明的发展。三是要讲求生态环境效益，按照旅游产品开发的规律和自然环境的可承载力，以开发促进环境保护，以环境保护提高开发的综合效益，从而形成“保护—开发—保护”的良性循环，创造出和谐的生存环境。

（三）产品形象原则

农庄旅游产品是一种特殊商品，是以农庄资源为基础，对构成旅游活动的食、住、行、游、购、娱等各种要素进行有机组合，并按照客源市场需求和一定的旅游路线而设计组合的产品。因此，拥有农庄旅游资源并不等于就拥有农庄旅游产品，而旅游资源要开发成旅游产品，还必须根据市场需求进行开发、加工和再创造，从而组合成适销对路的旅游产品。

树立产品形象观念，一是要以市场为导向，根据客源市场的需求特点及变化，进行旅游产品的设计。二是要以旅游资源为基础，把旅游产品的各个要素有机结合起来，进行旅游产品的设计和开发，特别是要注意在旅游产品设计中注入文化因素，增强旅游产品的吸引力。三是要树立旅游产品的形象，充分考虑旅游产品的品位、质量及规模，突出旅游产品的特色，努力开发具有影响力的拳头产品和名牌产品。四是要随时跟踪分析和预测旅游产品的市场生命周期，根据不同时期旅游市场的变化和旅游需求，及时开发和设计适销对路的旅游新产品，不断改造和完善旅游老产品，从而保持农庄旅游业的持续发展

（四）消费者参与原则

参与性的优点在于，通过农庄旅游的亲身体验和参与突出了旅游过程，同时增强消费者在农庄景区的记忆，而且能够延长消费者在农庄景区的逗留时间，形成跨空间的再次停留。

四、农庄旅游产品营销策略

（一）新产品开发策略

当今的旅游市场上，消费者的需求复杂多变，农庄企业要保持旺盛的生命力着实不是一件容易的事，必须不断地开发新的旅游产品来适应消费者的需求。

1. 农庄旅游新产品的类型

（1）全新产品

是指市场上从来没有出现过的的产品，在内容、结构等方面全新的产品。但这类产品开发周期较长，资金的投入很多，同时风险也较大。

（2）换代产品

农庄对现有的旅游产品进行了改良的产品，通过总结过去的经营过程，对旅游产品作出调整和改进，从而得到的新的更高阶段的旅游产品。

（3）仿制产品

农庄景区根据市场上已经存在的旅游产品而生产的类似的、可以是进行加工和创新的一类旅游产品。仿制是一种重要的竞争策略，当农庄经营者发现一种类型的旅游产品在市场上大受消费者欢迎时，应该开始思考用什么方法来进行仿制，使农庄可以推出有自身特色的同类产品。

2. 农庄新产品的开发策略

（1）资源重组

农庄的旅游资源是农庄旅游产品的依托，农庄开发新的旅游产品也应该更新资源观念，在充分利用现有资源的基础上，利用技术和理念进行资源的优化组合，通过不同视角的考

虑在市场需求、经济目标和文化传承方面进行新的资源整合。

（2）产品升级

农庄企业必须通过开发和实践来不断地营造新的旅游产品从而满足消费者的各种需求和变化。农庄可以从农庄产品形象、旅游产品质量和完善服务等方面来考虑。

（3）名牌产品

农庄企业可以通过自身良好的产品质量和信誉在市场产生一定的影响力，拥有一定的品牌效应。让消费者在接触农庄品牌时有一种信任的感觉，从而使农庄在消费者心中的地位更加明确。

（二）农庄旅游产品品牌策略

1. 品牌策略

农庄企业建立品牌的理由在于，品牌可以强化农庄在消费者心中的位置而区别于相似的竞争对手，同时可以提高农庄景区旅游产品的附加值，给农庄企业带来实际的经济收益。

2. 统分策略

农庄企业可以在统一品牌和个性品牌之间作出选择。统一品牌的优点是可以最大程度上节省品牌的设计费用和促销费用，并充分利用品牌形象积累农庄企业的正面形象。而个别品牌策略则可以更加贴切地展示产品的特征，但同时设计和促销所产生的费用也会相应增加。

3. 品牌更新

农庄企业的品牌有可能由于产品生命周期和竞争者的原因使得原有的品牌辨识度不高，这个时候可以采取品牌更新的策略来适应市场的新环境。常用的选择有全部更新和部分更新两种。

4. 名牌策略

名牌是指具有很高知名度的品牌，这类品牌的特点是深受消费者的喜爱，能提供好的质量和服务，并且能够带来可观的经济效益。很多企业进入了一个误区，认为通过大量的广告和高频率的出镜可以快速成为众人皆知的名牌，却不知成为名牌的过程是一个长久的过程，需要坚实的基础、长期的沉淀和高效的管理等因素。

产品的生命周期规律要求农庄企业不断地面对新的要求和挑战，这就使农庄企业要不断地推出能够吸引消费者眼球的亮点和新产品。农庄景区新产品的开发应该建立在充分的市场研究的基础上，制定一套可行的规划，按照步骤来切实执行，使农庄景区的旅游产品为农庄带来现实的利益和长远的发展。

第三节 农庄旅游价格策略

价格策略是企业市场营销中重要的一环，是根据消费者各自不同的支付能力和效用情况，结合产品进行定价，从而实现最大利润的定价办法。价格策略是一个比较近代的观念，源于19世纪末大规模零售业的发展，在历史上，多数情况下，价格是消费者作出选择的主要决定因素；不过在最近的十年里，在消费者选择行为中非价格因素也日渐重要了起来。但是，价格仍是决定企业市场份额和盈利率的最重要因素之一，值得经营管理者注意的是，在营销组合中价格是唯一能产生收入的因素。

一、农庄的定价目标

定价目标是企业价格策略的第一步，农庄作为营利性企业也不例外，农庄在经营过程中要达到什么样的目标？如市场渗透、定位、获取资金等，定价目标对农庄价格策略具有决定性的作用。

定价目标（pricing objectives）是企业在对其生产或经营的产品制定价格时，有意识的、要求达到的目的和标准。它是指导企业进行价格决策的主要因素，定价目标取决于企业的总体目标，不同行业的企业或者同一行业的不同企业，以及同一企业在不同时期、不同的市场条件下，都可能有不同的定价目标。

（一）以获取市场地位为定价目标

提高市场地位实际上就是提高企业提供产品和服务的市场占有率，市场占有率又称市场份额，是指一个企业的销售量（或销售额）在市场同类产品中所占的比重，也就是企业对市场的控制能力。企业市场份额的不断扩大，可以使企业获得某种形式的垄断，这种垄断既能带来垄断利润又能保持一定的竞争优势，所以许多企业愿意牺牲暂时的价格利润来获取市场份额。

企业为了在竞争中取胜，会不断地提升本企业产品和服务的市场占有率，在许多情形下市场占有率的高低，比投资收益率更能说明企业的营销状况。有时由于市场的不断扩大，一个企业可能获得可观的利润，但相对于整个市场来看，所占比例可能很小，或本企业占有率正在下降。无论大、中、小企业，都希望用较长时间的低价策略来扩充目标市场，尽量提高企业的市场占有率。以提高市场占有率为定价目标，企业通常有以下几种定价方式：

1. 定价由低到高

定价由低到高，就是在保证产品质量和降低成本的前提下，企业入市产品的定价低于市场上主要竞争者的价格，以低价争取消费者，打开产品销路，挤占市场，从而提高企业产品的市场占有率。待占领市场后，企业再通过增加产品的某些功能，或提高产品的质量等措施来逐步提高产品的价格，旨在维持一定市场占有率的同时获取更多的利润。

2. 定价由高到低

定价由高到低，就是企业对一些竞争尚未激烈的产品，入市时定价可高于竞争者的价格，利用消费者的求新心理，在短期内获取较高利润。待竞争激烈时，企业可适当调低价格，赢得主动，扩大销量，提高市场占有率。

（二）以获取资金为定价目标

这种定价选择是为了获得资金和达成利润目标，然而价格太高可能消费者不能接受，这就需要考虑市场与投资者之间的利益平衡了。获取利润是企业从事生产经营活动的最终目标，具体可通过产品定价来实现。获取利润的定价目标一般分为以下三种：

1. 以获取投资收益为定价目标

投资收益定价目标是指使企业实现在一定时期内能够收回投资并能获取预期的投资报酬的一种定价目标。采用这种定价目标的企业，一般是根据投资额规定的收益率，计算出单位产品的利润额，加上产品成本作为销售价格。但必须注意两个问题：第一，要确定适度的投资收益率。一般来说，投资收益率应该高于同期的银行存款利息率，但不可过高，否则消费者难以接受。第二，企业生产经营的必须是畅销产品，并与竞争对手相比，产品具有明显的优势。

2. 以获取合理利润为定价目标

合理利润定价目标是指企业为避免不必要的价格竞争，以适中、稳定的价格获得长期利润的一种定价目标。采用这种定价目标的企业，往往是为了减少风险，保护自己，或限于力量不足，只能在补偿正常情况下的平均成本的基础上，加上适度利润作为产品价格。条件是企业必须拥有充分的后备资源，并打算长期经营，临时性的企业一般不宜采用这种定价目标。

3. 以获取最大利润为定价目标

最大利润定价目标是指企业追求在一定时期内获得最高利润额的一种定价目标。利润额最大化取决于合理价格所推动的销售规模，因而追求最大利润的定价目标并不意味着企业要制定最高单价。最大利润既有长期和短期之分，又有企业全部产品和单个产品之别。有远见的企业经营者，都着眼于追求长期利润的最大化。当然并不排除在某种特定时期及情况下，对其产品制定高价以获取短期最大利润。还有一些多品种经营的企业，经常使用组合定价策略，即有些产品的价格定得比较低，有时甚至低于成本以招揽消费者，借以带动其他产品的销售，从而使企业利润最大化。

（三）以影响竞争为定价目标

针对已有的或潜在的竞争者的定价目标，会影响整个竞争格局。这在各行业都时有发生，如早期的长虹公司发动的彩电市场的价格战，经过一场激烈的竞争，最终形成了新的彩电市场竞争格局。在市场竞争日趋激烈的形势下，企业在实际定价前，都要广泛收集资料，仔细研究竞争对手产品价格情况，通过自己的定价目标去对付竞争对手。根据企业的不同条件，一般有以下三种方式。

1. 稳定价格目标

以保持价格相对稳定，避免正面价格竞争为目标的定价。当企业准备在一个行业中长期经营时，或某行业经常发生市场供求变化与价格波动需要有一个稳定的价格来稳定市场时，该行业中的大企业或占主导地位的企业率先制定一个较长期的稳定价格，其他企业的价格与之保持一定的比例。这样，对大企业是稳妥的，中小企业也避免遭受由于大企业随时随意地提价而带来的打击。

2. 追随定价目标

企业有意识地通过给产品定价主动应付和避免市场竞争。企业价格的制定，主要以对市场价格有影响的竞争者的价格为依据，根据具体产品的情况稍高或稍低于竞争者。竞争者的价格不变，实行此目标的企业也维持原价，竞争者的价格或涨或落，此类企业也相应地参照调整价格。一般情况下，中小企业的产品价格定得略低于行业中占主导地位的企业的价格。

3. 挑战定价目标

如果企业具备强大的实力和特殊优越的条件，可以主动出击，挑战竞争对手，获取更大的市场份额。一般常用的策略目标有：

（1）打击定价

实力较强的企业主动挑战竞争对手，扩大市场占有率，可采用低于竞争者的价格出售产品。

（2）特色定价

实力雄厚并拥有特殊技术或产品品质优良或能为消费者提供更多服务的企业，可采用高于竞争者的价格出售产品。

（3）阻截定价

为了防止其他竞争者加入同类产品的竞争行列，在一定条件下，往往采用低价入市，迫使弱小企业无利可图而退出市场或阻止竞争对手进入市场。

（四）以刺激需求为定价目标

低价格可以吸引消费者购买新产品，当价格下降时，消费者会增加购买该产品，潜在的问题是，当价格回到原有水平时，消费者可能停止购买，持币观望。但有的企业采用的是赠券的方式来刺激需求，而不是一般形式的降低价格，达到既定目标。

（五）以产品定位为定价目标

价格可以增加产品的声望，提高产品的期望效用，增加消费者对产品的认识，以达到其他定位目标。

二、农庄的定价原则

基于上述的定价目标，农庄既符合一般的企业经营规则又有所不同，我们根据农庄经营的特点，在农庄的定价策略上也有应遵循的原则：

（一）针对性原则

在农庄定价原则中，要针对农庄的投入、针对竞争对手、针对消费者来制定价格，如针对农庄经营有明显的淡旺季的特点，应推出类似月卡、季卡、年卡的优惠旅游产品；针对经常来的消费者应给出会员优惠措施；针对一般的消费者，应当采用大众化服务；针对竞争对手，选择利润空间大、品质和特色更胜一筹的农庄形式和相关产品。

（二）竞争差异化原则

农庄与众不同的就是特色，有较强的市场竞争力的农庄旅游项目与其他农庄相比便是有与众不同的地域特色、功能特色、民族特色、品牌形象与文化特色等，这些不同的特色形成了价格差异的可能，农庄根据自身特点制定区别其他农庄的价格策略。

（三）效益性原则

农庄经营的目的是获取利益，如果没有获得经济效益，一切都是无用之功。农庄的建设和开发投入一般是巨大的，投资回报期比较长，是必定会长期经营下去的。农庄前期为获得竞争优势，占领市场，靠低价格大量宣传是必要的，但进入市场后必须保证自己的农庄市场价格，保持利润空间的稳定，只有这样才会有盈利回报。

（四）产品组合原则

只有最大限度的满足消费者的需求，才能吸引更多的消费者，由于一种休闲或旅游产品无法满足所有消费者的需求，因此就需要坚持产品组合的原则，并不断推出新产品，这样才能保持价格上的优势地位。

三、农庄的定价方法

定价方法，是农庄在特定的定价目标指导下，依据对成本、需求及竞争等状态的研究，运用价格决策理论，对产品项目价格进行计算的具体方法，定价方法主要包括成本导向、竞争导向、和顾客导向三种类型。

（一）成本导向定价法

这是一种最简单的定价方法，即在产品单位成本的基础上，加上预期利润作为产品的销售价格。售价与成本之间的差额就是利润，由于利润的多少是有一定比例的，这种比例就是人们俗称的“几成”，因此这种方法也称成本加成定价法。

1. 总成本定价法

（1）成本加成定价法，即按产品单位成本加上一定比例的毛利定出销售价。

其计算公式为：$P=c\times(1+r)$

P—单位产品价格；

c—产品的单位总成本；

r—产品的加成率。

（2）目标利润定价法又称目标收益定价法、目标回报定价法，是根据企业预期的总销售量与总成本，确定一个目标利润率的定价方法。

其计算公式为：$P=C\times(1+r)/Q$

P—单位产品价格；

C—总成本；

r—目标利润率；

Q—预计销量。

2. 边际成本定价法

边际成本是指每增加或减少单位产品所引起的总成本变化量。边际成本定价法也叫边际贡献定价法，该方法以变动成本作为定价基础，只要定价高于变动成本，企业就可以获得边际收益（边际贡献），用以抵补固定成本，剩余即为盈利。

其计算公式为：$P=(CV+M)/Q$

P—单位产品价格；

CV—总的变动成本；

Q—预计销售量；

M—边际贡献，**M=S—CV**；

S—预计销售收入。

如果边际贡献等于或超过固定成本，农庄就可以保本或盈利。这种方法适用于产品供过于求、卖方竞争激烈的情况。在这种情况下，与其维持高价，导致产品滞销积压，丧失市场，不如以低价保持市场，不计固定成本，尽量维持生产。

在对财富的占有过程中，边际收益减少，边际成本就会增加。边际成本定价法改变了售价低于总成本便拒绝交易的传统做法，在竞争激烈的市场条件下，具有极大的定价灵活性，对于有效地应对竞争、开拓新市场、调节需求的季节差异、形成最优产品组合可以发挥巨大的作用。但是过低的成本有可能被指控为从事不正当竞争，并招致竞争者的报复，在国际市场则易被进口国认为“倾销”，产品价格会因“反倾销税”的征收而畸形上涨，使结果适得其反。

3. 盈亏平衡定价法

考虑到销售额变化后，成本也在发生变化，这种方法是运用损益平衡原理实行的一种保本定价法。所以盈亏平衡定价法也叫保本定价法或收支平衡定价法，是指在销量既定的条件下，农庄产品的价格必须达到一定的水平才能做到盈亏平衡、收支相抵。

其公式是：**P=FC/Q+VC**

P—盈亏平衡点价格；

FC—固定总成本；

Q—销量；

VC—单位变动成本。

以盈亏平衡点确定价格只能使企业的生产耗费得以补偿，而不能得到收益，因此在实际中，均将盈亏平衡点价格作为价格的最低限度，通常再加上单位产品目标利润后，才作为最终市场价格。有时为了开展价格竞争，或应付供过于求的市场格局，企业会采用这种定价方式以取得的市场竞争的主动权。

（二）竞争导向定价法

在竞争十分激烈的市场上，企业通过研究竞争对手的生产条件、服务状况、价格水平，依据自身的竞争实力，参考成本和供求状况来确定商品价格，这种定价方法就是通常所说的竞争导向定价法，竞争导向定价主要包括：

1. 随行就市定价法

在垄断竞争和完全竞争的市场结构条件下，任何一家企业都无法凭借自己的实力在市场上取得绝对的优势，为了避免竞争特别是价格竞争带来的损失，大多数企业都采用随行就市定价法，即将本企业某产品价格保持在市场平均价格水平上，利用这样的价格来获得平均报酬。此外，采用随行就市定价法，企业就不必去全面了解消费者对不同价差的反应，也不会引起价格波动。

值得注意的是，随行就市定价法并不是采取完全和市场通行价格一致的定价，而只是把其作为一个重要的参考，再结合自身的实力和市场策略来定制合理的价格。

随行就市定价法具有明显的特点：首先这种定价方式，能产生一种公平的报酬，而且不会影响行业的协调，充分反映了行业的集体智慧；其次，对企业来说，如果测算成本有困难，或者竞争者不确定的情况下，适宜采用这种定价方式。随行就市定价法一般适用于竞争比较激烈或产品同质化程度较高的行业。

2. 产品差别定价法

产品差别定价法是指企业通过不同营销努力，使同种同质的产品在消费者心目中树立起不同的产品形象，进而根据自身特点，选取低于或高于竞争者的价格作为本企业产品价格。因此，产品差别定价法是一种进攻性的定价方法。

产品差别定价法的运用，首先要求企业必须具备一定的实力，在某一行业或某一区域市场占有较大的市场份额，消费者能够将企业产品与企业本身联系起来；其次，在质量大体相同的条件下，实行差别定价是有限的，尤其对于定位为“质优价高”形象的企业来说，必须支付较大的广告、包装和售后服务方面的费用。因此，从长远来看企业只有通过提高产品质量，才能真正赢得消费者的信任，才能在竞争中立于不败之地。

3. 密封投标定价法

招标是一种有组织、有计划的采购活动，招标商公开招标条件，由众多投标商以密封标书的形式竞相递价，最终由招标商选择最符合招标条件的投标商确定协议。这一方式在建筑工程、政府采购、成套设备的交易中，广泛使用，在农庄经营策略中一般不常用。

在国内外，许多大宗商品、原材料、成套设备和建筑工程项目的买卖和承包以及出售小型企业等，往往采用发包人招标、承包人投标的方式来选择承包者，确定最终承包价格。一般来说，招标方只有一个，处于相对垄断地位，而投标方有多个，处于相互竞争地位。标的物的价格由参与投标的各个企业在相互独立的条件下来确定。在买方招标的所有投标者中，报价最低的投标者通常中标，它的报价就是承包价格。这样一种竞争性的定价方法就称密封投标定价法。

（三）消费者导向定价法

消费者导向定价法又称需求导向定价法、市场导向定价法，是指企业根据市场需求状况和消费者的不同反应分别确定产品价格的一种定价方式。

消费者导向定价法一般是以该产品的历史价格为基础，根据市场需求变化情况，在一定的幅度内变动价格，以致同一商品可以按两种或两种以上价格销售。这种差价可以因消费者的购买能力、对产品的需求情况、产品的型号和式样以及时间、地点等因素而采用不同的形式。如以产品式样为基础的差别定价，同一产品因花色款式不同而售价不同，但与改变式样所花费的成本并不成比例；以场所为基础的差别定价，虽然成本相同，但具体地点不同，价格也有差别。

消费者导向定价法原则上要求确定消费者对于各种不同的产品感受的价值是多少，然而这很难衡量，而且费时费力。消费者对产品的感受价值主要是通过询问在不同时间、地点及场合的情况下消费者愿意为产品付出的最高价格，也就是通过人员访谈或问卷调查的方式来获取定价信息。主要包括下三种。

1. 认知价值定价法

是根据消费者对企业提供的产品价值的主观评判来制定价格的一种定价方法。认知价值定价法的关键和难点，是获得消费者对有关商品价值认知的准确资料，企业如果过高估计消费者的认知价值，其价格就可能过高，难以达到应有的销量；反之，若企业低估了消费者的认知价值，其定价可能低于应有水平，使企业收入减少。因此企业必须通过广泛的市场调研，了解消费者的需求偏好，根据所提供的产品和服务的性能、用途、质量、品牌等要素，判定消费者对商品的认知价值，然后在初始价格条件下，预测可能的销量，分析目标成本和销售收入，在比较成本与收入、销量与价格的基础上，确定该定价方案的可行性，并制定出最终的价格。

2. 逆向定价法

它是指依据消费者能够接受的最终销售价格，考虑中间商的成本及正常利润后，逆向推算出中间商的批发价和生产企业的出厂价格。

逆向定价法的特点是：价格能反映市场需求情况，有利于加强与中间商的良好关系，保证中间商的正常利润，使企业迅速向市场渗透，并根据市场供求情况及时调整，定价比较灵活。

3. 动态定价法

一般来说，企业为自己的产品确定好价格后，保持相对稳定，通过各种促销手段增加销售量。在这里价格被认为是管理决定的变量，而销售量是市场决定的变量。动态定价法，把这些完全颠倒过来，把销售量作为管理者决定的变量，而价格是由市场决定的变量。动态定价法，实际上就是运用复杂的数学模型，通过产品销售量数据修改需求曲线来调整价格。运用动态定价法，产品在销售期间内，每周、每天、甚至每小时的价格都在变，因此动态定价法的实施，需要足够先进的技术，动态定价法适用于服务行业、零售行业及其他市场生命周期短的产品定价。

四、影响农庄价格的因素

农庄价格受多方面因素的影响，在此我们仅作一些了解，其中主要因素有以下几种：第一，成本因素。考虑固定成本（如农庄项目设施的投入等）和变动成本（如每天饮食的原材料）的大小进行定价，确保合理的销售利润。第二，竞争因素。考虑竞争对手的价格，发挥自身价格优势。第三，心理因素。消费者对某一产品心理价格承受能力的大小，若消费者认为农庄的价格应该是大众化的，定价过高就不会有人来消费。第四，认知因素。要考虑消费者对农庄从品质、包装、服务和品牌等因素的认知，综合评价后的价值认同度。一些名声较好，具有一定知名度的农庄，其价格当然也就和一般的农庄不一样。

五、农庄旅游的定价策略

（一）定价的程序

农庄确定了营销价格目标以后，还必须按照商品价格制定的一般程序，估算销售潜量，预测竞争反应，选择定价方式，这样才能制定出适合自身发展的价格。商品营销价格的制定程序一般包括如下几个步骤：

1. 确定营销价格目标

首先根据企业经营目标，确定相应的定价目标。

2. 估算市场销售潜量

市场销售量大小的估算，关系到新产品投放市场和老商品拓宽市场的成败，其方法如下。

（1）了解市场预期价格

预测价格是影响商品定价的一个重要因素。商品价格高于或低于预期价格，都会影响商品的销售。因此，企业在进行市场销售潜量估算时，首先要了解市场上是否已存在预期价格。

（2）估算不同价格下的销售量

计算各种销售价格的均衡点以及何种价格最为有利。

3. 分析竞争对手反应

现实的和潜在的竞争对手对于商品价格的影响极大，特别是那些容易经营、利润可观的产品，潜在的竞争威胁最大。

4. 预计市场占有率

市场占有率反映了企业在市场上所处的地位，市场占有率不同，则营销价格策略和方法也不同。因此，企业在定价之前，应准确测定现有市场占有率，预计、推测产品上市后的市场占有程度。

5. 考虑经营活动的有关计划

农庄在定价之前要综合、全面地考察农庄整个的市场营销计划，如产品开发计划、商品推销计划以及分配渠道的选择。

6. 选择定价方法

经过以上诸程序的分析、研究，农庄最后选择具体的定价方法来确定商品的价格。

（二）农庄定价策略的运用

农庄定价策略是农庄整体市场营销组合中一个十分关键的组成部分。价格通常是影响交易成败的重要因素，同时又是市场营销组合中最难以确定的因素。农庄定价的目标是促进销售，获取利润。这要求农庄既要考虑成本的补偿，又要考虑消费者对价格的接受能力，从而使定价策略具有买卖双方双向决策的特征。此外，价格还是市场营销组合中最灵活的因素，它可以对市场作出灵敏的反映。常见的六种定价策略有：差别定价、折扣定价、心理定价、地区定价、组合定价、新产品定价。

不同的消费群体对农庄旅游产品有不同的需求，同一旅游产品，按消费者的不同需求和时间、地点的差别，所采用的价格标准也应该是不一样的。根据农庄的特点以下给出几种定价策略，以供参考。

1. 差别定价

差别定价又称“弹性定价”，是一种“以消费者支付意愿”而制定不同价格的定价策略，其目的在于建立基本需求、缓和需求的波动和刺激消费。差别定价主要有三种方式：一是经营者对每一单位旅游产品制定不同的价格；二是经营者对一定数量的产品制定一种价格；三是旅游产品在不同的市场上，或对不同的人制定不同的价格。

农庄如果采取递减的差别定价方式，就可以减少消费者的消费成本，迎合消费者的消费心理，加强吸引力。农庄可以实行淡旺季两种价格，可以在此基础上本着薄利多销的原则实行递减式定价，比如说以淡季100元一个标准间为例，消费者连续住三天，第一天100元，第二天80元，第三天60元，就餐标准也应实行递减式收费，第一天按实价收取，后面可以给出一定折扣，目的是为了减少消费成本，刺激消费欲望，使其尽可能地多消费农庄的旅游产品。

另一种差别定价，按照人数逐级打折。也就是说农庄对一定数量的消费者，按照一种标准收费；对另外一定数量的消费者，按另一种标准收取费用。消费者可以团队名义享受优惠折扣，这种打折优惠方式可以促进一个组织或单位集体到农庄来消费，但起不到刺激旅游中间商追求团队的人数规模的效应。

2. 捆绑定价

捆绑定价是指将两种或两种以上的相关产品，捆绑打包出售，并制定一个合理的价格。这种销售行为和定价方法常常出现在信息商品领域。农庄多数采用互补式产品捆绑定价策略，一般将两种或两种以上有着明显差异的旅游产品，捆绑在一起定价，如农庄的生态观光和民族风俗体验，前者为自然风光，后者为人文景观。假如两者门票均为10元，甲、乙喜好不一，甲迷恋于乡村生态的清新，基于消费成本，只愿消费前者而放弃后者；乙钟情于当地传统的文化历史和民族风情消费，行为正好相反。他们自认为消费自己喜欢的物有所值，如果单独定价，甲乙消费各10元，两个旅游产品营销收入为20元，如果将两者捆绑在一起定价销售，定价在15元，甲、乙均选择消费，销售收入为30元，大于单独定价。

3. 转移定价

转移定价也叫隐藏定价，通常是将一种旅游产品价格定得比较低，通过产品之间的连带效应，使消费者在其他产品消费中，补偿前一种产品的损失，这一般多运用于互补型产品。农庄旅游资源丰富，可以选择游玩的项目比较多，但距离长、不集中、特色差异不大。在旅游休闲线路设计时，要有意识、有区别地选择项目组合，同时以比较低的交通费用或者某些基本消费项目免费作为引诱品，比如可以设计让消费者免费乘坐乡村独有的马车、牛车看乡村风光，提高消费者的消费欲望，加大营销力度。

农庄旅游产品的定价策略灵活多变，没有固定的模式，关键是要根据旅游市场的实际情况，有区别地运用，做到有分有合，分合恰到好处，以获取最大的营销效益为目的。

第四节 农庄旅游销售渠道策略

一、农庄旅游销售渠道的类型与模式

农庄经营者必须通过一定的途径或通道，才能将农庄旅游产品送达到目标市场，这种途径或通道，就是销售渠道。

（一）销售渠道的类型

销售渠道按不同的分类标准可分为多种类型。

按渠道的长度即渠道级数来分，有长渠道和短渠道。旅游产品营销渠道长度是指旅游产品从生产者到消费者所经过的中间环节的多少。旅游产品中间环节的数量不同，渠道的长度也不同。所经过的中间环节越多，营销渠道就越长，反之，营销渠道就越短，其中企业直销渠道最短。据此，营销渠道就有长渠道和短渠道之分。

按照渠道的宽度进行分类，有宽渠道和窄渠道。旅游产品营销渠道宽度是指一个时期内营销网点的数量，包括旅游企业自设的营销网点和旅游中间商的数量。一个时期内销售网点的数量越多，销售渠道越宽；反之，销售渠道就越窄。

按有无中间商进行分类，可将销售渠道分为直接渠道和间接渠道。直接销售渠道是指农庄经营者直接面对最终消费者进行销售，没有任何中间环节；间接销售渠道是指旅游产品从农庄经营者转移到消费者手中，要经历一些中间环节，如零售商、批发商等。

（二）旅游营销渠道模式

由于旅游生产企业、旅游产品、旅游中间商、旅游同行竞争者、消费者等各种因素影响，旅游营销渠道呈现多种模式。

1. 直接营销渠道模式

直接营销渠道是指旅游产品生产者不借助任何中间商，直接把旅游产品销售给消费者。直接营销渠道又称零级渠道，没有任何中间环节。

直接营销渠道模式又分四种具体模式。

①消费者直接到旅游生产企业处购买旅游产品。消费者通常直接到景点、酒店等处购买旅游产品，旅游生产企业采取等客上门的形式销售旅游产品。

②直接预订。随着电子技术的发展，旅游生产企业越来越多地采用电话预订、网上预订等方式直接销售旅游产品。

③旅游生产企业在客源集中地设门市部销售本企业产品。

④旅游生产企业上门推销。

直接营销渠道模式的优点：生产者通过与消费者“零距离”接触，可以了解消费者对旅游产品质量、价格等方面的意见，以便改进营销组合，适应目标市场需要；由于没有中间商，省去了中间环节的那部分费用；电话预订特别是网络销售渠道，突破了出售旅游产品的时空限制，更是此营销渠道的新宠。

直接营销渠道模式的缺点：旅游生产企业与旅游市场接触面（网络销售渠道除外）有限，销售量有限；只适用于生产规模小或接待量有限的企业。

2. 间接营销渠道模式

间接营销渠道是指旅游生产企业借助中间商将其产品销售给消费者。根据所经过中间商环节的多少，具体有多种营销渠道模式。

（1）终端模式（一级营销渠道模式）

旅游生产企业通过旅游零售商销售其产品，即：旅游生产企业——旅游零售商——消费者。

旅游零售商一般不买断旅游产品的所有权，只进行代理销售，根据销售量从旅游生产企业处取得佣金收入，有时还可从消费者处获得代办手续费。

一级营销渠道模式的优点：一级营销渠道环节较少，有利于把旅游产品快速推向市场。

一级营销渠道模式的缺点：销售范围有限，规模有限。

（2）批发模式（二级营销渠道模式）

在一级营销渠道基础上加入了旅游批发商，旅游生产企业通过旅游批发商，再通过旅游零售商把旅游产品转移到消费者手中，即：旅游生产企业——旅游批发商——旅游零售商——消费者。

规模大的农庄将其产品大批量销售给旅游批发商，旅游批发商将众多的旅游产品组合、包装成包价旅游线路，再以批量形式出售给旅游零售商或委托旅游零售商代理销售，最终由旅游零售商将旅游产品销售给消费者。

批发营销渠道模式的优点：二级营销模式中的旅游批发商一般规模大、网点多，旅游生产企业借助旅游批发商，可以把旅游产品分销到更大的范围和更远的目标市场，适用于规模大的旅游企业。

批发营销渠道模式的缺点：渠道速度较慢，渠道费用较高，生产规模小或供给能力有限的旅游生产企业不宜采取这种渠道模式。

（3）代理模式（三级营销渠道模式）

在批发模式（二级营销渠道模式）的基础上加入了旅游代理商，渠道层级为：旅游生产企业——旅游代理商——旅游批发商——旅游零售商——消费者。

代理模式的优点：采取这一渠道模式的最大优点是销售范围进一步扩大，销售量进一步提高。

代理模式的缺点：渠道最长，各环节有一个时间差，推销速度较慢，旅游产品生产出来后较长时间才能真正与消费者见面，有时会因此错过时机，特别是会影响流行时间短的旅游产品销售；渠道费用最高。

（4）混合模式

指同时采用直销模式、批发模式、代理模式中的两种或三种模式。

混合模式的优点：多模式互为补充，长短结合，形成强大的营销覆盖面。

混合模式的缺点：渠道建设难度大，渠道控制，尤其是多种渠道间的关系处理难度大。

旅游营销渠道模式一览（图 4-1）：

图 4-1　旅游营销渠道模式

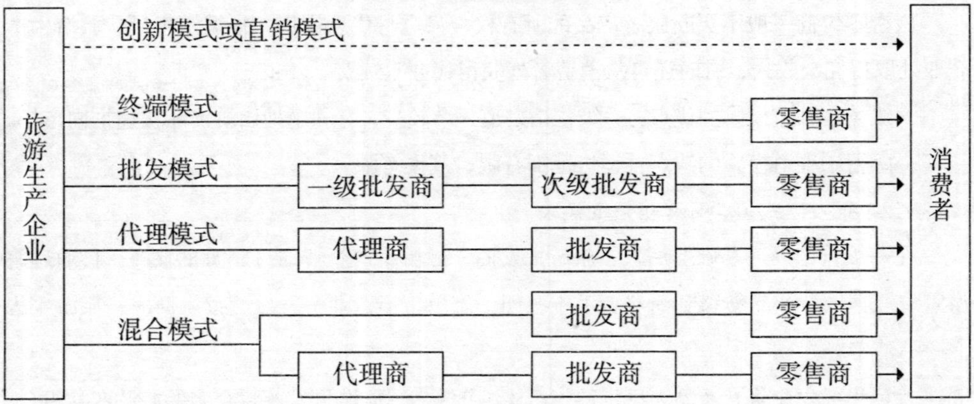

二、农庄旅游销售渠道的构成

农庄旅游销售渠道的成员，是指专门帮助农庄经营者进行营销的中介组织和个人，包括农庄旅游代理商、批发商、零售商和专业旅游媒介等。

（一）农庄旅游代理商

农庄旅游代理商是指与农庄经营者签订合同接受委托，在某一特定区域内代理其销售旅游产品的旅游中间商。如代理农庄接受预订、宣传农庄的产品、向消费者提供旅游目的地的信息等，其主要收入来自被代理的农庄经营者支付的手续费或佣金。当农庄经营者需要在某一地区开拓市场或在客源集中地区无法直接进行营销活动时，可以借助农庄旅游代理商的营销资源优势寻找市场机会，扩大销售。农庄旅游代理商在消费者选择某一项农庄旅游产品的决策中起着很大的作用，农庄经营者要为旅游代理商提供相应的支持服务，如邀请代理商考察熟悉被代理的农庄项目，开展以旅游代理商为目标的推广活动，提供免费预订电话，快速处理佣金支付问题等。

（二）农庄旅游批发商

农庄旅游批发商通常是一些实力雄厚的大型旅游公司或旅行社，具备较强的管理、宣传和销售能力。农庄旅游批发商通过与交通部门、农庄经营者以及其他餐饮娱乐服务机构等直接谈判签订合同，购买一定数量的座位、门票和房间等，将这些单项旅游产品组合成包价旅游线路批发给农庄旅游零售商。农庄旅游批发商大多有较强的人、财、物及采购优势，采用集团化经营，也拥有自己的零售网络，抗风险能力强，其收入主要来源于交通部门支付的代理佣金、酒店订房差价和农庄景区的门票差价等。随着农庄旅游的不断发展，农庄旅游批发商在农庄旅游产品销售渠道中的作用越来越大。由于单项农庄旅游产品越来越多，消费者对农庄旅游产品缺乏全面的了解，为节省时间和精力，往往更倾向于参阅农庄旅游批发商提供的农庄旅游产品目录，从中选择价格、时间搭配比较合理的包价旅游，农庄旅游批发商对于将谁纳入其包价旅游的目录并进行促销有最终决定权，而没有列入其中的其他农庄经营者就失去了被消费者选择的机会。

（三）农庄旅游零售商

农庄旅游零售商是指直接向消费者提供农庄旅游产品的旅游中间商，主要是指旅行社。旅行社在农庄旅游产品销售中的作用甚为突出。为适应消费者的多种需求，旅行社要熟悉各种农庄旅游产品及其价格，要充分了解消费者的偏好、经济支付水平、生活消费方式等情况，帮助消费者恰当地安排合适的农庄旅游线路，向消费者提供咨询服务，代为安排交通，还要与农庄的旅馆、餐馆、景点以及车船公司等保持良好的沟通和联系，不断反馈农庄旅游市场和消费者的需求变化信息。其收入主要来源于相关旅馆、餐饮、车船公司等所支付的佣金或折扣。

（四）专业旅游媒介

专业旅游媒介包括旅游促销机构、旅游经纪人、旅游信息中心等，主要从事旅游宣传，向消费者提供信息服务、预订服务及旅游线路的推荐服务。这也是农庄旅游销售渠道中不可缺少的成员之一。通过提供服务，在每次预订中收取一定的费用作为报酬。

旅游经纪人是一种特殊的农庄旅游中间商。他们不拥有农庄旅游产品所有权，不控制农庄旅游产品的价格及销售条件，只是为交易的双方牵线搭桥，促成双方交易，成交后向农庄经营者收取一定的佣金，所以不承担任何风险。

旅游信息中心把不同类型、特点的农庄经营者的有关资料输入电脑，形成自动预订中心，消费者可通过电话、电脑等获取农庄旅游信息。

三、农庄旅游销售渠道选择的影响因素

农庄经营者在选择和设计销售渠道时，会受到多种因素的影响和制约。

（一）市场因素

旅游市场因素包括消费者特点和竞争状况，对旅游营销渠道的选择有一定的影响。消费者特点包括目标市场消费者数量与地理分布、购买习惯等。当消费者地理分布较集中、购买量大时，旅游生产企业往往会选择在客源地建立直接营销网点；当消费者地理分布较分散时，旅游生产企业可利用中间商进行销售。

竞争状况以及竞争对手所采用的营销渠道对企业营销渠道也有较大影响。当竞争对手所生产的旅游产品替代性不强甚至有一定互补性时，旅游生产企业可以选择与竞争者相同的营销渠道；当企业产品竞争力比竞争产品更强时，也可选择竞争对手所采用的渠道；当企业产品竞争力不如竞争产品时，应另辟渠道，避免选择与竞争对手相同的中间商。

（二）产品因素

农庄旅游产品具有多样化、综合性的特点，不同的旅游产品组合需要选择不向的销售渠道。一般而言，价值较高、旅游容量较小、产品内容较单一、产品更新换代快的农庄旅游产品，适合短渠道策略；价位较低、旅游容量较大、产品内涵丰富、产品生命周期长的则适合长渠道策略。如果农庄旅游产品组合面太窄，产品单一，不能适应零售商和消费者的要求，就必须通过批发商进行分销；如果产品组合面较广、较深，品种较多，就容易适应零售商和消费者的需要，采取的销售渠道可以短一些。农庄旅游产品覆盖面广，宜采用间接销售渠道。高档的、有特色的农庄旅游产品大多直接面对消费者进行销售，而大众化的农庄旅游产品通过间接渠道能够获得更多的客源。

（三）企业因素

资金雄厚、社会声誉好的农庄经营者，选择销售渠道的灵活性较大，一般可以随意挑选和利用各种有利的销售渠道。如果实力较弱，社会影响较小，又缺乏管理经验和营销能力，则宜依靠旅游中间商介绍客源。

经营规模决定农庄经营者的接待能力和目标市场，而所选择的目标市场的规模又影响销售渠道的选择。经营规模较大、范围较广的农庄经营者需要选择长而宽的渠道；反之，则需选择窄而短的销售渠道。

（四）中间商因素

旅游生产企业能否找到理想的旅游中间商，这是选择营销渠道所要考虑的主要问题。理想的旅游中间商是：能带给消费者便捷性，所承担的营销职能与企业的需要相符，熟悉企业所提供的旅游产品，在目标市场消费者心中形象较佳，合作意愿强，营销能力能达到企业的期望，费用适中。旅游生产企业如一时难以找到理想的中间商，则不得不采取直接营销渠道。企业规模大、市场形象好、经营管理能力强，愿意加盟的经销商会较多，企业的挑选余地较大，对营销渠道的影响力和控制力也较强；相反，企业选择中间商的余地就小。

（五）销售队伍因素

农庄经营者销售人员素质高，专业能力强，可以直接进行销售；反之，则需要更多依靠间接销售渠道。

四、农庄旅游销售渠道的控制

渠道的控制有两个重要的方面：第一，对渠道策略能否在实施中得到有效贯彻进行监督和调控；第二，对中间商渠道中各渠道参与者可能从事的投机行为进行监控。第一个方面的渠道控制，虽然也会涉及其他渠道成员，但是从根本上讲，它是站在一个旅游生产企业的角度对渠道策略实施的过程进行控制，由旅游生产企业内部控制。第二个方面的渠道控制，与一般的组织内部控制有很大的区别，它是要对中间商渠道中其他渠道参与者的投机行为进行控制，属于渠道控制中特有的跨组织控制问题。这两个方面的渠道控制互相补充。第一个方面的渠道控制是从旅游生产企业自身的角度出发保证企业的渠道策略在实施中得到有效贯彻，第二个方面的渠道控制则是要保证旅游生产企业的渠道策略在实施中得到合作伙伴的有效配合。

一般而言，第一个方面的渠道控制相对容易些，因为它主要涉及的是组织内部控制问题；第二个方面的渠道控制则非常困难，因为它涉及的是跨组织控制问题。农庄经营者如何调动中间商的积极性，减少各渠道成员之间的冲突，是农庄旅游销售渠道控制的主要内容。

（一）加强与旅游中间商的合作，调动他们的积极性

农庄旅游中间商为了自己的经营目标，往往会同时推销多家农庄经营者甚至其他类型旅游生产企业的产品。这些旅游产品既可以组合成综合旅游产品，又可以是相互竞争的产品，旅游中间商选择什么旅游产品取决于与农庄经营者的合作程度。因此，农庄经营者应尊重中间商的利益，加强与中间商的沟通，以达到双赢的目的。同时，根据中间商的营销能力、资信状况，给不同的中间商以不同的价格优惠，采用灵活的优惠形式，如减收或免

收预订金等。

（二）根据市场的变化、产品特点以及现有中间商的表现，制定一套切实可行的办法

定期对中间商进行业绩考核，对销售不力、效率低下、不能适应市场变化、对销售渠道整体运作有严重影响的渠道成员予以裁减。必要时应当重新设计。

（三）调节中间商之间的冲突

一般情况下，农庄经营者会选择多个中间商，旅游中间商之间会因竞争而发生冲突。冲突一旦发生，会对整个销售渠道产生不利的影响，因此必须对冲突进行有效合理的控制。解决冲突最有效的办法是加强与各渠道成员之间的联系，定期举办各种座谈会，把销售渠道成员聚在一起，相互沟通，消除分歧。

第五节　农庄旅游促销策略

要吸引人们参加农庄的休闲旅游项目，在农庄中进行消费，除了要有独特的产品和合理的价格外，促销策略也是必不可少的。由于大多数农庄都兼顾当地的民族性、地域性的特征。有许多当地的习俗或特有的特色，不易为外人所知，有些民俗更难以让外人理解，可见，农庄旅游的营销更应该重视促销，利用形象而具体的促销方式刺激需求，引导消费。

一、旅游的促销原理

促销策略是指企业如何通过人员推销、广告、公共关系和营销推广等各种促销手段，向消费者传递产品信息，引起他们的注意和兴趣，激发他们的购买欲望和购买行为，以达到扩大销售目的的活动。

企业将合适的产品在适当地点、以适当的价格出售的信息传递到目标市场，一般是通过两种方式：一种是人员推销，即推销员和消费者面对面地进行推销；另一种是非人员推销，即通过大众传播媒介在同一时间向大量消费者传递信息，主要包括广告、公共关系和营销推广等多种方式。这两种推销方式各有利弊，起着相互补充的作用。此外，目录、通告、赠品、店标、陈列、示范、展销等也都属于促销策略范围。一个好的促销策略，往往能起到多方面作用，如提供信息情况，及时引导采购；激发购买欲望，扩大产品需求；突出产品特点，建立产品形象；维持市场份额，巩固市场地位等。

旅游市场促销是指旅游生产企业通过各种营销宣传手段，向消费者传递旅游产品与服

务的有关信息，以此来实现企业产品与消费者之间的有效沟通，从而影响消费者的购买行为和消费方式，这样的活动即为旅游促销。

因此，旅游促销活动实质上是一种交流活动，是一种传播行为，是发生在企业与消费者之间的信息沟通的行为过程。

在竞争日趋激烈的旅游市场上，每一个生产者都面临着由于消费者购买别人的产品而使自己的产品卖不出去的威胁。原因之一就是由于消费者购买行为的盲目和被动，使得他们通常不可能注意和了解每个生产者的产品和服务。解决这一问题行之有效的手段就是促销。由于旅游业是一个固定成本比较高的产业，其产品是非物质和不可储存的。

同时，旅游产品又是需求弹性较大和季节性较强的产品，因而相对于其他生产行业来说，促销在旅游市场营销策略中占有特别重要的地位。所以有人说："只有会卖，人家才会买"。旅游生产企业运用促销策略，可以向消费者及时传递产品和服务方面的信息以及带给他们实际利益，从而得到消费者的注意，引起消费者的兴趣，激发消费者的期望，促进消费者购买行为的发生。另外，旅游生产企业还有一种无形资产，那就是企业的形象和声誉，这对企业产品和服务的销售会产生直接的影响。通过精心设计的促销活动，可以大幅度提升企业的声誉，美化企业的形象，在公众心目中树立起良好的口碑，巩固和扩大其产品的市场份额。通过各种不同类型的促销活动，旅游生产企业还可以主动向消费者、批发商、零售商和代理商介绍本企业的产品和服务给他们带来的实惠，能够培养起他们对本企业产品和服务的忠诚度，从而达到促进他们需求的目的。在旅游市场营销活动中，最常用的促销策略可归纳为广告、营业推广、公共关系、人员推销、直接营销和印刷品等方式。

根据一般的促销手段的出发点与作用的不同，可分为两种促销策略：

（一）推式策略

即以直接方式，推式策略即企业利用人员推销，以中间商为主要促销对象，把产品推入分销渠道，最终推向市场。这种推销策略要求推销人员针对不同消费者、不同产品采用相应的推销方法。常用的推式策略有示范推销法、走访销售法、网点销售法、服务推销法等。

1. 推式策略的常用方法

①推销人员带样品盒说明书走访消费者。推销员在掌握市场信息后，积极寻找消费者，与其建立良好关系，用产品去吸引对方的注意力，提高其购买兴趣。

②建立健全产品的销售网点。推销网点应建在消费者集中的城镇，对质高价高的工艺品、金银首饰可建立专门性的销售网点；价格高、使用时间长的耐用品，如电冰箱、电视机、高档家具可在城市闹市区，选择性建立销售网点；与人们息息相关的方便性产品，可建立

密集型的销售网点。

③利用售前、售中、售后服务，促使增加销售。现代推销拉促销策略的运用与思考营销策略离不开高质量的服务，它是“推动”策略的重要组成部分。售前服务主要是为消费者宣传介绍产品、传递产品信息，刺激购买；售中服务主要是帮助消费者选购产品，帮助他们解决购买中的困难；售后服务主要是帮助消费者解决购买后的送货、使用培训、退还和维修等服务。

④举办产品宣传讲座和实务推销。

2. 该策略适用情况

①企业经营规模小，或无足够资金用以执行完善的广告计划。

②市场较集中，分销渠道短，销售队伍大。

③产品具有很高的单位价值，如特殊品、选购品等。

④产品的使用、维修、保养方法需要进行示范。

（二）拉式策略

拉式策略是指企业利用广告、公共关系和营业推广等促销方式，以最终消费者为主要促销对象，设法激发消费者对产品的兴趣和需求，促使消费者向中间商、中间商向制造商企业购买该产品。常用的拉式策略有会议促销法、广告促销法、代销、试销等。

这是一种采取间接方式，通过广告和公共宣传促销策略等措施吸引最终消费者，使消费者对企业的产品或服务产生兴趣，从而引起需求，主动去购买商品的促销策略。其作用路线为：企业将消费者引向零售商，将零售商引向批发商，将批发商引向生产企业。

1. 拉式策略主要有以下几种方法

①进行广告宣传。

②实行代销、试销。代销和试销具有试验的性质，因为新产品初次投入市场时，销售情况难以预料，流通部门不愿大批量进购。这种方式可以消除他们疑虑，建立对企业产品的信心。

③利用创名牌、树信誉，增强消费者的信任感。在产品销售中，消费者最关心的是产品质量、使用效果和使用期限。名牌产品、高质量的服务自然对消费者具有吸引力。

④召开产品的展销会、订货会。

2. 该策略适用情况

①市场广大，产品多属便利品。

②商品信息必须以最快速度告知广大消费者。

③对产品的初始需求已呈现出有利的趋势，市场需求日渐上升。

④产品具有独特性能，与其他产品的区别显而易见。

⑤能引起消费者某种特殊情感的产品。

⑥有充分资金用于广告。

二、农庄旅游促销方式

促销的实质是信息沟通，农庄为了促进销售，把信息传递的一般原理运用于农庄的促销活动中，在农庄与中间商和消费者之间建立起稳定有效的信息联系，实现有效的信息沟通。

（一）常见的企业促销方式

在市场营销中，促销的方式方法有很多，而且分类方法也各种各样，下面介绍几种常见的促销方式，农庄在经营销售中也可以借鉴和参考。

1. 降价式促销

降价式促销就是将商品低于正常的定价出售。其运用方式最常见的有库存大清仓、节庆大优惠、每日特价商品等方式。

（1）库存大清仓

以大降价的方式促销换季或库存较久的商品、滞销品等。

（2）节庆大优惠

新店开张、逢年过节、周年庆时，是折扣售货的大好时机。

（3）每日特价品

由于竞争日益激烈，为争取消费者登门，推出每日一物或每周一物的特价品，让消费者用低价买到既便宜又好的商品。低价促销如能真正做到物美价廉，极易引起消费者的“抢购”热潮。

2. 有奖式促销

消费者有时总想试试自己的运气，所以“抽奖”是一种极有效果的促销活动。因为抽奖活动一定会有一大堆奖品，如彩色电视机、洗衣机等，这样的奖项，是极易激起消费者参与兴趣的，可在短期内对促销产生明确的效果。通常，参加抽奖活动必须具有某一种规定的资格，如购买某特定商品、购买某一商品达到一定的数量、在店内消费达到固定金额，或正确回答某一特定问题。另外，需要注意的是，办抽奖活动时，抽奖活动的日期、奖品或奖金、参加资格、如何评选、发奖方式等务必标示清楚，且抽奖过程需公开化，以增强消费者的参与热情和信心。

有奖促销是受消费者欢迎的一种促销方式，但需要注意开奖规则的真实性、抽奖的公平性。抽奖促销由于消费者参与成本低、操作简单，往往参与人数多，但转化效果不好，2011年盛行一种抽奖促销——“大红手”抽奖促销方式可以有效借鉴。

3. 打折式优惠

一般在适当的时机，如节庆日、换季时节等，打折以低于商品正常价格的售价出售商品，使消费者获得实惠。

（1）设置特价区

就是在店内设定一个区域或一个陈列台，销售特价商品。特价商品通常是应季大量销售的商品或为过多的存货，或为快过保质期的商品，或为外包装有损伤的商品。注意不能鱼目混珠，把一些变质损坏的商品卖给消费者，否则，会引起消费者的反感，甚至会遭到消费者投诉。

（2）节日、周末大优惠

即在新店开业、逢年过节或周末，将部分商品打折销售，以吸引消费者购买。

（3）优惠卡优惠

即向消费者赠送或出售优惠卡。消费者在店内购物，凭手中的优惠卡可以享受特别折扣。优惠卡发送对象可以是由店方选择的知名人士，也可以是到店购物次数或数量较多的消费者，出售的优惠卡范围一般不定，这种促销目的是为了扩大目标消费者群。

（4）批量作价优惠

即消费者整箱、整包、整桶或较大批量购买商品时，给予价格上的优惠。这种方法一般用在周转频率较高的食品和日常生活用品上，可以增加消费者一次性购买商品的数量。

4. 竞赛式促销

竞赛式促销是融动感性与参与性为一体的促销活动，由比赛来突显主题或介绍商品，除了可打响商品的知名度以外，更可以增加销售量，如喝啤酒比赛等。此外，还可举办一些有竞赛性质的活动，如卡拉OK比赛等，除了增添热闹气氛，还可借此加深顾客的印象。

5. 免费品尝和试用式促销

在促销之时，可以在比较显眼的位置设专柜，免费品尝新包装、新口味的食品。非食品和其他新商品实行免费赠送、免费试用，鼓励消费者使用新商品进而产生购买欲望。例如许多连锁百货店设有美容专柜，免费为愿意试用新品牌化妆品的消费者做美容。国外零售店的香水柜台也常常进行免费试用。

6. 焦点赠送式促销

想吸引消费者持续购买，并提高品牌忠诚度，焦点赠送是一个种非常理想的促销方式。这一促销活动的特色是消费者要连续购买某商品或连续光顾数次后，累积到一定积分的点券，可兑换赠品或折价购买。

7. 赠送式促销

赠送促销便是设专人对消费者免费赠送某一种或几种商品，让消费者现场品尝、使用。这种促销方式通常是在统一推出新商品时或老商品改变包装、品味、性能时使用。目的是迅速向消费者介绍和推广商品，争取消费者的认同。

8. 展览和联合展销式促销

这是说在促销之时，商家可以邀请多家同类商品厂家，在所属分店内共同举办商品展销会，形成一定声势和规模，让消费者有更多的选择机会；也可以组织商品的展销，比如多种节日套餐销售等。在这种活动中，通过各厂商之间相互竞争，促进商品的销售。

9. 其他手段

为了提高一部影片可能获得的利润，结合广告、公共关系，以及其他形式的促销和销售技巧。例如，制造假新闻，男女主角陷入热恋、出双入对、假戏真做，或者是安排主题歌在广播电台打歌，都属于促销手段的范围。

（二）农庄具体的促销方式

1. 设计并分发宣传广告

设计产品内容详尽、便于阅读的宣传印刷品，介绍农庄线路、可提供的服务、目的地的特色等。这种印刷品图文并茂，实用功能强，可长时间保留。

在市场营销活动中，一个出色的广告创意，从形式到内容都会对目标消费者产生一种不可抗拒的诱惑。广告的效果就在于吸引消费者的注意，改变消费者的态度，唤起消费者对农庄旅游产品和服务的需求，诱导和促进消费者购买动机的产生，影响消费者的购买行为。

2. 选择相应的媒体

广告应以时尚休闲和旅游报刊为主，可以通过有奖方式让到过该农庄游玩的消费者写出真实的休闲旅游随笔或感想，发表在相关的刊物上，用现实消费者来激发更多潜在消费者的出游及动机。

这同时也属于广告促销的范畴，对消费者产生吸引力以及其独特性和可信度的关键是旅游产品给他们带来的实际利益和完美服务。这种促销形式的优势是普及性广、覆盖面大、单位接触成本低、有较强的表现力、借助的媒体形式多样等。其劣势是非人员推销，个别媒体收费高；针对性不强，不能个性化；信息量大，人们无所适从；说服力较弱，不能得到快速响应等。

3. 现场产品项目的推广

农庄旅游推广是指农庄在短期内对消费者进行刺激，鼓励其消费或购买农庄的某种产品和服务的一种经济活动。它是一种临时或短期的带有馈赠性质或奖励性质的促销方法，如现场赠券、竞赛、抽奖等。其优势是信息传播快，能得到消费者参与增加吸引力，在短期内能提高销量，能临时改变消费者的购买习惯等。其劣势是有效期短，难以确立忠诚消费者，组织工作量大等。

由于农庄旅游产品具有生产和消费同一性的特点，只有实现销售才能进行生产，没有销售就会造成资源和设施闲置。在某一特定时间与空间范围内，如旅游淡季，为配合广告宣传和人员推销，通过降低产品价格和增加产品价值等短期刺激诱因，激励消费者尽量购买其产品和服务，这种促销形式是行之有效的。

4. 作好公共关系营销

农庄应充分利用大环境、大事件作好公共关系促销。公共关系是指农庄为了同社会各类公众之间建立和维护相互理解的良好关系，而特意进行的、有计划的、持续的宣传其产品和服务的信息沟通活动，如新闻报道和公益活动等。

公共关系营销是农庄用来进一步完善和提升农庄的产品和服务形象，为农庄创造更加有利的经营环境的一种经济活动。

这里的公众包括农庄员工和员工的家庭、消费者、中间商、竞争对手、社会组织、政府、媒体和金融机构等，与公众建立并长期维持良好的关系，实施有效的双向沟通，是农庄进行公共关系活动的主要任务。这种促销活动的优势是具有高度可信性，能够消除公众的戒备，可产生戏剧性效果，宣传成本低廉等。其劣势是活动设计难度大，活动过程不易控制，不会即刻产生经济效益等。

旅游公共关系活动的种类很多，主要有新闻发布会、围绕特别事件开展的主题活动、对公众进行产教育和培训、支持公益事业、处理不利事件或反面宣传的影响、赞助社会文体活动、建立企业内部良好的人际关系等。

5. 大篷车式促销

应充分重视大篷车式的促销，因为这种促销方式往往格外引人注目，同时增加了歌舞表演和手工艺表演的活动性、参与性、文化性的内涵，可以大大激发广大潜在消费者的兴趣和前来观光休闲的热情。

在实际的营销活动中，影响促销组合的因素很多，从产品因素来看，对于已有较高知名度和消费者较为熟悉且价格较低的产品，可以选择以广告为主、其他为辅的促销组合。而对于不熟悉且价格昂贵的旅游产品，可确定以人员推销为主、其他为辅的促销组合。

从旅游产生周期来看，投入期以广告为主、其他为辅，成长期广告和公共关系并举，成熟期以广告和人员推销为主，衰退期以营业推广为主。

从市场因素来看，规模大、范围广、潜在消费者多的市场，采用广告、公共关系和营业推广作为有效的促销手段。反之，应以人员推销为主。从企业因素来看，规模小、市场覆盖率低和资金预算有限的企业，应以公共关系和营业推广为主，其他为辅。而资金雄厚、实力强和市场份额多的企业，则应采用以广告和人员推销为主，其他为辅的促销组合。

三、农庄旅游促销方式选择

农庄经营者要根据综合考虑旅游市场、旅游产品、促销对象、促销预算等因素，选择合适的促销方式。

（一）不同的旅游市场

不同的市场状况包括市场的范围、竞争的程度以及供求变化等。例如对于规模小而相对集中的农庄旅游市场，可采取人员销售和营业推广；如果市场范围大而分散，可利用广告和公共关系。市场竞争激烈时应该采用多种促销方式组合，竞争缓和时采用广告和人员推销等方式。

（二）不同的旅游产品

农庄旅游产品的性质不同、生命周期不同，促销方式也应有所不同。

从促销角度来说，产品或品牌生命周期不同阶段消费特性是不一样的，因此，促销方式的选择也应该是不同的。

在产品的导入期，消费者对农庄旅游产品不了解，促销的重点是增加信息量，提高消费者的认知率，宜选择广告和新闻报道方式。

在产品的成长期，消费者对产品产生兴趣，促销的重点是诱导消费者购买和树立形象，宜采用广告、人员推销和公共关系。

在产品的成熟期，消费者已经形成消费偏好，促销的重点是竞争，宜采取营业推广、公共关系和广告等方式，提醒、刺激消费者购买。

在产品的衰退期，消费者兴趣发生转移，促销的重点应该是刺激消费。宜采用短期效果较好的营业推广等方式。

具体选择理由和关系可以参见表 4-1。

表 4-1 不同产品选择理由和关系

产品生命周期	消费特性要点	优先促销策略	次优促销策略
导入期	1. 对新产品可能感兴趣；2. 对促销感兴趣	启发性促销	实惠性促销
成长期	1. 对促销感兴趣 2. 关注知名度	实惠性促销（联合性促销）	主题性促销（公益性、庆典性）
成熟期	1 关注美誉度（大家都说好，会忠诚地购买）2. 对促销感兴趣	主题性促销	实惠性促销
衰退期	对促销感兴趣	实惠性促销	——

（三）不同的促销对象

促销对象有的是面向中间商，有的是面向消费者。面向中间商的促销，沿着销售渠道进行信息传递，通过农庄旅游中间商再传递给消费者，因而主要依靠人员推销传递俏息。促销对象直接针对消费者，促使其产生需求，从而向农庄旅游中间商或者农庄经营者进行预订，一般采用广告、营业推广和公共关系等促销方式。

（四）不同的促销预算

农庄经营者制定具体的促销策略时，还要受到促销预算的制约。在预算较小的情况下很难制定出满意的促销策略，只能采取简单的促销方式。预算充足，促销方式的选择余地较大，可以有较多的资金进行充分的市场调查。

四、农庄旅游促销方式应用

（一）根据不同的农庄旅游产品，采取不同的促销方式

从目前的情况来看，大多数农庄经营者营销意识较为薄弱，促销手段较为单一，促销效果普遍不甚理想，甚至有等客上门的状况。农庄经营者应采取合理的农庄旅游促销组合策略，逐步完善营销体系。

1. 面向城市周末、节假日休闲度假的产品

由于其客源市场地域集中，可以采取广告促销和人员推销双层推进的促销策略。在城市的主要干道悬挂路牌广告以吸引尽可能多的潜在消费者的关注；针对家庭短途出游计划决策者主要是家庭女主人的特点，选择在女性观众数量多的电视节目、广播节目、报刊等大众媒体上进行广告宣传，在互联网主页上链接开展网上宣传，在居民社区、大型购物场所、大型活动会场等地进行人员推销等。

2. 依托风景名胜区的产品

主要采取非人员促销形式。在所依托景区的出入口和旅游集散地使用醒目的广告牌吸

引消费者的注意，引发游览兴趣；针对互联网受众群对商业广告厌烦的心理特点，在知名度较高的旅游网站或综合网站上开展以旅游产品命名的游记征文大赛、摄影大赛，设立旅游专栏等，进行潜移默化式的宣传。

3. 以重塑旅游形象为主要目的的高端产品

促销策略的目的在于广泛而有效的信息传播的农庄经营者，可采取在知名度和美誉区较高的综合性大众媒体进行广告宣传、参加大型旅游博览会等方法。以高档市场补缺者形象出现，追求产品销售额与市场占有率的农庄经营者，则不宜过于依赖综合性大众媒体，而应以具有高度针对性的媒体宣传和直接销售为主，并高度重视口碑对销售的影响。

（二）把握提高农庄促销效能的三个运作关键

提高农庄旅游促销效能，兼顾短期、长期和协同效用，有三个运作关键：有组织的促销活动的实施、渠道成员充分的沟通和配合，以及产品和品牌传播支持。

1. 有组织的促销活动的实施

促销方式选择，离不开市场充分调研、方案准备以及过程的缜密实施。随意的、仓促的促销活动，做好了是幸运，做不好是正常，再有可能就是竞争对手太弱。

2. 渠道成员充分的沟通和配合

大部分促销活动都是由经销商、零售商配合才能有效实施。这其中不仅涉及经销商、零售商是具体执行者的问题，还涉及经销商、零售商是否愿意参与投入以保证促销力度和效果的问题。

3. 产品和品牌的传播支持

做促销就好比是砸钱，既要听响——卖了货，又要留名——品牌知名度提升。固然，产品是很好的宣传，但是，借用促销海报、促销品等，提高品牌 LOGO、品牌导语等品牌形象元素的见面率，也会有助于促进重复性购买、习惯性购买。

思考题

1. 浅析现代农庄旅游产品的开发策略和品牌策略。

2. 现代农庄旅游产品的一般定价方法有哪些？

3. 影响现代农庄销售渠道选择的因素有哪些？

4. 现代农庄旅游销售渠道的中间商有哪些？现代农庄旅游经营组织应如何处理与中间商的关系？

5. 现代农庄旅游的促销方式有哪些？

第五章 农庄生产管理

第一节 农庄自然资源的管理

自古以来农业资源运用于农业生产，供给人们基本生活所需。因时代的演变，人们需求的增加，人们不单追求物质生活的满足，还需要精神生活的丰富。农业所具有的环境与资源特质恰恰符合人们的这种所需。《辞海》对自然资源的定义为：指天然存在的自然物（不包括人类加工制造的原材料）并有利用价值的自然物，如土地、矿藏、水利、生物、气候、海洋等资源，是生产的原料来源和布局场所。而我们农庄中首要的自然资源载体就是土地。

一、土地管理的相关问题

土地是一种特殊的资源，具有资源与资产双重特性，又具有保值和增值等多种功能。同时土地又是农民谋生致富不可缺少的最有价值的资本，土地对农民来说是一种社会保障。农民对土地的使用无非两种形式，即自营土地进行生产活动或者将土地进行流转获取经济利益。而我们现代农庄建设中需要大量的土地作为经营的载体，所以土地流转是发展中不可避免的问题。

自 2005 年 3 月 1 日《农村土地承包经营权流转管理办法》施行以来，现代农庄以突飞猛进的速度发展了起来，采取灵活的转包、出租、互换、转让或者其他符合有关法律和国家政策规定的方式流转土地开展经营活动，从而大大活跃了农村经济，推进了农业产业结构的调整，促进了农业现代化技术的创新、应用和推广。

（一）土地流转的内涵

农村土地流转其实是一种通俗和省略的说法，全称应该称为农村土地承包经营权流转。也就是说，在土地承包权不变的基础上，农户把自己承包村集体的部分或全部土地，以一定的条件流转给第三方经营。

土地流转是指土地使用权流转，土地使用权流转的含义，是指拥有土地承包经营权的农户将土地经营权（使用权）转让给其他农户或经济组织，即保留承包权，转让使用权。可以通过转包、转让、入股、合作、租赁、互换等方式出让经营权，鼓励农民将承包地向专业大户、合作社等流转，发展农业规模经营。

土地流转是家庭承包经营制度的延伸和发展。在不改变家庭承包经营基本制度的基础上，把股份制引入土地制度建设，建立以土地为主要内容的农村股份合作制，把农民承包的土地从实物形态变为价值形态，让一部分农民获得股权后安心从事二、三产业；另一部分农民可以扩大土地经营规模，实现市郊农业由传统向现代转型。

土地流转中承包方依法取得的农村土地承包经营权可以采取转包、出租、互换、转让或者其他符合有关法律和国家政策规定的方式流转。

1. 流转土地的主要模式

土地出租形式：土地出租形式是目前运用的比较常见的形式之一，在市场利益驱动和政府引导下，农民将其承包土地经营权出租给大户、业主或企业法人等承租方，出租的期限和租金支付方式由双方自行约定，承租方获得一定期限的土地经营权，出租方按年度以实物或货币的形式获得土地经营权租金。其中，有大户承租型、公司租赁型、反租倒包型等，但如何保证其合法性，让双方心里都踏实是其问题所在。虽然在《农村土地承包经营权流转管理办法》中有明确的流转合同限制，但关键在于实际实施中的按章执行。

土地入股形式：入股形式，亦称"股田制"或股份合作经营，是指在坚持承包户自愿的基础上，将承包土地经营权作价入股，建立股份公司。在土地入股过程中，实行农村土地经营的双向选择（农民将土地入股给公司后，既可继续参与土地经营，也可不参与土地经营），农民凭借土地承包权可拥有公司股份，并可按股分红。该形式的最大优点在于产权清晰、利益直接，以价值形态形式把农户的土地承包经营权长期确定下来，农民既是公司经营的参与者，也是利益的所有者，是当前农村土地流转机制的新突破。

宅基住房形式：宅基地换住房，承包地换社保。以重庆为例，国家批准重庆为统筹城乡综合配套改革试验区后，在土地改革领域率先进行大胆探索，创造了土地流转的九龙坡模式，即宅基地换住房、承包地换社保。也就是说，农民放弃农村宅基地，宅基地被置换为城市发展用地，农民在城里获得一套住房。农民放弃农村土地承包经营权，享受城市社保，建立城乡统一的公共服务体制。

股份合作形式："股份+合作"的形式，山东省宁阳县探索土地承包经营权流转新机制，建立起"股份+合作"的土地流转分配方式。这种模式是，农户以土地经营权为股份共同组建合作社。村里按照"群众自愿、土地入股、集约经营、收益分红、利益保障"的原则，引导农户以土地承包经营权入股。合作社按照民主原则对土地统一管理，不再由农民分散经营。合作社挂靠龙头企业进行生产经营。合作社实行按土地保底和按效益分红的方式，年度分配时，首先支付社员土地保底收益每股700元，留足公积公益金、风险金，然后再按股进行二次分红。

土地互换形式：互换土地是农村集体经济组织内部的农户，为方便耕种和各自的需要，对各自土地的承包经营权进行的简单交换，是促进农村规模化、产业化、集约化经营的必由之路。30年前，中国农村实行土地联产承包责任制，农民分到了土地。但由于土地肥瘦不一，大块的土地被分割成条条块块。划分土地时留下的种种弊病，严重制约着生产力的发展和产量的提高。如何让土地集中连片，实现规模化、集约化经营？于是互换这种最为原始的交易方式，进入农民视野。

2. 土地流转的原因

土地承包经营成本高，收益低。农业税免征之前，农民由于承包经营土地的负担重、收益相对较低，承包经营土地的积极性不高。许多外出务工、经商的农民纷纷将承包经营权流转给亲友或其他农户，也有的以自己享有的土地承包经营权投股或参股。这是过去几年土地承包经营权流转的一个最重要的原因。

农村二、三产业的发展和劳动力的转移。土地二轮承包时“增人不增地，减人不减地”的原则，使得农村原本存在的人多地少的矛盾更加突出。导致大量劳动力纷纷向本地农村二、三产业或向外地转移，转移的劳动力中有一部分带动全家转移，便将土地承包经营权流转给他人。

镇、村非农建设项目的需要。因招商引资、工业园区等非农建设项目用地需要，镇、村将土地承包经营权以租赁的方式从农户手中流转出来。

村产业结构调整的需要。村为培植专业大户、承包大户，一方面鼓励农户将土地承包经营权流转给被培植对象，另一方面将土地从农户手中以租赁或其他方式流转出来再转包给被培植对象，即“反租倒包”。

（二）土地流转中的问题

实践证明，农村土地流转既缓和了人地矛盾，使部分农民从土地上转移出来，还促进了农业规模化经营，是提高农业经济效益的一个好办法。中央尊重农民的首创精神，积极支持土地流转这一新生事物，并提出：按照完善管理、加强服务的要求，规范土地承包经营权流转。但是在实际实施过程中仍旧出现了一些问题。

1. 农民在现代农庄经营中的权益问题

在目前的现代农庄经营模式下，农村土地的所有权、承包权、经营权分离，土地的所有权属于村集体，拥有承包权的农民将土地的经营权流转给企业，从而降低了自身农业经营的风险，将种植风险和经营风险转移到了农业经营企业。虽然农民自身的风险值降低了，但是相应地也意味着农民在农业投资上的风险收益降低。农民获得的固定收益在现行农村经济和物价上涨的环境下常常不能满足生活的需要，从而造成农民切身权益的丧失。

另外，农民流转土地后以收取稳定的租金为生活来源，看似从面朝黄土背朝天的辛勤劳作中解脱了出来。而实际上农民又以务工者的身份耕作在原来自己经营的土地上，赚取企业给付的工资，从而形成企业是土地的经营者和农民的雇主，农民是土地的承包者和企业的员工。按照我国的劳动合同法和社会保险法的规定，用人单位和劳动者必须依法参加社会保险，缴纳社会保险费，这是一项强制性规定，不能因用人单位和劳动者约定而发生改变。那么，这不是也意味着农庄企业必须为务工人员购买社会保险呢？答案是肯定的，而实际上大多数企业并没有为务工人员购买保险，农民的社会保险还是来源于政府的投资补助。因此我们有理由相信，只有真正完善了社会保险制度，建立起现代农庄的社会保障服务体系的前提下，农民才能放心地将土地流转出去，相应的农民的权益也能最大限度的得到保障，农民的生活质量才能得到保障。

2. 现代农庄的监督管理问题

广东省试点土地承包权流转下发的《关于开展农村土地承包经营权流转促进土地规模经营试点工作的通知》中明确：农村土地流转的受让方可以是承包农户，也可以是境内农民专业合作组织、农业企业、城市工商企业、事业法人或者城镇居民，还可以是境外农业生产企业。与此同时也鼓励农村中的种田能手、专业大户和各类经营主体通过土地流转建立农产品生产基地，开展土地规模经营。这里的意思也就是说各村组组长、村委会主任，甚至村支部党委书记只要是种田能手，也都可以通过土地流转自己开展规模化经营。如今在很多地方，土地流转企业主作为种田能手，不仅是公司老板，而且还是村委会主任或者书记，也是乡镇人大代表。

然而，在我国现行的行政体制中，村支两委一直都具有其特殊性，村委会组织虽然是村民的自治组织，但是也在一定层面上具有政府最基层机构的性质，所以村支两委干部也有“村级公务员”的称号，在村组人群都具有很大的威望和一定的权利。如果村委干部成立公司流转村民的土地，不难想象，谁也不敢保证村支干部不会假公济私、窃取农民的利益。保障农民权益就只能打一个问号了。那么，谁来保障村民的权益？谁来监督农庄企业？谁来合法管理农庄企业？答案很明显，只有村支两委和基层乡级政府才能真正保障农民权益，监督管理好农庄企业合法经营，也只有村支两委干部不参与到农庄企业经营中去，尽职于自己的监督管理职责，才能实实在在地保障农民权益，保障集体利益。

3. 现代农庄的土地利用问题

农用地的种植落实问题。我国《农村土地承包经营权流转管理办法》中明确规定土地流转受让方应当依照有关法律、法规的规定保护土地，禁止改变流转土地的用途。但是自古以来商人逐利，就像马克思《资本论》中描述资本家“有50%利润，他就铤而走险；为了100%的利润，他就敢践踏一切人间法律”一样。所以，当大蒜被炒贵、绿豆“价值连城”的时候，又有哪个企业家不在利益面前低头呢？谁又会规规矩矩地遵守土地的实际用途呢？现如今，一些农庄主打着发展现代农业的幌子，随意改变土地用途，在项目区内建设休闲娱乐场所、高档别墅，破坏耕地、林地、园地等，完全背离了建设现代农庄的初衷；一些外资企业通过支援中国的农业改革，以传授先进的农业技术、农业生产经营诀窍、培育优良的种苗等方式大量流转土地，结果却连年抛荒。这说明我国在落实农用地种植作物上法规还不完善、不严厉，在应对土地用途发生变化的事件还不成熟。因此，土地流转后的农用地种植措施，需要一个具有规范性、权威性、指导性的文件，需要一支有素质、有原则的执法队伍，更需要许多守法经营的企业家。

建设用地的问题。现代农庄的发展不仅需要产出农产品的农用地，也需要办公生活、生产厂房等建设用地。但目前许多现代农庄没有前期的总体规划，项目所在乡镇没有在上一轮土地利用总体规划修编过程中规划建设用地范围，现代农庄的建设用地选址难以符合土地利用总体规划。而2004年国务院颁布的《关于深化改革严格土地管理的决定》，其中有关于“农民集体所有建设用地使用权可以依法流转”的规定，强调“在符合规划的前提下，村庄、集镇、建制镇中的农民集体所有建设用地使用权可以依法流转”。这可以说为现代农庄企业主解决了建设用地难题，但是同样的问题也出现了，就是这种可利用的集体所有建设用地只能用，而不能采取抵押的方式去银行贷款融资进行厂房等基础设施建设，相对于城市房地产业的多种融资渠道，这无疑是增加了企业的投资成本，提高了投资农业产业的门槛。所以，妥善解决集体所有建设用地向国家所有建设用地的转变，才能从根本降低企业的投资成本，增大企业的投资力度，吸引更多的企业投资现代农庄，提高规模化产出效益。

（三）农庄土地管理的原则

农庄土地的资产管理主要是对土地价值保值、增值过程的管理，侧重于土地潜在的、能够通过改善投资环境、加大投资力度、改变土地利用方式等途径使土地增值的过程，实现优化配置。土地资源管理核心是在市场经济条件下，如何以资产管理手段保证土地资源的优化配置与可持续利用，最主要的管理手段是土地产权管理。

1. 提高生产力，增加土地附加值

随着中国经济实力不断增强，对土地的需求持续增长，人多地少的国情要求必须保护耕地、保障粮食安全，土地管理作为协调经济发展与用地需求的最主要手段之一，责任重大。

土地资源是宝贵的，利用有限的土地提高生产力势在必行，同时作为农庄中的土地资源更应该注重增加土地附加值，充分利用好土地资源。

2. 政府引导，科学规划

我国《土地管理法》第二条规定："中华人民共和国实行土地的社会主义公有制，即全民所有制和劳动群众集体所有制。"我国土地所有权为国有土地和集体土地，在农村中多数土地资源为集体所有，所以也就决定了农庄土地管理不可避免必须由政府引导，对土地进行科学的整体规划，避免浪费、重复建设及规划不合理的情况。

3. 提高土地资源的综合效益

作为农庄中的土地资源要注意综合效益这一原则，新时期土地资源的合理开发必须重视综合效益的创造，即经济效益、社会效益和生态效益的共同实现。农庄作为经营性质的活动主体，应规范用地行为，合理利用土地资源，最大限度地提高土地使用效益。提高农庄综合效益，要求农庄企业家充分把握当地情况，坚定发展信心，正确认识国家政策内涵。

4. 注重土地资源的可持续发展

近年来可持续发展一直是热议的话题，很多农村、农庄在土地资源开发管理的过程中并不能做到经济、社会、生态效益三位一体的发展。特别是在经济较为落后的农村地区，发展经济被视为土地开发的第一目标，因而忽视生态建设，不顾未来的社会效益。以牺牲环境为代价的经济效益是我们不提倡的，所以在管理农庄土地资源中注重土地资源的可持续发展是其重要原则。

案例

土地流转改革大事记

1982 年

深圳特区开始按城市土地等级不同收取不同标准的使用费。

1987 年

国务院提出土地使用权可以有偿转让。12 月，深圳市公开拍卖了一块国有土地的使用权，这是新中国建立后首次进行的土地拍卖。

1988 年

国务院决定在全国城镇普遍实行收取土地使用费（税），全国各城市开始建立房地产交易所，各专业银行成立房地产信贷部。

1990 年

国务院允许外商进入大陆房地产市场，发布了《城镇国有土地使用权出让和转让暂行条例》《外商投资开发经营成片土地暂行管理办法》和相应的有关文件。

1995 年

国家土地管理局公布《协议出让国有土地使用权最低价确定办法》，提出培育和发展土地市场的八项要求。

2008 年

10 月 20 日，十七届三中全会部分承认农民的土地物权中的流转权，农民可以部分获得流转权收益。

2013 年

十八届三中全会发布的《中共中央关于全面深化改革若干重大问题的决定》提出赋予农民更多财产权利，要求建立农村产权流转交易市场，推动农村产权流转交易公开、公正、规范运行。

2014 年

全国人民代表大会和中国人民政治协商会议上，全国政协委员、四川宏达集团董事局主席刘沧龙提案建议，国家应尽早出台措施鼓励信托公司参与农村土地流转，将农民手中的土地资源盘活。

案例知识点提要：土地流转

土地流转：土地流转其实是一种通俗和省略的说法，全称应该称为农村土地承包经营权流转。也就是说，在土地承包权不变的基础上，农户把自己承包村集体的部分或全部土地，以一定的条件流转给第三方经营，可以通过转包、转让、入股、合作、租赁、互换等方式出让经营权，鼓励农民将承包地向专业大户、合作社等流转，发展农业规模经营。

二、其他自然资源的管理的相关问题

农庄包括的自然资源远不止土地一项，如常见的矿藏、水利、生物、气候、海洋等资源都属于自然资源，是农庄包含的其他自然资源。

矿藏：矿产资源是自然资源中的一种对人类有重要作用的资源，它是指经过地质成矿作用，使埋藏于地下或出露于地表、并具有开发利用价值的矿物或有用元素的含量达到具有工业利用价值的物质。矿产资源是进行社会生产发展的重要物质基础，现代社会人们的生产和生活都离不开矿产资源。矿产资源属于非可再生资源，其储量是有限的。目前世界已知的矿产有1600多种，其中80多种应用较广泛。目前已有创立的“矿业农庄”的先河，其中包含矿业、农业、村庄三个部分，以矿业带富“三农”，促进矿业与农业协同发展。

水利：广义指地球表层可供人类利用的水，包括水量、水域和水能。通常指可更新的水体，包括河道外用水及河道内用水两部分。前者指通过提、蓄、引等不同方式而利用的河水，如工、农业用水和城市生活用水等；后者指河道内水能资源的利用，水运、渔业、旅游、冲浪及生态环境用水。狭义仅包括上述河道外用水以及水运、渔业、旅游等用水。近年来水利资源已逐渐被水资源一词取代，使用较少。

在农庄中水利资源多数指湖泊、水库、水塘等有固定水面积的水资源，当然也有农庄依江、河、海而建的。但除了用于开发秀美的观光风景，多数为丰富的渔业资源。值得一提的是近几年来温泉（是泉水的一种，从地下自然涌出或人工钻井取得，泉口温度显著高于当地年平均气温而又低于或等于45摄氏度的地下水天然露头叫温泉，并含有对人体健康有益的微量元素的矿物质水）旅游资源也成为人们热衷的休闲项目之一。目前大多数农庄都包含丰富的水资源，并已开发和利用。

生物：生物资源是自然资源的有机组成部分，是指生物圈中对人类具有一定经济价值的动物、植物、微生物有机体以及由它们所组成的生物群落。生物资源包括基因、物种以及生态系统三个层次，对人类具有一定的现实和潜在价值，它们是地球上生物多样性的物质体现。它们在人类的生活中占有非常重要的地位，人类的一切需要如衣、食、住、行、卫生保健等都离不开生物资源。此外，它们还能提供工业原料以及维持自然生态系统稳定。动植物是休闲农业存在的条件，在农庄内，动植物往往担负着生产、娱乐、观赏、生态等诸多功能。

气候：气候资源是一种宝贵的自然资源，可以为人类的物质财富生产过程提供原材料和能源，是指能为人类经济活动所利用的光能、热量、水分与风能等，是一种可利用的可再生资源，包括太阳辐射、热量、水分、空气，风能等。气候资源对生物群落的形成和发展有着经常的、潜移默化的影响。在保持环境与经济协调发展的前提下，使用合理的气候指标和充分利用气候资源，既可获得经济、社会和生态效益，又可预防气候灾害。

旅游离不开气候，气候是人们生活中不可缺少的一种资源。首先是气候现象本身的美，如，冬日雪景是最壮丽的自然景色，夏日雷电则是最惊心动魄的自然现象；秋高气爽使人心情平静，春暖花开使人感到生机盎然。其次，在特殊气候条件下形成的特殊自然景观与人文景观，更是旅游的重要目标，甚至沙漠景观也能使潮湿地带的居民感到新奇不已，香山红叶、洛阳牡丹更是驰名全国。最后，旅游是一项人类活动，一般需要宜人的气候条件。

海洋：海洋资源指的是与海水水体及海底、海面本身有着直接关系的物质和能量，自然资源分类之一，指形成和存在于海水或海洋中的有关资源。广义的还包括海洋提供给人们生产、生活和娱乐的一切空间和设施。广阔的海洋和风光绮丽的滨海地带令人流连忘返，充分利用大海的自然风光，开发海滨旅游，也是人们利用与开发海洋资源的一个重要方面。像我们熟悉的渤海海滨的北戴河、秦皇岛，黄海海滨的大连、烟台、青岛和连云港，东海海滨的普陀山和厦门，南海海滨的深圳、北海和海南的天涯海角等都是重点开发的海滨休闲度假区，在当地以休闲度假为主的农庄和度假村也发展迅速。

三、农庄自然资源的利用和开发

农庄自然资源的利用和开发首先要有富有特色的主题，以鲜明特色展现规划区域风貌，使之与周边旅游风景资源有明显异质性，利用原有的人文、自然资源创造独特的景观形象和游赏魅力。主题是表达规划设计中心思想的名片，主题的确定，要突出特色，营造具有吸引力的氛围。整个农庄的规划设计要时刻呼应主题、体现主题，突出特色农业文化内涵。

（一）农庄自然资源调查方式

一般农庄资源以自然、人文资源的方式进行基础的资源调查，但由于侧重点不一样，未能与产业及农民生活息息相关，从而发生调查结果无法与实际资源相匹配，造成农庄特性不能充分发挥，如何进行农庄资源的调查成为我们研究的问题。

农庄资源调查基本上可分为以下几个步骤。

1. 进行农庄资源普查

将农庄所有农作物种类，进行分类、登记，避免所有的疏漏。

2. 现场观察记录

调查人员需亲至现场观察做记录，虽然观察记录数据仅限于目前状况，却检查了数据的正确性，是进行文献与访谈工作的基础。

3. 文献资料的搜集

可从农委会、农业厅的文献资料和地方政府、农会、农业改良场相关数据中获得基础数量的信息。

4. 与相关人士进行访谈

相关人士包括当地农民、了解当地情况的相关人士，访谈内容包括补充前面三种方式所得到数据的不足之处，从而校对数据的正确性。

调查得到的数据有正确且科学的记录方式，除建立农庄资源分类表将各种资源种类记录上去，各种不同的性质农庄项目也有不同的记录方式。这样可以作为日后建设农庄打下良好基础。

（二）农庄资源调查记录

记录方式将就各种资源的特性而定，以下将分为农业生产、农民生活，以及农村生态三个方面。

1. 农业生产方面的记录方式

第一，农作物。农作物方面，应将该农庄区内重要农作物以及四季成长值状况做成记录表，加上二十四节气注明，以作为审视当地农作物结构与四季活动安排的基础数据。另外，应列出农作物的名称、分布状况与面积大小。

第二，农耕活动农具。农耕活动农具与农作物的生产息息相关，应配合各种农耕活动而进行。农具则可以规划操作，来进行农业科普知识项目的开发。

第三，家禽家畜。家禽家畜方面，也应该根据四季成长的状况、生命周期做成记录表，与农作物的表相对应，作为农庄资源规划与活动的基础。

2. 农民生活方面的记录方式

第一，农民本身特质。包括所用语言、信仰、性格、当地民族特色。可利用文字与图片形式进行记录。

第二，日常生活特色。包括日常饮食、衣物、住宅及交通工具，这些是为消费者提供乡村生活体验时的必需品，必须记录下来。

第三，当地文化庆典活动。往往当地的文化庆典活动最具有民族特色，消费者的参与度也会比较高。

3. 农村生态方面的记录方式

第一，气候。了解气候对农作物及农庄的影响，以后可以进行预测。气候记录方式应尽量表达于四季表上，并配以文字记录。

第二，地理环境。地理环境包括地形、地质、土壤性质以及与农庄形成的关系，其中还应该包括水文方面，可以地图形式加以记录。

第三，农村景观。包括农庄内的所有景观，全景的、局部的。分别以地图形式标出景观点，并配以图片说明。

（三）农庄资源的开发原则

将农庄资源进行调查后并记录，形成了农庄资源开发的基础数据。农庄资源开发也有其规则，应尽量根据和利用当地原有资源，配合农民意愿与有限的人力资源来进行开发。建议以最重要的特色作为主题资源并加入创新，发展多样化经营策略。

1. 优先主题资源原则

主题资源应选取当地具有独特地区特色的，或者是现有最主要的资源。农庄开发应遵循主题资源优先原则。

2. 强调特色资源原则

特色资源应可辅助原有主题资源，可加强主题资源特色表现者为佳。如以茶为主题者，可以辅以各种饮料、香料植物的种植和品尝，或者各种茶花的欣赏。

3. 注重基础资源原则

农庄区域内原有的，且全年可得到的资源，即无论何时来到，都可获得的基础资源，较为普通。虽然是普通基础资源，但是一定要注重基础资源的开发，并配合环境的状况来准备。基础资源可以满足一般消费者对农庄的基本期待。

第二节 农庄生产技术的管理

一、农庄生产技术的管理范畴

所谓农庄中的技术管理，简单来说，就是协调人们的共同劳动，合理地组织生产、技术和经济活动。农庄中的生产基本包括农、林、牧、副、渔的各个方面，不同的农庄由于地理和气候等环境的影响各侧重点不一样。农家一直有“靠山吃山，靠水吃水”的说法，也正印证了我国智慧的劳动先民们因地制宜的思想。在农庄中生产技术的管理范畴也就是渗透到农、林、牧、副、渔生产技术的各个方面，运用管理的手段使得农庄生产的各个方面改变生产理念、提高生产效率，促进农庄的综合运营能力。

生产技术管理就是农庄生产运作管理，关键在于生产技术在管理中的运用。技术管理是以技术价值最大化为目标，从企业战略出发，将战略、技术创新与技术转化相结合，技术与经营管理相结合的方法。从而应该强调技术管理与技术知识的差异，其中技术知识反映的是基础科学和工程技术在实际中的应用，技术管理则反映对技术相关活动的组织协调。可以看出，实践中技术管理是对技术选择、获取、消化吸收、改进和创造等代表提升企业技术能力的活动的管理。

技术的发展使生产技术变得越来越复杂，涵括的学科也越来越多，许多工作的开展都需要各部门的合作，甚至有些工作需要外包给外部的单位。即使在中小型农庄也不是一两个技术员就能处理所有的技术问题，而是需要通过农庄中的各单位的协作，农庄的生产技术能力是农庄整体反映出来的。生产技术由两大部分构成：一是软件、二是硬件。软件包括操作方法、操作技能、分析与计划的方法（如计算机辅助系统）；硬件包括动力、工具、设备等。通常每类产品的生产对生产技术的要求有所不同，比如：林业与渔业的产品的生产需要的技术就完全不同，因而生产技术的管理也会有所不同，农庄农业生产技术活动主要体现在两个方面：一是技术支持人员（包含管理人员与专业技术人员）与系统规划对硬件系统的规划、评估、购入、标准与操作方法相关文件的制定；二是各职能人员按照规划去学习、掌握所需的技术与技能并用于生产或相关业务的开展。

根据直接从事生产者所需掌握技术的复杂程度可分成两种典型情况。

第一，有些产品生产的进行，对直接从事生产的人员的素质要求较高。例如：珍稀动植物的养殖、名贵花卉、跨农业区域动植物的养殖等，本身要了解这些动植物的特性与一般日常维护，更重要的是懂得如何在当地的地理气候环境下种植和养殖、病虫害的防护等。因此要求直接从事生产的人员有较高的素质，专业知识的训练成为管理的重点。

第二，与上述相反的是，有些农庄农业生产项目（如当地固有的动植物生产）要求操作人员只要按较简单的生产指导书说的做就行。这种情况下农庄生产技术管理工作关键在于支持性的技术工作，包含技术文件的制定、设施布置、流程规划、设备维修保养等技术。因而需要设立专门的技术部门，对生产技术工作进行分工，由专业的职能人员去规划与维护生产设施，制定作业方法与判定基准，处理生产单位在生产中提出的问题与建议。在此形态下，如何设定这些作业的程序与方法对生产的技术支持非常重要，但对直接作业人员的培训也不可忽视。

要形成有竞争力的生产技术，农庄首先要根据自己的生产特点与资源状况进行组织设计，在组织设计的基础上进行人力资源开发。关于设计并没有标准的公式，一般与农庄所在的地理区域或主题文化等方面有关，但不管每个单位的职责如何划分，一个管理较完善的农庄应该清楚在当前的环境下本农庄应该开展的生产技术工作有哪些、每项工作由哪个单位负责，进而形成岗位说明与职务描述，作为人员招聘、考核、培训的依据，做好人力资源管理（有关人力资源管理不是本章研究的重点，不做专门的阐述）。

其次，不断组织员工学习，提高员工对知识的消化能力，使农庄的综合竞争力较快提高，以应付不断加剧的竞争。生产技术的管理仅是农庄经营管理的其中一环，它与其他方面的管理紧密相连。

目前我国农庄管理水平普遍较低，为能在明天的竞争中取胜，需要对自身的管理体制进行改革，这个改革需借鉴国内外优秀农庄的管理方法。而技术管理水平的提高需要一个过程，不可能一蹴而就，因此更需要把握方向，否则错过之后，不一定有重新开始的机会。

农庄的生产技术关键在于技术应用与形成自己的专有技术，农庄应该建立一套规范制度，识别自己所需的技术，建立生产作业与技术支持规范。对还没有规范的项目应采用科学的项目管理，如何设立并不断完善作业规范，农庄需要有专业技术人员与管理职能人员研究并消化相关技术进行管理。

二、农庄生产管理的主要内容

农庄的生产基本包括农、林、牧、副、渔的各个方面，不同的农庄由于地理和气候等环境的影响侧重点各不一样。生产管理的主要内容包括农庄规划、农庄生产制度的建立、作物制度的设计、产品种类的选择、农作物栽培管理、设施设备的建置、产品的收获与加工。

（一）农庄规划

农庄规划是利用农庄现有的整体资源进行部署和设计的一项工作。影响农庄部署和设计的主要要素有：地形、土壤、气候、交通等，应兼顾各方面和景观的美化进行综合规划。农庄规划需按照面积、地形、土壤质地以及水面面积等进行综合考量，规划中要有美学概念。农庄规划是以土地为画布，阡陌为线条，动植物为颜料，绘成一幅自然的杰作。比如，农作物四季不同成熟度的颜色，变化多端富有自然美。在美观的前提下，规划中还应考虑管理的便利。

（二）农庄生产制度的建立

农庄的生产制度代表一系列的农场组织方式和经营方式。生产制度也取决于农庄所在区域的气候、土壤、地形等自然因素，但同时它也涉及运输、机械设备、市场、劳动、资本、科技、政策法规、传统习俗等社会经济因素。因此，水田、旱地、山林等作物种类及耕种方式也明显不同。专业经营、复合式经营代表不同的生产制度，在生产管理上各有其优劣点，但是站在现代农庄的观点上，就有不同的评估。若要展现强烈的主题形象，则可采用专业化经营，如花卉主题、番茄主题、葡萄主题、乳牛主题等，单一种植也比较容易营造大数量的美景。反之，也可以采用提供综合性体验内容的复合式经营，将各种因素融合其中。

（三）作物制度的设计

农庄经营作物种类的配置称为农作物制度，牧场经营禽畜种类的配置则称为牲畜制度。作物制度取决于该农庄的自然状况、生产要素、市场、劳动、机械设备、病虫害、农业政策等因素。复合式经营农庄将土地区分为不同的利用方式，一块土地上按季节规划不同的利用方式，因而形成不同的作物制度。站在现代农庄的观点上，因设计体验活动或景观造型的需要，在不同的区域种植不同的作物，形成琳琅满目、多姿多彩的感觉。通过作物制度设计可以让消费者有四季不同的体验，比如，二三月采柑橘、五六月采梨、八九月采甜柿。

（四）产品种类的选择

农庄产品种类的选择决定了农庄的经营方向，通常是在比较成本优势或比较利益优势的考虑下，投资分析的结果。评估产品的因素大多侧重于质量、安全、成本、技术、价格、市场潜力、政策等方面。站在现代农庄的立场上，不否认上述的评估方向，但其中也要考虑以下几个因素：是否合适作为体验产品？是否能够赋予消费者以美感？是否为稀有品种？是否具有二产、三产以及其他效用？

（五）农作物栽培管理

栽培管理的目的在于追求高质量、高产量，供应市场需求之外并注意经济性。因此要注重栽培过程适时、适料、适量的控制，并以价值分析法来降低物料成本。站在现代农庄的观点上，栽培管理是体验设计的主体，栽培管理的大部分环节可以让消费者参与分享。农事操作是农业体验的主要方式，引导消费者采摘水果、蔬菜或者畜牧场去喂饲料、挤奶，到养殖场去撒饲料、垂钓等都是常见的体验活动。

（六）设施设备的建置

一般性农庄的建筑物通常会考虑建设于农庄中心并接近通道，减少各个场地的工作往返时间，以便于照顾作物与禽畜，并可减少费用、便于管理。建筑物必须顾及卫生、舒适与景色，且建筑物之间的距离应适中，并合理组合。现代农庄中，设施设备的建置主要考虑以下几点：第一，设施设备应能兼作消费者体验的用途。如集货场可作为农事体验及生态体验或教育解说的场所，农路可作为田间体验或赏景的步道，灌溉水塘设计作为生态池体验。第二，建筑物设施是农庄或农村景观美学的要素。晒谷场、温室、灌溉沟渠、水塘、水车等农业设施都可以成为景观的焦点。第三，设施设备要注意安全性。如水塘、排水沟等要防止消费者落水，冷藏室要防止消费者误入，农业机械要防止消费者夹手，龙骨型水车木架要防止断裂。

（七）产品的收获与加工

农产品的质量重点在新鲜度、安全性、美观性和消费者的口感及习惯，因此要加强采收前的有关因素控制，如采收技术、采收后产品的分级和包装，以及必要的保鲜处理或加工、储藏和运输等问题。农庄采收后的工作，有一些可以提供给消费者体验，如指导消费者如何辨识农产品的成熟度、甜度，以及果品分级的知识与技术、农产品保鲜的方法、安全储藏的技术等，都会受到消费者的欢迎。

三、农庄农作物及林业的技术管理

（一）农庄农作物及林业的内涵

农庄农作物指农庄中栽培的各种植物。包括粮食作物、经济作物（油料作物、蔬菜、花、草、树木）、工业原料作物、饲料作物、药材作物等。农作物的生长，离不开科学的生产技术，和新型工业制造出来的能辅助农业生产的机械设备。林业是指在保护生态环境、保持生态平衡的前提下，培育和保护森林以取得木材和其他林产品，并利用林木的自然特性以发挥防护作用的生产部门。农庄中若包含有成片的山林、森林公园或者是林业资源，则需要林业技术的管理。即通过先进的科学技术和管理手段，培育、保护、利用森林资源，充分发挥森林的多种效益，且能持续经营森林资源。

（二）农庄农作物及林业的管理原则

1. 以农作物及林业生态生理机制为基础

系统地从农作物及林业的光合生理、栽培生理、生态因子调控等角度，探讨农作物及林业高产和持续发展的生态生理机制，以此提出相应的栽培技术原理。

2. 发展优质栽培技术人员为导向

由于消费者对环保要求的提高，提高农产品品质已迫在眉睫，发展优质专用产品、无公害产品的栽培技术需求强烈。因此技术人员的培养更为重要，技术人员需要掌握科学、先进的栽培技术，作为管理者更应该注重这一点。因此，农作物及林业耕作与栽培技术发展方向必须要进行调整和创新，尤其在适应农产品及林业产业化开发方面，农作物及林业品质的定向栽培调控技术已成为发展趋势。

3. 以规范化、标准化的栽培技术管理为途径

随着各行业产业化发展的加快，对农作物及林业生产的规范化、标准化技术要求日趋强烈，而且从国内外的需求看，进行基地化生产是必然趋势。如何根据市场和农产品加工的需求，建立各类作物的规范化、标准化技术体系，将是农作物栽培实现科学化管理的重要途径。

（三）农庄农作物及林业的技术管理

农作物及林业的栽培管理是特定地域的农作物及林业构成、配置、熟制和种植方式的总称。其内容包括选种、轮作、间作、套作、复种等。科学的农作物及林业栽培管理应当有利于保护资源、培肥地力、维护农田和林场生态平衡，有利于充分利用自然资源和社会

经济资源，有利于协调种植业内部各种作物之间的关系，同时还应当满足国家、地方和农户的农产品需求，增加农民收入的同时提高社会效益。

1. 选择品种

在品种选择时，首先应结合当地栽培制度，作物品种注意衔接季节和茬口。其次应结合生产条件和自然条件。选择品种应注意以下几点：

①应该在播种前用化学、物理的方法对播种材料进行处理，以防止病害的发生。

②从中选取无病的植株，保留种子和无病繁殖材料，可以相对地减轻病害的发生。

③合理搭配和品种布局。需根据一定区域范围内的土壤、气候等自然条件，及栽培水平、栽培制度等社会经济因素，确定相对应的多个品种，防止品种出现单一化。

2. 轮作

轮作是农业较为传统的技术，轮作合理能促进作物的持续稳产、高产，使生产成本大大降低。在农作物栽培管理方面，为了提高生产效率，降低病害的发生程度，对作物的轮作要进行科学考虑。

3. 整地

整地的目的是创造良好的土壤耕层构造和表面状态，协调水分、养分、空气，热量等因素，提高土壤肥力，为播种和作物生长、田间管理提供良好条件。因此，为促进种子萌发，播种前应进行整地，使田面平整、土壤细碎、上虚下实，有利于播种的深浅一致，保证出苗整齐均匀，同时为作物的生长提供适宜的土壤环境。

4. 播种期

播种期的气象，经常会对作物产生直接影响。在农作物播种期间，病原物会因气象条件的变化，影响作物的生长发育，与病害的发生有着直接的关系。

5. 水肥管理

水肥管理与主要病害消长有着很大的关系。科学的施肥内容包括肥料的数量、种类、时期、释放方法和比例，需进行针对性的处理，根据肥料种类进行管理，配合使用磷、氮、钾等肥料，其中磷、钾可减轻病害。

6. 中耕

中耕的目的主要是松土，兼及蹲苗。一则促进根系生长，协调根冠比；二则改善土壤的疏松度，有利于协调水分、空气等。土表中耕旨在恢复一般践踏、大雨、灌溉过量等导致的土壤板结，并疏除枯枝败叶等，通常人工进行。小面积土地上可使用粗铁丝做的“梳草耙”，沿横、竖、斜向来回耙松土表。大面积的则用梳草机操作。土表中耕是项较繁琐的工作，常穿插于封场、修剪、滚压、灌溉之间，施肥、套种之前，视土表状态，灵便实施。浅土层中耕的方法是在草坪上打孔，打孔后的草坪表面留下一系列小孔，经过施肥、践踏、灌溉、追肥、动物活动等，得到充填，形成新的疏松土层。人工打孔器与在农田用的穴施化肥器类似，也可用铁叉"叉上"，但只能在小面积草坪上运用，大面积则用"自走式打孔机"或"切根中耕农具"。

7. 田园卫生

大量的病原物会残留在田间病株残体上，经过越冬、越夏将其作为肥料施用到田间，容易将病原菌带到田间。因此，收获后应及时清除遗留在田间的病株残体，通过充分腐熟后施用，或通过机耕将残株深翻入土，以保持田园的卫生，有效减少病原的产生，尽可能地降低农作物经营风险。

四、农庄渔业技术管理

（一）农庄渔业的内涵

渔业是指捕捞和养殖鱼类和其他水生动物及海藻类等水生植物以取得水产品的社会生产部门。渔业生产的主要特点是以各种水域为基地，以具有再生性的水产经济动植物资源为对象，具有明显的区域性和季节性，初级产品具有鲜活、易变腐和商品性的特点。一般分为海洋渔业、淡水渔业。内陆农庄一般都是淡水渔业资源，沿海农庄则可以发展海洋渔业资源。农庄中的渔业资源不仅仅是为了开发和利用水域，采集捕捞与人工养殖各种有经济价值的水生动植物以取得水产品的生产部门，目前农庄对于区域内渔业资源的利用更多体现为休闲娱乐功能，比如垂钓、观赏等。

（二）农庄渔业的管理原则

1. 突出"名优"特色，不断提升渔业资源的品种

农庄不同于一般的大产量渔业资源，不以产量为基本衡量指标。更多的农庄是以钓鱼爱好者的需求为主，大多数钓鱼爱好者都喜欢钓大鱼、钓好鱼，从而体现休闲垂钓的刺激性、娱乐性和趣味性。选择那些容易上钩、体色鲜艳、体形优美及观赏、食用、营养价值都较高的品种进行养殖，逐步培育成优质品牌，发挥特色品牌效应。

2. 突出"绿色"特色，确保水产品质量安全

农庄中的渔业产品最终要供人食用，当然必须注意食用的安全性。因此要求农庄经营者必须打好绿色牌，顺应消费者食用安全这个需求，使自己的渔业品种达到无公害。

3. 突出“游乐”特色，全面提升品位

农庄渔业既可让人们享受休闲的愉悦，又可满足人们运动的需求。在具体的实践中，应依托当地的资源优势，灵活打好游乐这张牌，带动渔业的提速发展。将渔业与当地特色旅游业相结合，融为一体，发展旅游渔业经济。

4. 突出“服务”特色，创造良好环境

农庄渔业效益的好坏与服务的优劣是分不开的。农庄渔业服务具体包括池边道路及环境的改造、水面基础设施的建造、工具的供应、品种信息的公布、餐饮服务乃至娱乐服务的建设等。打好“服务”这张牌，可以使农庄经营者在众多的竞争者中独领风骚，在日趋激烈的市场竞争中把握先机。

（三）农庄渔业的技术管理

渔业养殖技术较为复杂，牵涉到气象、水质、饲料、鱼的活动情况等因素，这些因素相互影响，并时时互动。养殖鱼时，要求养殖者全面了解生产过程和各种因素之间的联系，细心观察，积累经验，摸索规律，根据具体情况的变化，采取与之相适应的技术措施，控制水域的生态环境。

1. 建立养殖档案

养殖档案是有关养殖的各项措施和生产变动情况的简明记录，是分析情况、总结经验、检查工作的原始数据，也可作为下一步改进养殖技术、制定生产计划的参考。要实行科学养殖，一定要做到每口池塘都有养殖档案。

2. 巡塘

巡塘是养殖者最基本的日常工作，应每天早中晚各进行 1 次。清晨巡塘主要观察鱼的活动情况和有无死亡；午间巡塘可结合投饲施肥，检查鱼的活动和吃食情况；近黄昏时巡塘主要检查有无残剩饲料。如有饲料剩余，应调整饲料的投喂量。酷暑季节天气突变时，鱼类易出现浮头现象，如有浮头迹象，应根据天气、水质等采取相应的措施。还应半夜巡塘，以便及时采取有效措施，防止泛池。如果淡水鱼的习性是在池底活动，但是发现它在水面或池边游动，要检查分析，有死鱼出现也要检查分析，并采取对策。

3. 投喂管理

在人工饲养条件下，饲料来源非常广，可以投喂米糠、豆饼、麸皮、豆渣、花生饼、菜籽饼、糖糟、酒糟以及少量鱼粉、蚕蛹粉等。此外，投施的牛粪、猪粪和绿肥也能被鱼直接吞食一部分。根据“四看”和“四定”的原则来投喂。饲料台和投食场要经常清扫和消毒：没吃完的饲料当天都要清除掉；每周要仔细清扫饲料台和投食场一次，捞出残渣，扫除沉积物；每两周要对饲料台和投食场消毒一次，消毒可用生石灰或漂白粉。

4. 定期检查

定期检查鱼的生长情况，看是否有疾病发生。定期检查可以做到胸中有数，对制定渔业计划、采取相应措施是很有意义的。

五、农庄畜牧业的技术管理

（一）农庄畜牧业的内涵

畜牧业是指用放牧、圈养或者二者结合的方式，饲养畜禽以取得动物产品或役畜的生产部门。它包括牲畜饲牧、家禽饲养、经济兽类驯养等。从中国传统农庄到现代农庄，在农庄中发展畜牧业的形式沿用至今。畜牧业在农庄经济发展的早期阶段，常常表现为农作物生产的副业，即所谓“后院畜牧业”，至今在农庄发展中仍可以看到畜牧业在农庄中的重要作用，例如：蛋鸡业、奶牛业、肉牛业、养猪业等。

（二）农庄畜牧业的管理原则

1. 优化配置畜牧资源

推进畜牧资源向优势产业集中，制定有效的激励机制和考核办法，促使资金、技术、劳动力向优势主导产业集合。因地制宜地发展适合农庄区域的畜牧业品种，建立特色畜牧养殖园。树立畜产品品牌效应，建无公害畜产品基地，进行绿色产品、有机产品和地理标志产品认证，提高市场竞争能力，产生明显的市场效应。

2. 优化配置技术资源

强化科技，积极引进并推广新品种、新技术、新方法，加大畜牧业技术投入，加强生产管理。用先进的科学技术改造畜牧业，不断提高畜牧业生产效率和品种特色。畜牧业产品的生产程序、质量、规格、包装实行统一标准，严格按标准进行生产，提高产品档次，促进畜牧业生产的高产、优质、高效、生态、安全和可持续发展。

3. 优化配置人力资源

农庄畜牧养殖业需要专业的技术人员，农庄经营者要通过对人才资源的优化配置和开发利用，实现可持续发展，树立科学的人才观，技能和综合能力并重，为了吸引和留住人才，则要尽力改善员工的工作条件和生活待遇。提倡兼职，鼓励技术型人才一人多能，积极发展高等职业教育和职业培训，大力开展职业培训，加强对技术人员的继续教育。建立各级技术培训和与岗位培训相衔接、配套的职业教育培训体系。

（三）农庄畜牧业的技术管理

目前一般畜牧业生产模式是利用生态学、生态经济学、系统工程和清洁生产的思想、理论和方法进行畜牧业生产的过程，其目的在于达到保护环境、资源永续利用的同时生产优质的畜产品。

1. 无公害饲料基地建设

通过饲料（草）品种的选择、土壤基地的建立和平衡施肥技术、高效低残留农药施用等技术配套，实现饲料原料清洁生产目的。主要包括禾谷类、豆科类、牧草类、根茎瓜类、叶菜类、水生饲料。

2. 饲料及饲料清洁生产技术

根据动物营养学，应用先进的饲料配方技术和饲料制备技术，根据不同畜禽种类、长势进行饲料的不同配方，生产全价配合饲料和精料混合料。作物残体（纤维性废弃物）营养价值低，或可消化性差，不能直接用作饲料。但是如果将它们进行适当处理，即可大大提高其营养价值和可消化性。目前，秸秆的处理有机械（压块）、化学（氨化）、生物（微生物发酵）等方式。国内应用最广的是青贮和氨化。

3. 养殖及生物环境建设

畜禽养殖过程中利用先进的养殖技术和生物环境建设，达到畜禽生产的优质、无污染，通过禽畜舍干清粪技术和疫病控制技术，使畜禽生长环境优良，无病或少病发生。

4. 固液分离技术和干清粪技术

对于规模化的畜禽养殖场，其粪尿采用水冲洗方法排放，既污染环境浪费水资源，也不利于养分资源利用。可采用固液分离设备，首先进行固液分离，固体部分进行高温堆肥，液体部分进行沼气发酵。同时为减少用水量，尽可能采用干清粪技术。

5. 污水资源化利用技术

采用先进的固液分离技术分离出的液体部分，在非种植季节进行处理，达到排放标准后排放或者进行蓄水贮藏，在作物生产季节可以充分利用污水、中水肥资源进行农田灌溉。

6. 有机肥和有机无机复混肥制备技术

采用先进的固液分离技术，固体部分利用高温堆肥技术和设备，生产优质有机肥和商品化有机无机复混肥。

7. 沼气发酵技术

利用畜禽粪污进行沼气和沼气肥生产，合理地循环利用物质和能量，解决燃料、肥料、饲料矛盾，改善和保护生态环境，促进农业全面、持续、良性发展，促进农民增产增收。

第三节 农庄食品加工的管理

食品加工是农庄产品和服务环节中重要的一环，是农庄管理中必须重视的组织部分，关键在于食品安全控制。农产品的食品加工业是指直接以农、林、牧、渔业产品为原料进行的谷物磨制、饲料加工、植物油和制糖加工、屠宰及肉类加工、水产品加工，以及蔬菜、水果和坚果等食品的加工活动，是广义农产品加工业的一种类型。

近年来人们对食品安全的关注度日益增强，出现了农庄有机食品、绿色食品等概念。食品安全始终是消费者关注的重点，也应当是食品加工者关注的重点。所以就不难出现都市人出行到农庄、农村寻找绿色食品、有机食品的现象。农庄作为提供这些绿色、有机食品的一个承载地，更应该注重食品加工的安全及控制。

一、食品加工安全及控制

食品是人类赖以生存的物质基础，所以有“民以食为天”之说。食品的来源广泛，有些原料可以直接作为食物，有些需要经过加工。从食品产品成型到消费者餐桌还需要加工、储藏运输等环节，因此食品的性质、品质受到很多因素的影响。食品加工中的安全控制主要取决于肉制品、乳制品、蛋制品、水产品、果蔬、饮料、粮食、速冻食品等八大类大宗食品。

（一）食品加工中的安全问题

1. 食物致敏

致敏是指对机体进行某种处理，其反应性有所增强。食物致敏是指能引起免疫反应的食物抗原分子，部分食物致敏源是蛋白质。食物致敏的严重性对不同人群存在一定差异性。致敏食物也因各地饮食习惯不同而存在变化。对于农庄而言，注重和关注食品的致敏性是非常重要的，如花生既是儿童也是成人常见的致敏原，海产品是诱发成人过敏的主要致敏原。加热可使大多数食物致敏原性降低，但有一些食物烹饪加热后，致敏原性不变，反而增加。食品加工中致敏原的性质变化是目前许多人研究的问题，研究人员希望采用新型的食品加工方式降低甚至消除食品致敏原的致敏性。

2. 食物中的天然有害物质

有些食物天然存在有毒物质，人们在采食动植物食品的过程中容易误食有毒食物，对一些含有毒物的食物未经适当处理而引起的中毒事项也屡见不鲜。比如河豚毒素。河豚毒素是世界上最严重的动物性食物中毒，河豚毒素是一种很强的精神毒物，引起呼吸肌麻痹从而抑制呼吸，对胃肠道也有局部刺激作用，还可使血管神经麻痹、血压降低，其中毒死亡率很高。河豚毒素很稳定，一般加热烧煮不能解毒。常见的还有变绿的马铃薯，马铃薯变绿的地方有龙葵碱，是一种生物碱糖苷，具有较强的毒性，误食使人中毒。

3. 药物残留

在目前农业生产和食品加工中，不大可能完全禁止农药、添加剂和其他生长促进剂的使用，在现代种植、养殖中，主要通过口服、注射、局部涂药等方式给饲养动物用药，以防治疾病、保障生产或维护动物健康。但是用药不当则会造成药物残留超标，人类极易从这些药物残留的动植物中间接食用不当药物。因此要在有关法规的指导下合法合理地使用药物，对于科学证明残留影响健康和引起公害的药剂，要严令禁止。

4. 其他污染

食品加工中其他污染还包括，重金属残留、细菌性污染、食源性寄生虫、真菌及其他毒素污染。重金属污染主要是环境污染造成的或者是加工过程中使用的金属器械、管道、容器对其有所污染。细菌性污染是涉及面最广、影响最大、问题最多的一类食品污染，引起的食物中毒是所有食品中毒中最普遍、最具有爆发性的，致病菌主要有：沙门氏菌、大肠杆菌、金黄色葡萄球菌等。食源性寄生虫病是易感人体摄入污染病原体（寄生虫或虫卵）的食物后感染的、潜伏期相对较短的肠道寄生虫病。寄生虫因种类繁多、分布广、各地自然条件等不同而差异很大，如加工过程处理不当，容易导致感染。真菌及其他毒素污染主要包括，曲霉菌属、青霉菌属、镰刀菌属中的一些真菌，各类真菌产生的毒素包括黄曲霉毒素、杂色曲毒素、棒曲毒素等。

（二）食品加工安全控制标准及管理体系

目前最重要的国际食品标准分为两大系统，即国际标准化组织（international organization for standardization，简称 ISO）系统和食品法典委员会（codex alimentarius commission，简称 CAC）系统的食品标准。ISO 标准主要由其下属的农产品技术委员会制定。ISO 编制了国际标准分类法，有利于国际标准文献的交换与传播，同时 ISO 还提出了 ISO9000 和 ISO22000 标准族，在消除贸易壁垒和提高产品质量等方面产生了积极和深远的影响。CAC 制定的国际食品法典包括食品标准，卫生和技术规范，农药、兽药、食品添加剂评估及其残留限量制定和污染物指南在内的广泛内容。国际食品法典汇集是国际公认的、统一的食品标准。

在食品加工中全程控制已经成为食品安全控制的基本理念，目前国外已经探索了一些成功的模式，如，“危害分析与关键控制点（HACCP）体系”“良好农业规范（GAP）”“良好生产规范（GMP）”“良好卫生规范（GHP）”“卫生标准操作程序（SSOP）”等。

二、食品加工管理原则

农庄中不同的农产品加工方式也不一样，具体的操作也不尽相同，但可以掌握食品加工管理的原则性问题，围绕管理原则进行具体制度的建立和操作的规范。

（一）注重规范食品加工质量安全控制体系

目前国际通用的食品加工安全控制体系主要有“危害分析与关键控制点（HACCP）”体系、“良好农业规范（GAP）”“良好生产规范（GMP）”“ISO9000 和 ISO22000 标准族”等，在这些体系标准下建立适合自身的质量安全控制体系和制度。在农庄中首先应健全制度，提高认识，建立管理机制，加强对食品加工质量安全控制的意识。制定一套行之有效的管理体系，控制农庄整体的质量安全风险。

（二）加强设施设备等硬件卫生监管

在农庄关于新建、扩建和改建工程中有关食品卫生部分均应按照国家标准的有关规定进行设计施工。设备等硬件也应达到国家卫生标准，更应注重设备使用过程中的规范操作和卫生环境的监管。厂房及车间应按照工艺流程需要及卫生质量要求，有序配置生产加工和储运场所，其配置及使用面积不应低于 GB14881-1994 的要求，并与产品品种数量相适应。生产设备的材质、配置以及产品质量管理相关的仪器设备等也可以参看 GB12695-2003 的要求。

（三）注重加工生产人员安全控制

生产经营人员每年必须进行健康检查，新参加工作和临时参加工作的生产经营人员必须进行体检取得健康证明，方可以参加工作。同时生产人员还应养成良好的工作习惯，随时注意生产环境的卫生状况。管理人员可以制定相关的工作规范和制度，约束在食品加工生产中人员的卫生情况。

（四）加强有机绿色食品加工生产技术理念

近年来，有机绿色食品的概念，越来越深入人心。绿色食品是我国农业部推广认证的食品，允许在生产过程中限量使用 A 级或者不使用 AA 级化学合成肥料、农药、兽药、饲料添加剂、食品添加剂和其他有害环境和健康的物质。随着人们生活发展的需要，农庄也应与时俱进地更新自己的生产加工技术理念，在生产和食品加工中采用新的技术和处理方式，确定生产、加工有机绿色食品的理念。

三、食品加工管理手段与方法

食品加工主要分为肉制品、乳制品、蛋制品、水产品、果蔬、饮料、粮食、速冻食品等八大类大宗食品，各大类产品对于食品加工的要求是截然不同的，在管理中需要注重的方面也不一样，需要运用控制的手段和方法也会有所不同，但大致可分为以下几个方面着手管理与控制：

第一，原辅料控制。原材料的质量管理应建立在原材料供应商的评鉴和追踪管理制度上，对于自给自足的农庄而言，应建立在农庄自身的养殖场上。多数农庄是将自身养殖的禽畜进行再加工服务，还应注重不同种类的原料储存环境的要求也不相同。原料可能含有农药、重金属或黄曲霉素等，应确认其含量符合相关法律规定后方可使用。食品添加剂应设专柜存放，由专人管理。

第二，加工中质量控制。生产过程中，必须采取必要措施，应对加工过程中可能出现的安全质量问题。对加工过程中的卫生质量控制内容进行审查，并做好记录备查；加工过程中的人员、设施、设备的清洁和消毒情况也应记录在案；直接接触食品的内包装材料的卫生状况也应注意；必须对产品的包装、材料、标志、说明书进行检查，不合格者不得使用。

第三，产品缺陷与控制。在生产过程中为减少不合格产品的出现，应当严格遵守以下基本原则：必须对成品和加工过程中的主要温度、时间等杀菌参数进行记录检查，各方面指标合格方可出厂；达到相关卫生标准规定或者检验项目指标，并切实执行；每批次产品均留有样品，并妥善保存；检查和管理成品库房存放的质量安全标准。

第四，加工后的废弃物控制。多数食品加工以后会产生废弃物，像禽畜类加工后必然产生大量废弃物。如果不对这些废弃物进行有效处理，不仅会污染环境而且会浪费大量的营养物质，比如鱿鱼内脏含有 20% ~ 30% 的粗脂肪，还有一些其他农产品的废弃物中含有大量的蛋白质。如果充分合理利用这些废弃物，将下脚料进行再加工，可以提高附加值获得良好的经济和社会效益，达到变废为宝的目的。

案例

千岛湖风景区

千岛湖风景资源众多，类型丰富，品质优良，分布面广。围绕千岛湖而建的农庄、休闲中心多达数百个。

1. 碧波浩瀚，湖水清澈

千岛湖汇水区域达 10,442 平方千米，千岛湖水质良好，平均达到国家 I 类水质标准。

2. 千岛百姿，港湾幽深

千岛湖中大小岛屿形态各异，群岛分布有疏有密，罗列有致。群集处众岛似连非连，湖面被分隔得宽窄不同、曲折多变、方向难辨，形成湖上迷宫的特色景观。更有百湖岛、百岛湖、珍珠岛等千姿百态的群岛、列岛景观，岛屿稀疏处，湖面开阔、深远、浩渺，宛如海面。湖湾幽深多姿，景色绚丽多彩。

3. 植被丰富，森林繁茂

森林覆盖率达95%，有“绿色千岛湖”之称，并在1986年11月被林业部批复为国家森林公园。千岛湖风景区植物种类非常丰富，有植物1,824种，其中属国家重点保护的树种有20种。景区还保存有比较完整、面积较大的阔叶混交林区及千亩田、磨心尖的植物分布群落等，都是组织植物景观、植被考察和开展专项旅游的特色资源。

4. 动物繁多，景观独特

千岛湖有13科94种形态各异的鱼类资源，有“鱼跃千岛湖”“水下金字塔”等奇特景观，可开展丰富多彩的展览、垂钓、围捕等特色旅游项目。鸟类资源也很丰富，有90种鸟类，冬季候鸟、相思会歌、老鹰叼鱼、鹭鸶捉鱼等景观都非常精彩。野生动物资源有兽类动物61种，鸟类90种，爬行类50种，昆虫类16目320科1,800种，两栖类2目4科12种。湖岛环境很适宜野生动物的生长、繁殖和引种，这不仅有利于繁殖更多的野生动物，而且可以发展以动物为主题的岛屿或景点。

5. 溪谷峰岩，交相辉映

地貌景观丰富，石灰岩、丹霞地貌、薄层灰岩、花岗岩……组合多变，多姿多彩。其中石灰岩地貌景观有千岛湖石林、桂花岛、姜山等七处；丹霞地貌如屏峰岩两侧的“腰子石”“飞来石”等，是“两江一湖”内唯一具有观赏价值的“丹霞地貌”景观；由于地质构造运动，还形成了许多独具特色的山峰、峭壁、岩石、峡谷景观，如石柱源、全朴溪，尤以仙人潭、金坳幽谷最具特色。

苏州天堂岛生态农庄

人们去苏州旅行，目标往往是享誉世界的江南园林、虎丘和苏绣，但如果这样，固然能看到苏州最著名的东西，却无法体会到苏州这座东方水城的内在意蕴，而不去太湖，更无法领略苏州是如何拥有这无限灵气的。说到苏州不可不提太湖，太湖的三分之二在苏州境内，太湖，是苏州的母亲。苏州的西山、东山是最值得观光的地方，除此之外，太湖中的岛屿是不可不去的，除了大名鼎鼎的三山岛之外，新近开发的天堂岛也是非常值得一去的休闲之地。

天堂岛面积不大，只有不到25万平方米，却占据着太湖中很好的地理位置。周围还有桃花岛、三山岛等景点。小岛原名北箭壶岛，因为张艺谋导演、巩俐主演《摇啊摇，摇到外婆桥》的后半部分将此岛作为拍摄基地，所以当地人又称其为巩俐岛。后来，有识之士又因其风景秀美，有世外桃源的意境，故取名为天堂岛。如今岛上经过开发，已经成为一个集游、娱、吃、住为一体的绿色休闲小岛，岛上还保留有当时拍摄《摇啊摇，摇到外婆桥》的部分场景。

坐着画舫，看着满眼的太湖美景，不多时便到了太湖中的天堂岛。岛上分为《摇啊摇，摇到外婆桥》等影视外景基地，芦苇九曲桥，吉祥如意钟，野鸭放飞观赏区，碧螺春采摘工艺园，天堂植物园，跷跷板阵，水车阵，生态休闲区，云顶茶楼，农家餐厅等15个区域。

其中，芦苇九曲桥、水车阵和全岛高处的吉祥如意钟最为有趣。生活在水泥森林中的人们，在蓝天白云之下，几人合作，共踩水车，舒驰惬意。野生动植物观赏区更是贴近自然、了解自然的不错选择，在这个天然的氧吧里，放松自己的心情，坐着渔舟环岛而行，看夕阳，赏太湖，举杯邀友人，共饮太湖茶，确实是人生的一大幸事。

案例知识点提要：自然资源 农庄规划

自然资源：农庄包括的自然资源远不止土地一项，如常见的矿藏、水利、生物、气候、海洋等资源都属于自然资源，是农庄包含的自然资源。农庄自然资源的利用和开发首先要有富有特色的主题，以鲜明特色展现规划区域风貌，使之与周边旅游风景资源有明显异质性，利用原有的人文、自然资源创造独特的景观形象和游赏魅力。

农庄规划：农庄规划是利用农庄现有的整体资源进行部署和设计的一项工作。影响农庄部署和设计的主要要素有：地形、土壤、气候、交通等，应兼顾各方面以及景观的美化进行综合规划。农庄规划按照面积、地形、土壤质地以及水面面积等进行综合考量，在美观的前提下，规划中还应考虑管理的便利。

思考题

1. 为何我国要实行土地流转政策？
2. 农庄生产管理的主要内容？
3. 农庄食品加工中有哪些安全问题？
4. 农庄食品加工的管理原则？

第六章　农庄财务管理

第一节　农庄财务分析概述

农庄作为盈利性经营活动组织，财务问题是其管理中的一个重要方面，财务管理目标、财务遵循的制度、财务分析指标等财务问题都有特定的管理准则，而农庄相对其他盈利性经营活动组织还有其自身的特点。农庄财务情况反映农庄的经营成果，可以挖掘收入成长点，降低成本，为农庄决策层进行市场预测和经营决策提供信息和财务数据，督促各部门改善经营管理，提高经济效益。

一、农庄财务管理概念

财务管理（financial management）是在一定的整体目标下，关于资产的购置（投资）、资本的筹资和经营中的营运资金，以及利润分配的管理。农庄财务管理是指在农庄这一特定的经营组织中根据财经法规制度，按照财务管理的原则，组织农庄财务活动，处理农庄财务关系的一项经济管理工作。

农庄财务管理工作贯穿在农庄生产经营过程中的每个环节，是推动农庄快速健康发展的主要动力之一。良好的财务管理不仅可以使资金得到合理的利用，用最少的资金创造最大的经济效益，加强资金利用率；而且还可以调动员工的工作积极性，增强职工对农庄的热爱和责任感，最终帮助农庄在激烈的竞争中取得成功。同时，面对我国经济体制改革的不断深入，市场竞争的日趋白热化，农庄在发展过程中面临着巨大的挑战和风险。这就要求农庄在发展过程中加强农庄财务管理，必须看清市场，不可以鼠目寸光盲目投资和发展；而是要高瞻远瞩，及时掌握市场最新的有效信息。财务管理是农庄管理的核心之一，处于农庄管理的最高层，它既是日常运转的基础，也是农庄生存发展的根本。

知识链接

如何区别 GDP 与 GNP

GDP 指的是“国内生产总值”；GNP 指的是“国民生产总值”。

GDP 和 GNP 是两个既有联系又有区别的指标。它们都是核算社会生产成果和反映宏观经济的总量指标。但因其计算口径不同，二者又有所区别。

GNP 是指一个国家（或地区）所有国民在一定时期内新生产的产品和服务价值的总和。

GNP 是按国民原则核算的，只要是本国（或地区）居民，无论是否在本国境内（或地区内）居住，其生产和经营活动新创造的增加值都应该计算在内。比方说，我国的居民通过劳务输出在境外所获得的收入就应该计算在 GNP 中。

GDP 是指一个国家（或地区）在一定时期内所有常住单位生产经营活动的全部最终成果。GDP 是按国土原则核算的生产经营的最终成果。比方说，外资企业在中国境内创造的增加值就应该计算在 GDP 中。

知识点提要：GDP GNP 财务管理

财务管理：在一定的整体目标下，关于资产的购置（投资），资本的融通（筹资）和经营中的现金流量（营运资金），以及利润分配的管理。农庄财务管理是指在农庄这一特定的经营组织中根据财经法规制度，按照财务管理的原则，组织农庄财务活动，处理农庄财务关系的一项经济管理工作。

二、农庄财务管理的内容和目标

（一）农庄财务管理的内容

农庄财务活动是以现金收支为主的企业资金收支活动的总称。分为四个方面：筹资活动、投资活动、经营（或营运）活动和分配活动。财务活动的这四个方面，不是相互割裂、互不相关的，而是互相联系、相互依存的。正是上述互相联系又有一定区别的四个方面，构成了完整的农庄财务活动，这四个方面也就是财务管理的基本内容：农庄筹资管理、农庄投资管理、农庄资产管理、利润及其分配管理。

1. 农庄筹资管理

农庄在经营过程中要不断地开展筹资活动，筹资又称融资，是指农庄根据其生产经营、对外投资和调整资本结构的需要，通过筹资渠道，运用筹资方式，筹措所需资金的财务活动。农庄的经营大多具有季节性特点，因为地理条件、气候环境的影响，农庄存在旺季和淡季，旺季到来时需要大量的资金补充经营需要。而且农庄在经营过程中难免遇到经营不善、资金周转不畅的情况，这时也需要通过资金的筹集以渡过难关。此外，农庄在经营过程中也会产生对外扩张和发展的需要，这时就需要追加投资或者随发展需要改善资金结构，由此必然引发筹措资金的需求。不同的筹资方式有不同的资金成本，资金结构不同的农庄的总体资金成本也会不同，因此农庄必须正确计算不同的筹资方式的资金成本，选择适当的筹资方式，确定合理的资金结构，在农庄财务管理中筹资管理为农庄经营之本。

2. 农庄投资管理

农庄筹资的目的是为了投资，最大程度上有效组合各种资金，从而使农庄获取最大的投资收益，是农庄投资管理所追求的财务目标。在财务管理学上，企业投资通常是指企业投入一定量的资金，从事某项经营活动，以期望在未来时期获取收益或达到其他经营目的的一种经济行为。农庄投资是农庄投入资金，以期望在未来获取收益的一种行为。农庄经营的根本目的是为了谋求利益，增加农庄的总体价值。能否实现这一目标关键在于农庄能否在变幻莫测的市场情况下抓住有利时机，作出合理的投资决策。为此，农庄在投资时必须做到：认真进行市场调查分析，及时捕捉投资机会；建立科学的投资决策方案；认真进行投资项目的可行性分析；及时足额筹集资金，保证对投资项目的资金供应；在收益风险均衡的基础上控制好投资风险。在农庄财务管理中投资管理是农庄生死存亡的重要环节。

3. 农庄资产管理

资产是企业拥有的或控制的能以货币计量的经济资源，包括各种财产、债权和其他权利。农庄资产由各个具体的资产项目所组成，为便于资产的计量，有利于资产的管理，可以根据经济内容，按资产负债表将资产分为：流动资产和非流动资产。流动资产是指可以在一年内或者超过一年的一个经营周期内变现或者运用的资产，主要包括货币资金、应收及预付款、存货、交易性金融资产等。流动资产具有占有内容多样性、占有形态多变性、占有数量波动性、占用效果时间性等特点。农庄流动资产管理的目标就是加速流动资产的周转率，以最合理的流动资产占用实现最大的效益。

非流动资产是指变现时间在一年以上或等于一年的一个经营周期内的那部分资产，主要包括，固定资产、投资性房地产、无形资产、可供出售的金融资产、长期投资等。非流动资产的预期效用主要是满足农庄正常的经营需要，保持农庄适当的规模和竞争力，获取充分的盈利。农庄对非流动资金的管理主要是其盈利性、变现性、周转性及其他的资产组合的增值性等方面。

知识链接

无形资产的内容包括哪些

无形资产包括专利权、非专利技术、商标权、著作权、土地使用权、特许权等。

（1）专利权

根据我国的专利法规定，专利权分为发明专利和实用新型及外观设计专利两种，自申请日起计算，发明专利权的期限为20年，实用新型及外观设计专利权的期限为10年。发明者在取得专利权后，在有效期限内将享有专利的独占权。

（2）非专利技术

非专利技术没有法律上的有效年限，只有经济上的有效年限。

（3）商标权

商标是用来辨认特定商品和劳务的标记，代表着企业的一种信誉，从而具有相应的经济价值。根据我国商标法规定，注册商标的有效期限为10年，期满可依法延长。

（4）著作权

著作权又称版权，指作者对其创作的文学、科学和艺术作品依法享有的某些特殊权利。著作权包括两方面的权利，即精神权利（人身权利）和经济权利（财产权利）。前者指作品署名、发表作品、确认作者身份、保护作品的完整性、修改已经发表的作品等权利，包括发表权、署名权、修改权和保护作品完整权；后者指以出版、表演、广播、展览、录制唱片、摄制影片等方式使用作品以及因授权他人使用作品而获得经济利益的权利。

（5）土地使用权

土地使用权是某一企业按照法律规定所取得的在一定时期对国有土地进行开发、利用和经营的权利。

（6）特许权

特许权，又称特许经营权、专营权，是指企业在某一地区经营或销售某种特定商品的权利，或是一家企业接受另一家企业使用其商标、商号、秘密技术等权利。

知识点提要：无形资产

无形资产：intangible assets是指企业拥有或者控制的没有实物形态的可辨认非货币性资产，无形资产具有广义和狭义之分，广义的无形资产包括货币资金、应收账款、金融资产、长期股权投资、专利权、商标权等，因为它们没有物质实体，而是表现为某种法定权利或技术。但是，会计上通常将无形资产作狭义的理解，即将专利权、商标权等称为无形资产。

4. 利润及其分配管理

利润是衡量一个农庄整体效益成果的指标。利润也称净利润或净收益，从收入、费用来讲，利润是收入和费用的差额。利润按其形成过程，分为税前利润和税后利润。税前利润也称利润总额，税前利润减去所得税费用，即为税后利润，也称净利润。农庄的利润及其分配管理涉及收入管理、税费管理、利润管理、成本费用管理四个方面的内容。

农庄营业收入是指农庄在经营活动过程中，销售产品或提供服务等取得的收入，包括农庄所取得的住宿、餐饮、娱乐及其他服务项目所取得的收入。在市场经济条件下，农庄为了在激烈的市场竞争中立于不败之地，必须增加营业收入，提高经济效益。

农庄税费管理是指农庄向国家缴纳税费的行为，主要有营业税、增值税、城市维护建设税、教育附加税、房产税、车船税、土地增值税、城镇土地使用税、企业所得税等。农庄应认真履行各项税务登记和纳税申报工作，如实按期缴纳各项税费。

利润是农庄生存和发展的必要条件，也是评价一个农庄经营状况的重要指标。利润是农庄新增加的财富，是农庄生存和发展的基础。追逐利润是农庄经营的根本动力，在经营过程中，农庄应尽量节约成本，并通过各项途径增加营业收入提高利润。

农庄经营活动的一切支出最终都要从成本费用上得到反映，成本费用作为经营耗费补偿的最低界限，是制定农庄产品价格的依据，是影响农庄经营预测和决策的重要因素。成本费用控制与管理是否有效、成功，将直接影响到农庄的盈亏，决定农庄经营效益的高低。因此完善成本费用管理系统是对农庄有重要意义的。

（二）农庄财务管理的目标

农庄财务管理目标是农庄经营目标在财务上的集中和概括，是农庄一切理财活动的出发点和归宿。制定财务管理目标是现代农庄财务管理成功的前提，只有有了明确合理的财务管理目标，财务管理工作才有明确的方向。因此，企业应根据自身的实际情况和市场经济体制对企业财务管理的要求，科学合理地选择、确定财务管理目标。

随着市场经济体制的逐步完善，农庄财务管理理论在不断地丰富和发展，其中财务管理的目标，也在不断推陈出新。到目前为止，先后出现了四种比较具有代表性的观点，分别是：利润最大化原则、股东财富最大化原则、农庄价值最大化原则和农庄资本可持续有效增值原则。

1. 利润最大化原则

利润最大化原则就是财务成果的最大化原则，是农庄经营组织在一定时期内经营活动的最终成果，具体表现为营业利润和利润总额。要使农庄利润最大化，必须充分利用现有资源，提高各项资产资源使用效果，合理利用资本运作、降低成本和减少损失。

2. 股东财富最大化原则

股东财富最大化，是指通过财务上的合理经营，为股东带来最多的财富。有两个方面的含义：第一，股东创办农庄的目标是增加财富。如果农庄不能为股东创造价值，他们就不会为农庄提供资金，没有了资金，农庄这个企业也就不存在了。因此，农庄要尽可能地为股东创造价值。第二，股东财富最大化也最终体现为股票价格。股价的高低代表了投资大众对上市农庄价值的客观评价。在股份制经济条件下，股东财富由其所拥有的股票数量和股票市场价格两方面来决定，在股票数量一定的前提下，当股票价格达到最高时，则股东财富也达到最大。

3. 农庄价值最大化原则

农庄价值最大化是指通过财务上的合理经营，在考虑资金的时间价值和风险价值的基础上，使农庄总价值达到最大。其基本思想是将农庄长期稳定发展摆在首位，强调在农庄价值增长中满足各方利益关系。这种财务管理目标，充分考虑了取得报酬的时间和风险，符合财务管理的实质，能够克服片面追求短期利润的行为。

4. 农庄资本可持续有效增值原则

农庄资本可持续有效增值原则充分考虑了农庄这一特殊的盈利性经营组织的特点，农庄的运营和资本运行区别于一般企业的运作。农庄本身更注重于可持续发展，注重于人与自然的和谐发展。考虑到农庄本身需要一个长期的投入资金和投资回报时期较长，但农庄一旦建设完成带来的持续增值和后续收益也较大的特点，在农庄的财务管理中应更注重农庄资本的可持续有效增值原则。

（三）财务关系的内容

农庄财务管理活动中要处理与国家，投资者、银行等金融机构、其他企业、内部职工的财务关系，涉及方方面面的经济利益，这些关系的处理牵扯到农庄的内外经济环境，影响农庄的发展。在学习农庄财务管理的内容及目标的同时，我们应该对财务管理中相应的财务关系有一定了解。财务关系是农庄作为企业而言在组织财务活动中与各有关方面发生的经济关系，它包括：①企业与投资者之间的财务关系：投资与支付投资报酬的关系；②企业与债权人的关系：债务与债权关系；③企业与受资者之间的财务关系：投资与受资关系；④企业与债务人之间的财务关系：债权与债务关系；⑤企业与政府之间的关系：强制和无偿分配的关系；⑥企业内部各单位之间的财务关系：内部各单位之间的利益关系；⑦企业与职工之间的财务关系：劳动成果上的分配关系。

三、农庄财务指标分析

财务指标是指企业总结和评价财务状况和经营成果的相对指标，中国《企业财务通则》中为企业规定的三种财务指标为：偿债能力指标（包括资产负债率、流动比率、速动比率）；营运能力指标（包括应收账款周转率、存货周转率）；盈利能力指标（包括资本金利润率、销售利税率、成本费用利润率等）。

（一）财务报表

财务报表是财务分析与管理的基础。财务报表亦称对外会计报表，是会计主体对外提供的反映会计主体财务状况和经营的会计报表，包括资产负债表、利润表、现金流量表或财务状况变动表、附表和附注。

1. 资产负债表

资产负债表（the balance sheet）亦称财务状况表，是表示企业在一定日期（通常为各会计期末）的财务状况（即资产、负债和业主权益的状况）的主要会计报表。资产负债表利用会计平衡原则，将合乎会计原则的“资产、负债、股东权益”交易科目分为“资产”和“负债及股东权益”两大区块，在经过分录、转账、分类账、试算、调整等会计程序后，浓缩成一张报表，它是一张揭示企业在一定时点财务状况的静态报表（表6-1）。

资产负债表为会计上相当重要的财务报表，最重要的作用在于表现企业体的经营状况。就程序而言，资产负债表为簿记记账程序的末端，是集合了登录、分录、过账及试算调整后的最后结果与报表。就性质而言，资产负债表则是表现企业体或公司资产、负债与股东权益的对比关系，确切反映公司营运状况。

资产负债表的基本组成主要包含了报表左边算式的资产部分，与右边算式的负债与股东权益部分。而作业前端，如果完全依照会计原则记载，并经由正确的分录或转账试算过程后，必然会使资产负债表的左右边算式的总金额完全相同。而这个算式终其言就是：

资产金额总计＝负债金额合计＋股东权益金额合计

表6-1 资产负债表

编制单位：	年 月份				单位：万元		
资产	行次	年初数	期末数	负债及所有者权益	行次	年初数	期末数
流动资产：				流动负债：			
货币资金	1			短期借款	46		
交易性金融资产	2			应付票据	47		
应收票据	3			应付账款	48		
应收股利	4			预收账款	49		
应收利息	5			其他应付款	50		
应收账款	6			应付工资	51		
其他应收款	7			应付福利费	52		
预付账款	8			未交税金	53		
存货	9			未付利润	54		
一年内到期的非流动资产	10			其他未交款	55		
其他流动资金	11			预提费用	56		

流动资产合计	12						
非流动资产：				一年内到期的长期负债	57		
可供出售金融资产	14			其他流动负债	58		
持有出售金融资产	15						
持有至到期投资	16						
投资性房地产							
	20			流动负债合计	65		
长期投资：				长期负债：			
长期投资	21			长期借款	66		
固定资产				应付债券	67		
固定资产原价	24			长期应付款	68		
减：累计折旧	25			其他长期负债	69		
固定资产净值	26			其中：住房周转金	70		
固定资产清理	27						
在建工程	28						
待处理固定资产净损失	29			长期负债合计	76		
				递延税项：			
固定资产合计	35			递延税款贷项	77		
无形资产及递延资产：							
无形资产	36			负债合计	80		
递延资产	37			所有者权益：			
				实收资本	81		
无形资产及递延资产合计	40			资本公积	82		
其他长期资产：				盈余公积	83		
其他长期资产	41			其中：公益金	84		
递延税项：				未分配利润	85		
递延税款借项	42						
				所有者权益合计	88		
资产总计	45			负债及所有者权益总计			

单位负责人：　　　财会负责人：　　　复核：　　制表：

资产负债表一般有表首、正表两部分。其中，表首概括地说明报表名称、编制单位、编制日期、报表编号、货币名称、计量单位等。正表是资产负债表的主体，列示了用以说明企业财务状况的各个项目。

2. 利润表

利润表（income statement）是反映企业在一定会计期间经营成果的报表。例如反映 1 月 1 日至 12 月 31 日经营成果的利润表，由于它反映的是某一期间的情况，所以又称为动态报表。有时利润表也称为损益表、收益表，它全面揭示了企业在某一特定时期实现的各种收入、发生的各种费用、成本或支出，以及企业实现的利润或发生的亏损情况（表6-2）。

利润表是根据“收入－费用＝利润”的基本关系来编制的，其具体内容取决于收入、费用、利润等会计要素及其内容，利润表项目是收入、费用和利润要素内容的具体体现。从反映企业经营资金运动的角度看，它是一种反映企业经营资金动态表现的报表，主要提供有关企业经营成果方面的信息，属于动态会计报表。

通过利润表，可以反映企业一定会计期间的收入实现情况，即实现的主营业务收入有多少、实现的其他业务收入有多少、实现的投资收益有多少、实现的营业外收入有多少等；可以反映一定会计期间的费用耗费情况，即耗费的主营业务成本有多少、主营业务税金有多少、销售费用有多少、管理费用有多少、财务费用有多少、营业外支出有多少等；可以反映企业生产经营活动的成果，即净利润的实现情况，据以判断资本保值、增值情况。

表6-2 利润表

		会计02表
编制单位：		单位：元
项　目	本月数	本年数
一、营业收入		
减：营业成本		
营业税金及附加		
销售费用		
管理费用		
财务费用		
资产减值损失		
加：公允价值变动收益（损失以“-”号填列）		
投资收益（损失以“-”号填列）		
其中：对联营企业和合营企业的投资收益		
二、营业利润（亏损以“-”号填列）	-	-
加：营业外收入		
减：营业外支出		
其中：非流动资产处置损失		
三、利润总额（亏损总额以“-”号填列）	-	-
减：所得税费用		
四、净利润（净亏损以“-”号填列）	-	-
五、每股收益		
（一）基本每股收益		
（二）稀释每股收益		
六、其他综合收益		
七、综合收益总额	-	-

单位负责人：　　财会负责人：　　复核：　　制表：

将利润表中的信息与资产负债表中的信息相结合，还可以提供进行财务分析的基本资料，如将赊销收入净额与应收账款平均余额进行比较，计算出应收账款周转率；将销货成本与存货平均余额进行比较，计算出存货周转率；将净利润与资产总额进行比较，计算出资产收益率等。从而表现企业资金周转情况以及企业的盈利能力和水平，便于会计报表使用者判断企业未来的发展趋势，作出经济决策。

3. 现金流量表

现金流量表（cash flow statement）是反应一定时期内（如月度、季度或年度）企业经营活动、投资活动和筹资活动对其现金及现金等价物所产生影响的财务报表。这份报告显示资产负债表及利润表如何影响现金和等同现金，以及根据公司的经营、投资和融资角度作出分析（表 6-3）。

现金流量表是反映一家公司在一定时期现金流入和现金流出动态状况的报表。其组成内容与资产负债表和利润表相一致。通过现金流量表，可以概括反映经营活动、投资活动和筹资活动对企业现金流入流出的影响，是财务状况变动表或者资金流动状况表的替代物。它详细描述了由公司的经营、投资与筹资活动所产生的现金流。

表 6-3 现金流量表

				会计 03 表	
编制单位：			______年度	单位：元	
项目	行次	金额	补充资料	行次	金额
一、经营活动产生的现金流量：			1. 将净利润调节为经营活动现金流量：		
销售商品、提供劳务收到的现金	1	–	净利润	57	–
收到的税费返还	3	–	加：计提的资产减值准备	58	–
收到的其他与经营活动有关的现金	8	–	固定资产折旧	59	–
现金流入小计	9	–	无形资产摊销	60	–
购买商品、接受劳务支付的现金	10	–	长期待摊费用摊销	61	–
支付给职工以及为职工支付的现金	12	–	待摊费用减少（减：增加）	64	–
支付的各项税费	13	–	预提费用增加（减：减少）	65	–
支付的其他与经营活动有关的现金	18	–	处置固定资产、无形资产和其他长期资产的损失（减：收益）	66	–
现金流出小计	20	–	固定资产报废损失	67	–
经营活动产生的现金流量净额	21	–	财务费用	68	–
二、投资活动产生的现金流量：			投资损失（减：收益）	69	–
收回投资所收到的现金	22		递延税款贷项（减：借项）	70	–
取得投资收益所收到的现金	23	–	存货的减少（减：增加）	71	–
处置固定资产、无形资产和其他长期资产所收回的现金净额	25	–	经营性应收项目的减少（减：增加）	72	–

收到的其他与投资活动有关的现金	28	–	经营性应付项目的增加（减：减少）	73	–
现金流入小计	29	–	其他	74	–
购建固定资产、无形资产和其他长期资产所支付的现金	30	–	经营活动产生的现金流量净额	75	–
投资所支付的现金	31	–			
支付的其他与投资活动有关的现金	35	–			
现金流出小计	36	–			
投资活动产生的现金流量净额	37	–	2. 不涉及现金收支的投资和筹资活动：		
三、筹资活动产生的现金流量：			债务转为资本	76	
吸收投资所收到的现金	38	–	一年内到期的可转换公司债券	77	
借款所收到的现金	40	–	融资租入固定资产	78	
收到的其他与筹资活动有关的现金	43				
现金流入小计	44	–			
偿还债务所支付的现金	45				
分配股利、利润或偿付利息所支付的现金	46	–	3. 现金及现金等价物净增加情况：		
支付的其他与筹资活动有关的现金	52		现金的期末余额	79	–
现金流出小计	53	–	减：现金的期初余额	80	–
筹资活动产生的现金流量净额	54	–	加：现金等价物的期末余额	81	
四、汇率变动对现金的影响	55		减：现金等价物的期初余额	82	
五、现金及现金等价物净增加额	56	–	现金及现金等价物净增加额	83	–

单位负责人：　　　财会负责人：　　　　复核：　　　制表：

现金流量表是反映企业一定期间现金流入和现金流出的会计报表，企业的现金流量由经营活动产生的现金流量、投资活动产生的现金流量和筹资活动产生的现金流量三部分构成。分析现金流量及其结构，可以了解企业现金的来龙去脉和现金收支构成，评价企业经营状况、创收能力、筹资能力和资金实力。

（二）财务分析指标

1. 净资产收益率

净资产是属企业所有并可自由支配的资产，即所有者权益。企业的净资产（net asset value），是指企业的资产总额减去负债以后的净额，它由两大部分组成，一部分是企业开办当初投入的资本，包括溢价部分；另一部分是企业在经营之中创造的，也包括接受捐赠的资产，属于所有者权益。

净资产收益率又称股东权益收益率，是净利润与平均股东权益的百分比，是公司税后利润除以净资产得到的百分比率。该指标反映股东权益的收益水平，用以衡量公司运用自有资本的效率。指标值越高，说明投资带来的收益越高；净资产收益率越低，说明企业所有者权益的获利能力越弱。该指标体现了自有资本获得净收益的能力。

净资产收益率 = 税后利润 / 所有者权益 ×100%

净资产收益率 = 税后利润 /[（期初净资产余额 + 期末净资产余额）/2] ×100%

假定某公司年度税后利润为 2000 万元，年度平均净资产为 1 亿元，则其本年度之净资产收益率就是 20% [即（2000 万元 /1 亿元）×100%]。

2. 流动比率

流动比率是流动资产对流动负债的比率，用来衡量企业流动资产在短期债务到期以前，可以变为现金用于偿还负债的能力。

流动资产是指企业可以在一年或者超过一年的一个营业周期内变现或者运用的资产，流动资产的内容包括货币资金、短期投资、应收票据、应收账款和存货等，由于各项目的特点不同，应根据各自不同的要求，分别进行审查。短期负债也叫流动负债，是指将在一年或者超过一年的一个营业周期内偿还的债务，包括短期借款、应付票据、应付账款、预收账款、应付工资、应付福利费、应付股利、应交税金、其他暂收应付款项、预提费用和一年内到期的长期借款等。

流动比率 = 流动资产合计 / 流动负债合计

一般说来，比率越高，说明企业资产的变现能力越强，短期偿债能力亦越强；反之则弱。流动比率越高，企业资产的流动性越大，但是比率太大表明流动资产占用较多，会影响经营资金周转效率和获利能力，一般认为合理的最低流动比率为 2。

3. 速动比例

速动比率是指速动资产对流动负债的比率，它是衡量企业流动资产中可以立即变现用于偿还流动负债的能力。速动资产包括货币资金、短期投资、应收票据、应收账款，可以在较短时间内变现，而流动资产中的存货、一年内到期的非流动资产及其他流动资产等则不应计入。

速动比率 = 速动资产 / 流动负债

其中：速动资产 = 流动资产 − 存货

或：速动资产 = 流动资产 − 存货 − 预付账款 − 待摊费用

计算速动比率时，流动资产中扣除存货，是因为存货在流动资产中变现速度较慢，有些存货可能滞销，无法变现。

假设某农庄 2011 年初的流动资产为 1,250,402 元，存货为 745,471 元，流动负债为

608,021 元；年末的流动资产为 1,157,415 元，存货为 712,510 元，流动负债为 428,945 元。则速动比率为：

年初速动比率：（1250402–745471）/608021 ≈ 0.83

年末速动比率：（1157415–712510）/428945 ≈ 1.04

传统经验认为，速动比率维持在 1 ：1 较为正常，它表明企业的每 1 元流动负债就有 1 元易于变现的流动资产来抵偿，短期偿债能力有可靠的保证。

速动比率过低，企业的短期偿债风险较大；速动比率过高，企业在速动资产上占用资金过多，会增加企业投资的机会成本，但以上评判标准并不是绝对的。实际工作中，应考虑到企业的行业性质。例如商品零售行业，由于采用大量现金销售，几乎没有应收账款，速动比率大大低于 1，也是合理的。相反，有些企业虽然速动比率大于 1，但速动资产中大部分是应收账款，并不代表企业的偿债能力强，因为应收账款能否收回具有很大的不确定性。所以，在评价速动比率时，还应分析应收账款的质量。

4. 应收账款周转率

应收账款周转率就是反映公司应收账款周转速度的比率，应收账款在流动资产中具有举足轻重的地位，公司的应收账款如能及时收回，公司的资金使用效率便能大幅提高。

应收账款周转率 = 主营业务收入 /（期初应收账款余额 + 期末应收账款余额）/ 2

应收账款周转天数 =360/ 应收账款周转率

一般情况下，应收账款周转率越高越好，周转率高，表明收账迅速，账龄较短，资产流动性强，短期偿债能力强，可以减少坏账损失等。与之相对应，应收账款周转天数则是越短越好。如果公司实际收回账款的天数越过了公司规定的应收账款天数，则说明债务人拖欠时间长，资信度低，增大了发生坏账损失的风险。同时也说明公司催收账款不力，使资产形成了呆账甚至坏账，造成了流动资产不流动，这对公司正常的生产经营是很不利的。但从另一方面说，如果公司的应收账款周转天数太短，则表明公司奉行较紧的信用政策，付款条件过于苛刻，这样会限制企业销售量的扩大，特别是当这种限制的代价（机会收益）大于赊销成本时，会影响企业的盈利水平。

有一些因素会影响应收账款周转率和周转天数计算的正确性。首先，由于公司生产经营的季节性原因，使应收账款周转率不能正确反映公司销售的实际情况。其次，某些上市公司在产品销售过程中大量使用分期付款方式。再次，有些公司采取大量收取现金方式进行销售。最后，有些公司年末销售量大量增加或年末销售量大量下降。这些因素都会对应收账款周转率或周转天数造成很大的影响。

投资者在分析这两个指标时应将公司本期指标和公司前期指标、行业平均水平或其他类似公司的指标相比较，判断该指标的高低。

5. 存货周转率

存货周转率是企业一定时期主营业务成本与平均存货余额的比率。用于反映存货的周转速度，即存货的流动性及存货资金占用量是否合理，促使企业在保证生产经营连续性的同时，提高资金的使用效率，增强企业的短期偿债能力。存货周转率是企业营运能力分析的重要指标之一，在企业管理决策中被广泛地使用。存货周转率不仅可以用来衡量企业生产经营各环节中存货运营效率，而且还被用来评价企业的经营业绩，反映企业的绩效。

存货周转率 = 主营业务成本 /[（期初存货 + 期末存货）/2]

存货周转天数 = 计算期天数 / 存货周转率（次数）

一般来讲，存货周转速度越快（即存货周转率或存货周转次数越大、存货周转天数越短），存货占用水平越低，流动性越强，存货转化为现金或应收账款的速度就越快，这样会增强企业的短期偿债能力及获利能力。通过存货周转速度分析，有利于找出存货管理中存在的问题，尽可能降低资金占用水平。

6. 资本金利润率

资本金利润率是利润总额占资本金（即实收资本、注册资金）总额的百分比，是反映投资者投入企业资本金的获利能力的指标，企业资本金是所有者投入的主权资金，资本金利润率的高低直接关系到投资者的权益，是投资者最关心的问题。

资本金利润率指标中的资本金是指资产负债表中的实收资本，但是用来作为实现利润的垫支资本中还包括资本公积、盈余公积、未分配利润等留用利润（保留盈余），这些也都属于所有者权益。为了反映全部垫支资本的使用效益并满足投资者对盈利信息的关心，更有必要计算权益利润率。

资本金利润率 = 利润总额 / 资本金总额 ×100%

资本金平均余额 =（期初资本金余额 + 期末资本金余额）/2

另外，会计期间内若资本金发生变动，则公式中的“资本金总额”要用平均数。

这一比率越高，说明企业资本金的利用效果越好，企业资本金盈利能力越强；反之，则说明资本金的利用效果不佳，企业资本金盈利能力越弱。

7. 销售增长率

销售增长率是评价企业成长状况和发展能力的重要指标，同时可以利用销售增长率判断出产品处于生命周期的哪个阶段，即以产品销售量的年增长率来划分产品的生命周期的各阶段。

销售增长率＝本年销售增长额／上年销售总额 ×100%

销售增长率＝（本年销售额－上年销售额）／上年销售总额 ×100%

销售增长率可以衡量企业经营状况和市场占有能力，是预测企业经营业务拓展趋势的重要指标，也是企业扩张增量资本和存量资本的重要前提。该指标越大，表明其增长速度越快，企业市场前景越好，但要注意销售增长率的趋势分析和同业分析。

8. 净资产增长率

净资产增长率是指企业本期净资产增加额与上期净资产总额的比率。净资产增长率反映了企业资本规模的扩张速度，是衡量企业总量规模变动和成长状况的重要指标。

净资产增长率＝（期末净资产—期初净资产）／期初净资产）×100%

净资产增长率代表了企业发展能力的一个指标，反映企业资产保值、增值的情况。在企业经营中，净资产收益率较高代表了较强的生命力，如果在较高净资产收益率的情况下，又保持较高的净资产增长率，则表示企业未来发展更加强劲。

第二节　农庄资金筹集管理

农庄在经营过程中要不断地开展筹资活动，尤其是农庄的经营大多具有季节性的特点，旅游旺季到来时需要大量的资金补充经营需要。而且农庄经营过程中难免遇到经营不善、资金周转不畅的情况，这时也需要通过资金的筹集以渡过难关。此外，农庄在经营过程中也会产生对外扩张和发展的需要，这时就要追加投资，或者随着发展需要改善资金结构，由此必然引发对资金筹集的需求。

一、资金筹集管理概述

在企业经营过程中，我们也常说到融资这一概念，广义融资也叫金融，就是货币资金的融通，指当事人通过各种方式到金融市场上筹措或贷放企业融资资金的行为。狭义融资即是一个企业的资金筹集的行为与过程，也就是公司根据自身的生产经营状况、资金拥有的状况，以及公司未来经营发展的需要，通过科学的预测和决策，采用一定的方式，从一定的渠道向公司的投资者和债权人去筹集资金，组织资金的供应，以保证公司正常生产需要、经营管理活动需要的理财行为。

通常筹资和狭义上的融资在实际中往往被混用，也就是表示一样的意思。但从另一个角度来讲，筹资的概念要大于融资的概念。融资主要指从企业外部筹集资金的方式，包括直接融资和间接融资。其中直接融资主要是指直接向资金持有人，如股东、投资人等筹集资金的方式，比如在股票市场发行股票，以获取资金用于企业的发展、经营等。间接融资主要是指通过金融机构，如银行、财务公司、信托公司等，以借入长短期借款、发行债券等方式获得资金的方式。筹资活动除包括从企业外部筹集资金，即融资之外，还应包括通过对企业内部资金，如税后利润、折旧、投资收益等所作的财务安排，以筹集企业为发展某一项目的资金。

农庄的资金筹集管理就是农庄根据其生产经营、对外投资和调整资本结构的需要，通过筹资渠道和资本市场，运用筹资方式，经济有效地筹集为农庄所需的资金的财务行为。

现代农庄要打造个性，通过不断创新来吸引消费者，以不可复制性拴住消费者的心，需要相当数额的资金投入。由于受资金条件限制，加上缺乏合理的规划和引导，不少农庄的功能设计简单、重复，缺乏特色和吸引力，活动内容形式创新很少。使本来应该具有特色的农庄休闲项目成了“四不像”或建设成非自然的人造景观，有的甚至破坏地域和生态农业的环境。因此遵循市场经济的客观规律，多形式多渠道地筹集发展资金是现代农庄开发的核心问题。现代农庄的资金筹集，要坚持一定原则，采取适当的渠道，并加以合理的管理才能取得良好的效果。现代农庄的资金筹集应该做到以下五点原则。

第一，合法筹措资金原则。筹资活动影响着社会资本及资源的流向和流量，涉及相关主体的经济利益。为此，农庄的筹资行为和筹资活动必须遵循国家的相关法律法规，依法履行法律法规和投资合同约定的责任，合法合规筹资，依法信息披露，维护各方的合法权益，避免非法筹资行为而给农庄本身及相关主体造成的损失。

第二，规模适度原则。规模适度是指农庄在筹资过程中，无论通过何种渠道，采用何种筹资方式，都应先确定筹资规模（即一定时期，农庄的资金需要量），使筹资与需求量相平衡。既要防止因筹资规模不足影响农庄的投资和正常运营，又要避免因筹资过剩而影响资金使用效率，加重农庄投资者的筹资成本负担。

第三，成本节约原则。不同来源的资金成本不同，取得资金的难易程度也不一样。农庄经营者在筹资时，应选择资金成本较低的渠道和方式，同时还应考虑各个渠道和方式的潜力、约束条件、风险大小等因素，选择最佳的筹资组合，降低综合资金成本率。

第四，结构合理原则。农庄筹集的资金分为自有资金和负债资金，结构合理原则是指农庄必须使自己的自有资金和负债资金保持合理的比例关系：既要充分利用负债筹资的杠杆作用，提高自身的回报率，又要防止因负债过多，而增加财务风险和偿债的压力。

第五，效益互利原则。效益互利原则是指在筹资时投资者或债权人的投资活动是相互权衡、互有效益的。投资者和筹资者双方，应有合理的经济效益。因此，农庄投资者在筹资前应配合有关部门，做好宣传，启发人们的投资意识；在付息、分红时，应注意既要使投资者得到相应的经济利益，又要强化投资者的经济责任。

在现代市场经济竞争中，农庄只有选择正确的方式来筹集生产经营活动中所需要的资金，才能保障农庄作为经营性企业的生产经营活动的正常运行和扩大再生产的需要。每个农庄所处的内外环境各不相同，所选择的筹资方式也有相应的差异。只有采取了适合自身发展的筹资渠道和融资方式，才能够促进农庄的长期发展。

二、资金筹集渠道及方式

对于任何一个处于生存与发展状态的企业来讲，筹资是其进行一系列经营活动的先决条件。不能筹集到一定数量的资金，也就无法取得预期的经济效益。筹资渠道解决的是资金来源问题，筹资方式则解决通过何种方式取得资金的问题，它们之间存在一定的对应关系。一定的筹资方式可能只适用于某一特定的筹资渠道，但是同一渠道的资金往往可采用不同的方式取得，同一筹资方式又往往适用于不同的筹资渠道。因此，企业在筹资时，应实现两者的合理配合。同时，不同的筹资方式具有不同的资金成本，资金结构不同，农庄的总资金成本也会不一样。因此，农庄必须正确计算不同的筹资方式的资金成本，选择适合的筹资方式，确定合理的资金结构。

（一）资金筹集渠道

筹资渠道是指筹集资金来源的方向与通道，体现了资金的源泉和流量。筹资作为一个相对独立的行为，其对农庄经营理财业绩的影响，主要是借助资本结构的变动而发生作用的。

就目前而言，我国投资者聚集了强大的投资实力，企事业单位、个人有了更多的闲散资金，可供利用的储蓄存款显著增加。外资的大量涌入，也为农庄的筹资提供更多渠道。

1. 国家财政资金

包括国家对现代农庄的直接投资和国家有偿贷款两种形式。一般使用时间较长，利息较低，所以筹资成本较低。但同时资金使用限制也较多，资金投入数量有限。

2. 银行信贷资金

是指我国各银行通过信贷途径向企业发放的各种贷款，较为方便灵活，是目前农庄重要的资金来源。

3. 非银行金融机构资金

银行金融机构以外还存在一些国家认可的其他金融机构，如信托投资公司、租赁公司、保险公司、民间金融组织中的各种信用社和金融服务社等，从这些机构获得的资金也是一种筹资渠道。

4. 自然人个人资金

是指银行及非银行金融机构之外的“闲散”资金。可用于投资，形成民间资金来源渠道，从而为农庄所用。个人资金是近来发展起来的，是农庄筹措资金的新渠道，也是今后农庄筹资的发展方向。

5. 运用农庄经营资金

就是开展好商品经营，加速资金周转，向市场要资金。通过资本循环积累自有资金，让资本实现增值最大化，这是农庄最基础、最根本的筹资渠道。要运作好商品经营的资本循环，必须从市场需求的实际出发，重点抓好从商品资本到货币资本的“惊险的一跳”。其中，资金积累的关键，一是在于附加值的大小，重点是提高科技附加值、销售附加值与品牌附加值；二是在于加速资金周转，提高资金周转次数。

通过商品经营的资本循环，可以从生产成本中提取科技发展基金与折旧基金以用于企业的发展，是企业经营良性循环的根本保证，还可以从利润中提取生产发展基金，或用于扩大再生产，或补充流动资金的不足。

从以上筹集资金的来源的角度看，筹资渠道又可以分为农庄的内部渠道和外部渠道。

内部筹资渠道：农庄内部筹资渠道是指从农庄内部开辟资金来源。从农庄内部开辟资金来源有三个方面: 农庄自由资金、农庄应付税利和利息、农庄未使用或未分配的专项基金。一般在农庄购并中，农庄都尽可能选择这一渠道，因为这种方式保密性好，而且农庄不必向外支付借款成本，因而风险很小。

外部筹资渠道：外部筹资渠道是指农庄从外部所开辟的资金来源，其主要包括：专业银行信贷资金、非金融机构资金、其他企业资金、民间资金和外资。从农庄外部筹资具有速度快、弹性大、资金量大的优点，因此，在购并过程中一般是筹集资金的主要来源。但其缺点是保密性差，农庄需要负担高额成本，因此产生较高的风险，在使用过程中应当注意。

上述各种筹资渠道实际可分为资本金和负债两类。资本结构的变动和构成主要取决于长期负债与资本的比例构成。负债比率是否合理是判定资本结构是否优化的关键。因为负债比率大意味着企业经营风险很大，税前扣除额较大，因而节税效果明显。

所以，选择何种筹资渠道，构成怎样的资本结构，限定多高的负债比率是一种风险与利润的权衡取舍。在筹资渠道的筹划过程中必须充分考虑自身的特点以及风险承受能力。在实际操作中，多种筹资渠道的交叉结合运用往往能解决多重经济问题，降低经营风险。

（二）资金筹集方式

筹资方式是指可供企业在筹措资金时选用的具体筹资形式。企业的筹资方式可归为两大类，即负债筹资和股票筹资。一般来说，负债筹资成本相对较低，利息税前支付，但偿还风险相对较大，表现为能否及时足额地还本付息、是否根据利率走势合理安排筹资。当利率处于高水平或处于由高向低过渡的时期，应尽量少筹资。对必须筹措的资金，应尽量采取浮动利率的计息方式。当利率处于低水平或由低向高过渡的时期筹资较为有利，应尽量采用固定利率的计息方式来保持较低的资金成本。股票偿还风险相对较小，股票筹资不存在还本付息的问题，它的风险只在于其使用效益的不确定性上。但是股票筹资的利息需税后支付，资金成本相对较高。

资金成本是农庄为筹集和使用资金而付出的代价，资金成本包括筹资费用和资金占用费用。筹资费用是指农庄在筹资过程中为获得资金而付出的费用，包括委托金融机构代理发行股票、债券所支付的印刷费、手续费、注册费、资信评估费、公证费、担保费、广告费等，这类费用一般与筹资金额大小、占用时间长短无直接联系，可视为资金成本中的固定费用；资金占用费用是指农庄在生产经营过程中因使用资金而支付的费用，它包括需支付的股息、利息、债息等，它与筹资金额大小、时间长短有直接关系，属于资金成本中的变动费用。

我国企业目前主要有以下几种筹资方式：吸收直接投资、发行股票、利用留存收益、向银行借款、利用商业信用、发行公司债券、融资租赁和杠杆收购。其中前三种方式筹措的资金为权益资金，后几种方式筹措的资金是负债资金。

1. 向银行或非银行金融机构贷款

这一方式手续简便，农庄可以在较短时间内取得所需的资金，保密性也很好。但农庄需要负担固定利息，到期必须还本归息，如果农庄不能合理安排还贷资金就会引起农庄财务状况的恶化。一般银行贷款分为短期和长期贷款。短期贷款是指一年以内的贷款，对农庄来说短期贷款利率较低，可以减轻资金运营成本，申请短期贷款也比较容易；长期贷款是指一年以上贷款，这种贷款一般按照一定时期分期偿还，长期贷款弹性较大。

2. 发行债券

发行债券是一般企业筹集资金的重要方式，通过发行债券可以筹集大量的、可供长期占用的资金。债券是企业为筹集资本，按法定程序发行并承担在指定的时间内支付一定的利息和偿还本金义务的有价证券。这一方式与借款有很大的共同点，但债券融资的来源更广，筹集资金的余地更大。

3. 发行股票

发行股票是股份公司筹集长期资金的积累方式。随企业生产规模扩大需要不断发行股票，可提高自有资本占整个资金来源的比重。普通股不需要还本，股息也不需要向借款和债券一样需要定期定额支付，因此风险很低。但采取这一方式筹资会引起原有股东控制权的分散。

4. 融资租赁

租赁是财产所有人将其财产定期出租给需要这一种财产的人使用，并由后者向前者按其支付一定数额的租金作为报酬的经济行为。租赁也是一种信用活动，租赁筹资有利于调整企业的投资结构和生产结构，促进技术进步，有利于企业节约资金使用，有利于企业注重效率，有利于承租企业简化固定资产管理工作，同时租赁也呈现出多样性和复杂性。

三、投资管理

投资指的是将某种有价值的资产，其中包括资金、人力、知识产权等，投入到某个企业、项目或经济活动，以获取经济回报的商业行为或过程，可分为实物投资、资本投资和证券投资。如按投资与企业生产经营关系，又可分为直接投资与间接投资，按投资期限分为短期投资与长期投资，根据投资方向可分为对内投资和对外投资。

农庄投资是指在农庄开发建设和经营过程中投入一定数量的资金并期望在未来获得经济回报的活动。农庄作为有自身特点的经营性企业，在投资管理中也有其自身的特点。

（一）农庄投资管理的特点

1. 投入金额大

农庄的投资活动主要发生在规划和开发阶段，此时投资主要用于将要规划的项目和设施，只有提供充足的资金才能保证将优良的自然资源开发成为优秀的农庄景区。因此，开发初期投入的资金十分巨大，一般而言，农庄初期投资资金与其所在的区位、占地面积、园区内型、区内项目多少等因素有关。

2. 投入时间长

由于农庄投资的涉及范围较广且金额比较大，一般项目的投资回收期相对较长。在正常情况下，投入游玩类项目的资金回收期大约在四到六年，投资基础设施建设的资金回收期一般在六年以上，有的大型设备设施的资金回收期甚至更长。目前的消费和休闲的需求变化极快，农庄的发展也应根据消费者的需求变化而改变，投资者必须为漫长的投资回收期投入更多的后期追加资金，这又增加了投资的强度，延长了投资回报的期限。

3. 投资的复杂性

一般的现代农庄，往往集农业生产、技术服务、观光旅游、休闲购物于一体，是综合性的经济产业。它向消费者提供多种产品和服务，其产品和服务也是众多部门共同作用的产物。现代农庄的综合性决定了其投资的复杂性，投资既包括固定资产投资、流动资产投资、风险投资、人力资源投资、技术研发投资等诸多领域，又包括对饮食、住宿、交通、游览、购物、娱乐休闲等诸多部分的投资，而各类投资都有其特有的规律，这就构成了投资的复杂性。另外，投资的各领域之间具有很强的相关性，单向投资不能发挥任何作用，一项投资必须刺激其他相关领域的投资需求的上升，也必须受到其他领域投资状态的影响，因此，现代农庄投资是一项综合性很强的经济活动。

4. 沉没成本大

由于农庄投资主要投向基础设施和服务设施的购置，以及环境优化等方面，这些资金一旦投入基本无法发生逆转，很难在短期内变现。一旦农庄经营不善或因其他原因出现运营危机，投资者将受到巨大冲击。高昂的沉没成本也意味着投资者进入农庄投资会面临较高的风险，如果出现意外可能导致投入的资金血本无归。

目前国内外休闲农庄的发展出现了繁荣景象，一些农庄的经济效益也是比较诱人的，但从投资特征看，其投资风险仍旧比较高。

（二）农庄投资管理原则

1. 可行性分析原则

投资项目的金额大，资金占用时间长，一旦投资后具有不可逆转性，对农庄的财务状况和经营前景影响重大。因此，在投资决策之时，必须建立严密的投资决策程序，进行科学的投资可行性分析。

投资项目可行性分析是投资管理的重要组成部分，其主要任务是对投资项目能否实施的可行性进行科学的论证，主要包括环境可行性、技术可行性、市场可行性、财务可行性等方面。财务可行性是在相关的环境、技术、市场可行性完成的前提下，着重围绕技术可行性和市场可行性而开展的专业经济性评价。同时，一般也包含资金筹集的可行性。

财务可行性分析的主要方面和内容包括：收入、费用和利润等经营成果指标的分析，资产、负债、所有者权益等财务状况指标的分析，资金筹集和配置的分析，资金流转和回收等资金运行过程的分析，项目现金流量、净现值、内含报酬率等项目经济性效益指标的分析，项目收益与风险关系的分析等。

2. 结构平衡原则

由于投资往往是一个综合性的项目，不仅涉及固定资产等生产能力和生产条件的构建，还涉及使生产能力和生产条件正常发挥作用所需要的流动资产的配置。同时，由于受资金来源的限制，投资也常常会遇到资金需求超过资金供应的矛盾。如何合理配置资源，使有限的资金发挥最大的效用，是投资管理中资金投放所面临的重要问题。

投资项目在资金投放时，要遵循结构平衡的原则，合理分布资金，包括固定资金与流动资金的配套关系、生产能力与经营规模的平衡关系、资金来源与资金运用的匹配关系、投资进度和资金供应的协调关系、流动资产内部的资产结构关系、发展性投资与维持性投资配合关系、对内投资与对外投资顺序关系、直接投资与间接投资分布关系等。

3. 动态监控原则

投资的动态监控是指对投资项目实施过程的进程控制。农庄中大部分设施设备都是工程量大、工期长的建造项目，要有一个具体的投资过程，需要按工程预算实施有效的动态投资控制。在投资项目的实施过程中，要对施工进度、工程质量，成本开支等内容严加控制，防止工程建设中的舞弊行为，确保工程质量及保证按时完成。

4. 投资项目再评价原则

在投资项目的实施过程中，要继续严密注视作为决策依据的信息是否可行、情况是否变化、预测是否准确，一旦情况有重大变化或原方案有不妥之处，就要对原方案重新审议，必要时应修改原方案，甚至终止投资，以避免遭受更大的损失。

（三）投资决策管理

投资决策是指投资者为了实现其预期的投资目标，运用一定的科学理论、方法和手段，通过一定的程序，对投资的必要性、投资目标、投资规模、投资方向、投资结构、投资成本与收益等经济活动中的重大问题所进行的分析、判断和方案选择。投资决策是生产环节的重要过程。

一个农庄是否具有高成长性主要取决于以下因素，即该农庄的文化独创性、战略合理性、技术先进性、营销创新性、管理科学性等。这就是说，要判断一个农庄是否具有高成长性、高效益性，第一要对这个农庄进行全面分析，第二要看其是否在各个方面有所创新和独到之处。这个农庄如果整体表现很好，所处的行业和地区发展势头又比较好，那么未来几年高成长、高效益就是确定无疑的了。

投资决策是企业所有决策中最为关键、最为重要的决策，因此我们常说：投资决策失误是企业最大的失误，一个重要的投资决策失误往往会使一个企业陷入困境，甚至破产。

投资方案评价时使用的指标分为贴现指标和非贴现指标。贴现指标是指考虑了时间价值因素的指标，主要包括净现值、现值指数、内含报酬率等。非贴现指标是指没有考虑时间价值因素的指标，主要包括回收期、会计收益期等。相应地，我们可以将投资决策方法分为贴现的方法和非贴现的方法。

静态评价法就是采用方案评价的静态指标，在不考虑资金时间价值的前提下，对项目或方案的经济效益进行计算比较的一种方法。把一个项目的费用和效益数量化，可以使我们把一系列的费用、效益概括成几个简单的指标，以便提供对一个项目进行全面的评估和决策的依据。

动态评价为了正确进行投资的分析与决策，要把不同的时间发生的现金流量进行等效值换算，然后，在相同的基准上进行比较和评价。这种考虑资金与时间关系的评价方法，称为动态评价方法。

第三节 收入、支出和收益分配的管理

收入、支出和收益分配是农庄生存发展的核心指标，不论是投资人、债权人还是农庄管理人员都非常关心农庄的收入、支出和收益，即农庄的盈利能力。而收入、支出和收益分配管理是企业目标管理的重要组成部分，其行为结果会直接或间接地影响到各经济主体的利益。

一、收入管理

（一）收入管理的内涵

收入（income）是指某一个整体，包括个人或者企业在销售商品、提供服务及转让资产使用权等日常活动中所形成的经济利益的总流入，通常包括商品或服务的销售收入、利息收入、使用费收入、股利收入等。农庄收入指农庄在经营活动过程中销售产品或提供服务等取得的收入，包括接待消费者所取得的住宿、餐饮、娱乐及其他服务项目所得的收入。

收入是财务会计的一个基本要素。广义的收入概念将企业日常活动及其之外的活动形成的经济利益流入均视为收入；狭义的收入概念则将收入限定在企业日常活动所形成的经济利益总流入。我国现行制度采用的是狭义的收入概念，即收入是指企业在日常活动中形成的、会导致所有者权益增加的、与所有者投入资本无关的经济利益的总流入。按照企业从事日常活动的性质，可以将收入分为销售商品收入、提供服务收入、过渡资产使用权收入、

建造合同收入等；按照企业从事日常活动在企业的重要性，可将收入分为主营业务收入和其他业务收入。

在学习收入这一概念是要注意以下几个包含概念：

第一，收入从企业的日常活动中产生，而不是从偶发的交易或事项中产生；

第二，收入是与所有者投入资本无关的经济利益总流入；

第三，收入必然能导致企业所有者权益的增加；

第四，收入只包括本企业经济利益的流入，不包括为第三方或客户代收的款项。

收入管理是指对收入进行计划、组织、核实、监督等方面的工作。收入的实现是农庄经济收入实现和分配的前提和基础，也是农庄经营活动的重要环节。实施收入管理的农庄通过预测市场需求，针对细分市场进行差别性定价，优化资源配置，在成本不变的情况下使收益机会最大化，并同时将机会成本和风险降到最低。目前在国内，收入管理这一概念越来越被管理者所重视，但在农庄管理中，大部分只是引进了收入管理的概念，并没有建立真正的收入管理系统。以农庄住宿业为例，有的大型综合性农庄管理酒店住宿采用了收入管理系统，根据市场供需变化灵活选择价格，并进行客房存量控制，来实现客房收入最大化。但目前大部分的农庄，包括星级农庄都没有采用收入管理的技术和方法。因此，面对激烈的市场竞争，如何应用好收入管理，是一个迫切的问题。

（二）收入管理的要求

在市场经济条件下，农庄为了在激烈的市场竞争中立于不败之地，必须增加营业收入，提高经济效益。农庄的营业收入主要受价格和销售量的影响，在价格一定的情况下，销售量越大，营业收入越高；在销售量一定的情况下，价格越高，营业收入越高。由于农庄的经营具有明显的淡旺季特征，因此，农庄营业收入的管理目标就是，在考虑农庄最大接待量的情况下，遵守国家相关政策规定，采取灵活的浮动价格制定政策，并保证其连贯性和相对稳定性。农庄收入的管理工作应让营业收入实现流程化并加以全过程控制，坚持收入稽核制度，防止舞弊行为发生。

二、成本、费用支出管理

成本、费用支出是指农庄在一定时期内，从事生产经营和管理服务日常活动中发生的经济利益的流出，主要包括成本、经营支出、管理费用和其他支出等方面。

（一）成本管理

1. 成本管理的内涵

成本（cost）是商品经济的价值范畴，是商品价值的组成部分。人们要进行生产经营活动或达到一定的目的，就必须耗费一定的资源（人力、物力和财力），其所费资源的货币表现及其对象化称之为成本。农庄中的成本主要包括农产品成本、工业加工产品成本和对外提供的劳务成本等。

成本的构成内容要服从管理的需要，并且随着管理的发展而发展。国家规定成本的构成内容主要包括：①原料、材料、燃料等费用，表现商品生产中已耗费的劳动对象的价值；②折旧费用，表现商品生产中已耗费的劳动资料（手段）的价值；③工资，表现生产者的必要劳动所创造的价值。

成本管理充分动员和组织企业全体人员，在保证产品质量的前提下，对企业生产经营过程的各个环节进行科学合理的管理，力求以最少生产耗费取得最大的生产成果。

成本管理是企业管理的一个重要组成部分，它要求系统、全面、科学和合理，它对于促进增产节支、加强经济核算、改进企业管理、提高企业整体管理水平具有重大意义。

2. 成本管理的要求

成本管理是由成本规划、成本计算、成本控制和业绩评价四项内容组成。成本规划是根据企业的竞争战略和所处的经济环境制定的，也是对成本管理作出的规划，为具体的成本管理提供思路和总体要求。成本计算是成本管理系统的信息基础。成本控制是利用成本计算提供的信息，采取经济、技术和组织等手段实现降低成本或成本改善目的的一系列活动。业绩评价是对成本控制效果的评估，目的在于改进原有的成本控制活动和激励约束员工和团体的成本行为。

要搞好成本管理和提高成本管理水平，首先要认真开展成本预测工作，规划一定时期内的成本水平和成本目标，对比分析实现成本目标的各项方案，进行最有效的成本决策。然后应根据成本决策的具体内容，编制成本计划，并以此作为成本控制的依据，加强日常的成本审核监督，随时发现并克服生产过程中的损失浪费情况。在平时要认真组织成本核算工作，建立健全成本核算制度和各项基本工作，严格执行成本开支范围，采用适当的成本核算方法，正确计算产品成本。同时安排好成本的考核和分析工作，正确评价各部门的成本管理业绩，促进企业不断改善成本管理措施，提高企业的成本管理水平。要定期积极地开展成本分析，找出成本升降变动的原因，挖掘降低生产耗费和节约成本开支的潜力。进行成本管理应该实行指标分解，将各项成本指标层层落实，分时分段地进行管理和考核，使成本降低的任务能从组织上得以保证，并与企业和部门的经济责任制结合起来。

成本管理要点：企业成本模式与竞争优势；理解成本的构成及与自身工作的关系；选择有利于成本控制的成本计算方法；通过成本分析有效控制成本；结合企业自身情况，找到成本控制关键点。成本管理是企业各级管理者的职责，一个企业要搞好成本管理，应加强最高管理者的领导作用，应由最高管理者领导和推动，落实好各级管理者的职责和权限，并动员、教育和激励全体人员积极参与。对成本管理企业也应考虑管理的成本，从财务角度来衡量成本管理体系的有效性，不断降低管理成本，提高管理者的满意度。成本管理活动是个大循环，并通过持续改进以改善成本管理、减少或杜绝资源的浪费和损失、使成本降到尽可能低的水平，再进行成本管理活动的另一个大循环。

组织在实施成本管理过程中主要应考虑到因素：①不违反法律法规；②不影响顾客满意；③不侵害员工利益（法定的）；④不影响技术进步；⑤不影响产品质量。

（二）经营支出

经营支出是指农庄因销售产品、对外提供服务等活动而发生的实际支出，包括销售产品的成本、对外提供服务的成本、运输费、修理费、保险费、饲养费及成本摊销费等。

经营支出是农庄在生产经营过程中为获得收入所发生的一切费用支出。由于其内容广泛，支出项目繁多且复杂，并贯穿于整个生产经营过程，所以经营支出的正确与否直接关系到农庄利润所得的正确计算、财务收支计划的完成和投资者的利益。

因此，对农庄经营支出的合理性、合法性、正确性和有效性进行审计，不仅可以保证农庄正确计算利润和所得税，如实反映时务成果，客观评价企业的工作质量，还对加强农庄经营管理、严格财务核算、揭露和纠正错误弊端、提高经济效益、维护财务纪律和所有者的利益有着重要意义。

（三）管理费用

管理费用是指农庄在管理活动中发生的各项支出，包括管理人员的工资、办公费用、差旅费、管理用固定资产折旧费、维修费等。

（四）其他支出

其他支出是指不属于营业支出和管理费用以外的其他各项支出，包括固定资产及产品物资的盘亏净损失、固定资产清理净损失、利息支出、防汛抢险支出、坏账损失、罚款支出以及转让无形资产摊余价值等。

（五）税费

农庄向国家缴纳的税费主要有营业税、增值税、城市维护建设税、教育附加、房产税、车船税、土地增值税、城镇土地使用税、企业所得税等。农庄应认真履行各项税务登记和纳税申报工作，如实按期缴纳各项税费。

三、收益及其分配的管理

（一）收益的构成

从历史上看，收益概念最早出现在经济学中。亚当·斯密在《国富论》中将收益定义为“那部分不侵蚀资本的可予消费的数额”，把收益看作是财富的增加。后来，大多数经济学家都继承并发展了这一观点。从会计学上的收益概念来看，称为会计收益，根据传统观点，会计收益是指来自会计期间交易的已实现收入和相应费用之间的差额。狭义的农庄收益是指本年度的总收入扣除总支出后的可供分配的收益总额。

（二）收益分配管理

收益分配是企业资本的提供者对收益总额进行的分割，它主要是以企业的税息前利润（即利息、所得税和净利润）为对象在各利益主体间进行的分割，是企业对一定时期内的生产要素所带来的利益总额在企业内外各利益主体之间分割的过程。广义上指企业收入的分配；狭义上指税后利润的分配。

1. 收益分配的基本内容

息税前利润是农庄收益分配的主要对象。息税前利润的分配包括税前、税中和税后利润分配三大基本内容和三个基本层次。

税前利润分配，是指对税息前的利润分配，包括债务资本利息的支付和利润总额的计算两个主要内容；

税中利润分配，是对利润总额的分配，所得税与税后利润的计算是其基本构成内容；

税后利润分配，是对税后净利润的分配，它包括弥补以前年度亏损、盈余公积的提留和股利的分配等内容。

2. 收益分配的原则

（1）依法分配原则

农庄的收益分配必须依法进行。为了规范企业的收益分配行为，维护各利益相关者的合法权益，国家颁布了相关法规。这些法规规定了企业收益分配的基本要求、一般程序和重要比例，农庄经营者应当认真执行，不得违反。

（2）分配与积累并重原则

农庄的收益分配必须坚持积累与分配并重的原则。农庄经营者通过经营活动赚取收益，既要保证农庄再生产的持续进行，又要不断积累农庄扩大再生产的财力基础。恰当处理分配与积累之间的关系，留存一部分净收益以供未来分配之需，能够增强农庄抵抗风险的能力，同时，也可以提高农庄经营的稳定性与安全性。

（3）兼顾各方利益原则

农庄的收益分配必须兼顾各方面的利益。农庄的收益分配涉及国家、农庄股东、债权人、职工等多方面的利益。正确处理它们之间的关系，协调其矛盾，对农庄的生存、发展是至关重要的。农庄在进行收益分配时，应当统筹兼顾，维护各利益相关者的合法权益。

（4）投资与收益对等原则

农庄进行收益分配时应当体现“谁投资谁受益”、收益大小与投资比例相对等的原则。这是正确处理投资者利益关系的关键。农庄经营者在向投资者分配收益时，应本着平等一致的原则，按照投资者投资额的比例进行分配，不允许任何一方随意多分多占，以从根本上实现收益分配中的公开、公平和公正，保护投资者的利益。

3. 收益分配的顺序

（1）弥补农庄以前年度亏损

农庄的法定盈余公积金不足以弥补以前年度亏损的，在提取公积金之前，应当先用当年的利润弥补亏损。

农庄发生年度亏损的，可以用下一年度的税前利润弥补；下一年度的税前利润不足以弥补的，可以连续 5 年用税前利润弥补，连续 5 年不足弥补的，用税后利润弥补。

（2）提取法定盈余公积金

法定盈余公积金按税后利润（弥补亏损后）的 10% 提取。累计提取的公积金总额已达注册资本的 50% 时，可以不再提取。

（3）提取任意公积金

农庄提取法定公积金后，农庄（公司）章程对提取任意公积金是有规定的，需按规定提取任意公积金；农庄（公司）章程没有规定的，可以根据股东会决议的比例提取任意公积金。

（4）向投资者分配利润

农庄税后利润进行弥补亏损、提取盈余公积金后的余额，再加上期初未分配利润，就是可供投资者分配的利润。农庄经营者按照所有者的出资比例或按股东的持股比例分配。农庄经营者向投资者分配多少利润，取决于农庄的利润分配政策。

农庄经营者可以用法定盈余公积金和任意盈余公积金弥补亏损或者转增资本。转增资本后的留存部分，以法定公积金不少于转增前注册资本的 25% 为限。

（5）未分配利润

留待以后年度分配在投资者间进行分配。

（三）利润管理

利润是农庄一定期间的经营成果，是农庄在经营过程中，各种收入扣除各种成本费用后的盈余。利润是农庄生存和发展的必要条件，也是评价一个农庄经营状况的重要指标。利润是农庄新增加的财富，追逐利润是农庄经营的根本动力。在经营过程中，农庄应尽可能地节约成本费用开支，并通过各种途径增加营业收入，提高利润。

利润分配体现着农庄经营者与投资者及职工之间的经济利益关系，因此农庄经营者必须在遵守相关财务制度规定的基础上，兼顾各方利益对利润进行合理分配。

案例

酒店经营管理诊断案例

企业经营化验单：

化验单一

各部收益情况：

客房今年计划收入 13,898.21 万元，实际收入 13,481.89 万元，比去年减少 2,327.84 万元，降低率 14.72 %；

餐饮部计划收入 14,457.57 万元，实际收入 15,780.94 万元，比去年减少 1, 328.89 万元，降低率 7.77 %;

商场计划收入 4,430.04 万元，实际收入 4,890.18 万元，比去年减少 1,128.18 万元，降低率 18.75%;

娱乐部计划收入 230.97 万元，实际收入 260.73 万元，比去年减少 103.75 万元，降低率 28.47 %;

洗涤部计划收入 259.54 万元，实际收入 297.24 万元，比去年减少 70.37 万元，降低率 19.14 %;

汽车部计划收入 2,139.70 万元，实际收入 2,308.70 万元，比去年减少 847.76 万元，降低率 26.86 %。

化验单二

当年各项营业指标完成情况：（单位：万元）

项目	本年度经营情况	与计划对比 %	与去年对比 %
营业收入	39,804.72	+4.75	−13.60
营业成本率 %	23.08%	+0.80	−0.21
利润总额	9,639.97	+335	+32.22
还债情况：美元	200.00		+100
人民币	5,000		−60
缴税情况营业税	1,672.39	+3.07	−13.10
所得税	2,728.77	+273.13	+42.28
增值税	287.22		−12.83
人均营业收入	20.62	+4.72	−12.77
人均视同利润	6.53	+143.66	−3.26
开房率（%）	68.77%		−7.69
接待人数	173,931		−0.40

化验单三

	资产	金额（人民币元）	负债所有者权益	金额（人民币元）
流动资产	现金	596,612.70	短期借款	20,000,000.00
	银行存款	42,261,890.24	应付账款	22,375,877.63
	应收票据	4,500,729.01	应交税金	8,448,631.32
	应收账款	117,673,305.85	应付工资及福利	18,858,235.85
	减：坏账准备	503,823.82	其他应付款	11,178,220.43
	其他应收款	1,831,913.09		
	待摊费用	263,926.15		
	存货	23,746,236.19		
	流动资产合计	190,370,789.91	流动负债	80,860,965.73
	长期投资	26,393,562.87	长期负债	134,273,446.08
			负债合计	215,134,411.81
固定资产	固定资产原值	198,382,374.83	长期借款	0
	减：累计折旧	167,822,946.20		
	固定资产净值	30,559,428.63		
	在建工程	73,898,879.58	投资人权益	
			实收资本	27,225,000.00
	其他资产		减：已归还投资	23,022,200.00
	递沿税款借项	91,555.80	未分配利润	135,120,192.39
	其他递延支出	33,143,186.91	投资人权益合计	139,322,992.39
	其他资产合计	33,234,742.71		
	资产合计	354,457,403.70	负债及所有者权益总计	354,457,403.70

分析：从以上三张宾馆经营化验单中寻找病因。

案例知识点提要：收入管理 成本管理 收益分配

收入：是指某一个体，包括个人或者企业在销售商品、提供服务及转让资产使用权等日常活动中所形成的经济利益的总流入，通常包括商品或服务的销售收入、利息收入、使用费收入、股利收入等。农庄收入指农庄在经营活动过程中销售商品或提供服务等取得的收入，包括接待游客所取得的住宿、餐饮、娱乐及其他服务项目所得的收入。

成本：是商品经济的价值范畴，是商品价值的组成部分。人们要进行生产经营活动或达到一定的目的，就必须耗费一定的资源（人力、物力和财力），其所费资源的货币表现及其对象化称之为成本。要搞好成本管理和提高成本管理水平，首先要认真开展成本预测工作，规划一定时期的成本水平和成本目标，对比分析实现成本目标的各项方案，进行最有效的成本决策。然后应根据成本决策的具体内容，编制成本计划，并以此作为成本控制的依据，加强日常的成本审核监督。

收益分配：是企业资本的提供者对收益总额进行的分割，它主要是以企业的税息前利润（即利息、所得税和净利润）为对象在各利益主体间进行的分割。企业对一定时期内的生产要素所带来的利益总额在企业内外各利益主体之间分割的过程。

思考题

1. 农庄财务管理的内容和目标？

2. 农庄财务管理中有哪些分析指标？分别有何含义？

3. 浅析农庄有哪些主要筹资渠道。

4. 如何进行农庄的收益及其分配管理？

第七章 农庄服务管理

【案例导入】

万达长白山国际度假区坐落于吉林省长白山西坡脚下，整体规划井然有序。在距离数家世界知名酒店如假日、凯悦、喜来登酒店等酒店不远处，步行约十分钟，有一个让世界惊叹的度假小镇，集咨询、购物、休闲、餐饮、娱乐、文化为一体。小镇在滑雪场与原生态森林的衬托下显得格外耀眼，为度假生活增添了新的色彩，使游客既能体验到亲近大自然的生活，又能感受到特殊的人文情怀，更能使游客感受到便利。

度假小镇由四大业态构成，共有商铺60余家，餐饮业态十多家，既有必胜客、肯德基、麦当劳等快餐品牌，也有国内知名连锁餐饮企业如汉拿山烤肉、德庄火锅、黄记煌三汁焖锅、山景咖啡厅等知名餐饮品牌；精品业态25家，有屈臣氏、热风、西遇、雪友、LEXON、新秀丽、宝岛眼镜等国内知名品牌；服装业态16家，有国内知名品牌杰克琼斯、ONLY、马克华菲等；主力店5家，万达院线、大歌星、大玩家、永辉超市和汉拿山温泉；为外地游客来长白山度假提供全方位的消费需求。

万达长白山国际度假区所涵盖的吃、住、行、游、娱、购范围广泛，内容丰富，充分地体现了游客对于一个旅游目的地要求的多样性和复杂性。本章将从农庄景区的接待服务管理、商业服务管理、酒店服务管理和公共服务管理等方面来观察农庄景区的现状。

第一节 农庄景区接待服务管理

一、票务管理

（一）票务预订服务

1. 门票一般类型

农庄景区的门票按照制作材料可以分为纸质门票和电子门票。现如今越来越多的游客采取网上订票的方式，能够轻松便捷地在任何时间、任何地点购买农庄景区的产品和服务。按照游客的特征分为全票和优惠票。

2. 订票方式

农庄景区的订票方式有传统的代理点订票方式：旅行社代理点订票、宾馆代理点订票、商城代理点订票电话订票；也有网上订票的方式——由于方便直观得到游客的青睐，许多农庄企业与电子商务网站合作提供比现场售票更优惠的门票价格（往往有消费时段限制）。

3. 订票流程

订票流程为：填写预订出游的日期 → 选择要订购的票务类型和数量 → 填写领票人信息 → 确认订单网上或现场支付 → 现场取票

（二）景区售票服务

1. 售票服务工作流程

售票服务工作流程包括售票前准备工作、售票和交款统计。

售票前准备工作：根据每个农庄景区有关票务工作的管理规定，负责票务工作的员工到财务部门票库领取本岗位所需的各种票据，票据应当场点清并核对票号。售票可分为游客直接在农庄景区当场买票，农庄景区市场部门的销售员按农庄有关票务的规定向游客出售农庄的门票和其他子项目的票，以及游客通过网络购买的电子票。售票工作应实行规范化管理，态度热情礼貌，售票快速准确。售票员交接班时，应当面点清票据数量，登记票据编号，清点票款数额，并填写交接班记录。

2. 售票服务工作难点

农庄景区的售票服务是景区对外的第一窗口，往往也是问题频繁出现的环节之一。这需要票务人员具有一定的出纳、会计常识，并且有一定的处理问题的能力。例如遇到假钞问题，票务人员应掌握辨别货币真伪的方法，以免农庄的经济利益受损；在出现游客对于优惠票有争议的矛盾产生时，票务人员应礼貌并耐心地为游客解释情况，争取游客对于农庄相关票务条款变更的理解。

二、入门服务

农庄景区的入门服务包括验票服务、咨询服务、导游服务和游客接待。

（一）验票服务

验票服务担负着维持农庄景区良好秩序的重任，同时也是农庄景区经济效益的落实。因此农庄景区应该出台相关程序化文件，明确接待服务的规范及程序，并严格按照程序和规范执行，加强监督和管理。

（二）咨询服务

农庄景区中不仅应设有专门的游客中心，也应在检票口等位置设立问讯处，要求配有明显标志，并有专职咨询人员值班，负责游客的咨询服务。这要求咨询人员应经过专业的培训，需要熟悉公司及相关信息，对于不能准确回答的问题，应明确告诉游客其他的问讯渠道。咨询人员应掌握农庄景区的基本情况、主要活动及时间、农庄内的摆渡车服务、餐饮和购物的有关信息以及农庄周边的基本情况等。同时咨询处应备有当地的交通旅游地图、当地至全国各地的交通时刻表等，以方便游客查询。

（三）导游服务

导游服务的对象有散客、旅游团队、贵宾等。在入门服务时，农庄景区应该清楚地提供导游服务的联络方式，如散客的导游服务可以直接在检票口联络和提供。农庄景区应明确规定导游的上岗资格和服务规范，确保导游服务质量，在每一次提供服务后对导游过程进行记录。

（四）游客接待

农庄景区根据不同时段的接待计划，事先安排好各相关部门的工作，保证接待工作的质量。接待计划中应该明确游客到来农庄景区的具体时间、团体人数、游览路线、参加哪些活动、准备租用哪些游览设施、订餐情况和有无特殊要求等。

1. 散客接待

农庄景区入口的售票员、检票员应热情、快捷地为游客提供入园门票服务及安排摆渡车等其他票务服务。相关的导游人员为要求提供讲解服务的散客和团体游客提供导游服务。各岗位员工应按公司服务规范，热情、礼貌地提供服务，满足游客要求，安全部门应做好卫生、安全工作，维持旅游秩序。接纳游客建议、抱怨、投诉，并按公司的有关规定处理。

2. 团体游客接待

农庄景区应有相关部门制定对团体游客及有特殊要求游客的接待计划，经过主要负责人审批后，下发到相关接待部门。各部门根据接待计划的要求，在保证安全的情况下做好团体游客和散客的协调工作，避免安全事故的发生。并且在每次接待工作完成后建立相关的接待档案以便查询和总结归纳经验。

3. 特殊游客接待

农庄景区对特殊游客包括老人、幼儿、残疾人等提供人性化服务，并且要确保服务质量。

这些服务包括寻人、预约、送票、准备轮椅、预备专门人员为特殊游客提供帮助等。

对于行动不便的残疾人，农庄景区必须设有残疾人专用通道、残疾人专用便池及特殊标识的设计安装。在检票的过程中检票员应主动热情为残疾人检票，并引导其使用残疾人通道，服务中应文明礼貌，禁止使用歧视性语言。工作人员在为残疾人、老人检票的同时，应提供必要的帮助。工作人员应为残疾人、老人、幼儿提供轮椅或婴儿车服务，在提供轮椅、婴儿车服务中应确保轮椅及婴儿车定期清洗，保证车辆清洁、卫生；轮椅及婴儿车应经常检查，确保其完好、安全；轮椅及婴儿车的借用或租用手续应方便游客；游客交还车辆时，服务人员在办好手续后，检查车辆是否完好，如有损坏，应立即送修理部修理。入口工作人员应视情况为残疾人提供检票，并按规定给老人、幼儿提前放行。农庄景区应设立专门的广播室为游客提供广播寻人服务，在员工培训时应强调任何员工在遇到寻人的游客时，应主动协助游客联系公司广播室，通知广播找人。在播送寻人通知时应用普通话广播不少于三遍。

三、游客投诉处理

游客在农庄景区的游憩过程中经常会对产品或服务产生不满情绪，因而游客的投诉和抱怨管理也是重要的管理环节之一。农庄景区应该在适当醒目的地方公布投诉电话，游客可以以信函、传真、电话的方式随时联系投诉部门。投诉部门需要明确规定投诉、抱怨的处理程序，做到客观、公正、高效地处理游客投诉与抱怨，使游客最大程度上感到满意。

农庄景区受理游客投诉的部门在受理游客的正式投诉后，应在第一时间组织调查并及时反馈处理情况，对游客所提出的建议、意见进行汇总、统计和分析，制定纠正与预防措施并负责实施。受理投诉的部门应该积极配合，本着实事求是、耐心谨慎的原则，把对农庄景区的负面影响降低到最小，尽量避免负面消息的产生。同时受理部门应对每次的投诉做详细记录：被投诉者姓名或所在部门名称、所在地、投诉请求、事实与理由以及证据，并且由投诉者签名确认。

被投诉者和所在部门应在最短的时间内核查情况，将初步处理意见等书面汇报上报投诉主管部门，写明被投诉的理由、调查核实的过程、基本事实与证据以及责任与处理意见，由农庄将处理结果反馈给投诉者。

此外，农庄管理者必须明确游客投诉过程中的受理范围，明确受理投诉问题的范围和期限。

第二节　农庄景区商业服务管理

农庄景区的商业服务管理需要满足的是游客吃、住、娱、购方面的需求，特别是餐饮和住宿属于最基本层面上的需求。农庄景区的商业服务面涵盖广的话，可以大大增强游客在农庄景区的体验，从而提升农庄的经济收益和在游客心中的形象。各农庄应该根据自身经营特色和规模来适当安排为游客提供的商业服务项目。

一、餐饮服务管理

农庄景区餐饮应该能充分反应当地的餐饮文化特色，从而让游客体验别处无法找寻的新鲜感，这种感觉能够使游客对农庄景区有一种特殊的回忆和理解。而农庄景区的餐饮服务因其经营方式灵活、规模不一、管理制度的混乱，导致管理难度很大。大部分农庄景区的小餐饮店多数为家庭作坊，产品不过关，环境卫生得不到保证，随意性强，从而使很多游客望而却步。

（一）农庄景区内的餐饮类型

景区内的餐饮类型主要包括以下几种。

1. 大排档

大排档的特点是品种多样，而且价格相对比传统的餐馆更容易让游客接受。当下盛行的美食旅游吸引着无数的美食背包客和吃货团，他们将某个地区的各种美食串联起来形成一条独特的旅游线路。例如浙江省宁波市旅游部门推出“美丽宁波，亲近海洋”主题的宣传活动，充分挖掘宁波海洋休闲度假、海洋美食等旅游新业态、新产品和新线路。其中十大特色海鲜排档之一的白沙码头海鲜大排档，不仅是许多外地游客吃宁波菜的第一站，本地人也经常光顾。海鲜排档是滨海城市饮食文化的重要组成部分，让游客在吃葱油一锅鲜、大烤目鱼、鳓鱼蒸肉饼、萝卜丝带鱼、蒜蓉砺壳、盐烤活皮虾、盐烤大白蟹等排档名菜中了解宁波。同样是小海鲜，南三县的小海鲜各有特色，而十佳海鲜美食宴席之一的宁海越溪“四盆八碗海鲜宴”是当地饮食文化符号，距今已有六百多年历史。将美食作为海洋旅游的拳头产品包装推出，最容易让游客短时间内了解宁波的风土人情，也是眼下城市营销、旅游营销的流行趋势。

2. 快餐服务点

快餐服务，以方便、快捷为特点。同时，快餐品牌可以以特许经营等多种经营方式参与到农庄景区的餐饮服务中，可以使农庄景区相对减少资金投入，增加销售额。快餐对于游客来说也是一种省时省事的选择。如长白山万达国际度假村，在冬季主要的经营项目是滑雪，而白天的日照时间有限，对于那些滑雪发烧友来说，中午的午餐时间相对较短，所以这类游客都会选择在方便到达的快餐店来解决午餐问题，如麦当劳和肯德基。

3. 特色餐馆

特色餐馆主要指经营农庄景区有特色菜品的餐馆。在番禺南沙的永乐农庄出售一系列具有当地特色的农家菜，农庄里饲养的家禽、鱼类都是没有通过人工饲料喂养的，而是单一喂养农庄自种的木瓜。

4. 主题餐厅

一种新兴的餐厅形式，主题餐厅通过设定一个特定的主题对餐厅进行装饰，所有的菜品和员工服饰等细节均围绕着这一主题。例如广东顺德的长鹿农庄，在农庄景区内的湖边码头停靠着一艘艘渔家豪华木船。这些并不是某渔家的船，而是为游客准备的超高级享受的美食船，室内配备超六星级的豪华洗手间，在里面可以看到各种热带鱼穿梭在青绿的水草中，也有卫星电视转播和人性化的冷热水提供。用餐区室内环境古朴别致，船边四面环水，让游客感觉漂荡在湖中心一样。船头上正晒着渔家撒网捕鱼回来的渔网和渔箩，让游客充分享受当地美食的同时，体验水上人家的文化氛围。

（二）景区餐饮形式

游客需求多元化引导农庄景区的餐饮形式开始与各式各样的娱乐活动相结合，为游客在农庄景区的停留锦上添花。

1. 餐饮与歌舞表演相结合

在部分少数民族聚居的地区，饮食文化与歌舞艺术相结合受到游客的青睐。游客不仅品尝美味佳肴，还能欣赏到优美的具有民族特色的歌舞表演。

2. 餐饮与康体活动相结合

这主要是指餐饮与垂钓、桑拿、洗浴等康体活动相结合。在一些特色农庄，游客可以在鱼塘垂钓后，将自己亲手钓的鱼虾交给景区内厨师烹制，不但可以参观菜品的烹制，更可亲自下厨，做出适合自己家人口味的美味佳肴。这样一方面能够调动游客的积极性，另一方面更能提高农庄餐饮企业的声誉。

3. 餐饮与大自然相结合

这种餐饮形式常见的有篝火晚会、海滩上的海鲜大排档、野外烧烤等。例如在美丽的内蒙古锡林郭勒大草原上推出的“烤全羊”项目，游客享受烤羊的鲜美，与草原星空拥抱。

二、购物服务管理

（一）存在的问题

购物是农庄景区的六大功能中出现问题比较多的环节，主要问题有农庄景区的购物品种雷同，商品特色不明显；销售人员缺乏相应的专业素质，诚信意识差；购物场所没有公开的价目表，很多农庄的小商贩本着卖一回赚一回的想法；商品购买市场管理极为混乱等；极大程度上破坏了农庄景区的整体形象。

（二）发展现状

农庄景区中值得我们大力发展的是加强农副产品的生产和销售。近年来都市人频繁地因为化肥污染、亚健康等关键词而提心吊胆，食品安全问题成为生活中人们非常关心的问题。越来越多的消费者把目光投向了无公害的健康食品，而农庄景区往往是能够满足这类消费需求的最佳场所。

1. 散客购买

购买农副产品。农庄景区的农副产品由于绿色健康、没有残留农药的危害、保存时间较久、不易腐烂、营养价值高而受到游客的青睐。不少游客在农庄景区游憩的过程中，通过当地购买和现场采摘等方式来购买。

2. 认养果蔬种植地

是通过游客自身参与管理种植的一种长期的消费方式。农庄景区将认领的果蔬种植土地按大小划分，并在每块地上清晰标注认领者的信息，与认领者签订认领合同。合同内容包括认领者在规定时间内拥有土地使用权、种植的具体内容，以及在种植的前期、中期和后期农庄景区应提供的服务等具体事宜。

3. 批量购买

农庄为家庭、餐馆、企业提供食品原材料的加工配送服务，并且根据不同特征的人群进行专属的健康套餐的订制。比如专门针对办公室的白领一族的饮食搭配、针对糖尿病人和高血压病人的健康食谱等。

第三节 农庄酒店服务管理

一、酒店服务管理的含义与特征

（一）酒店服务质量的含义

酒店服务的优劣取决于游客在体验过程中对于酒店提供服务的质量的享受程度，也可以认为是酒店为游客提供能满足游客需要的程度的一种评价。这里的服务既有普通的规范服务，也包括针对不同需求的游客的个性服务。

酒店的服务质量是指酒店的服务产品能够满足规定的物质和精神上的需要的总和。在这里需要说明的是服务的精神需要：游客是具有思想和精神情感的个体，那么他们在接受服务或被服务的过程中需要得到尊重、礼貌、友好等精神上的满足。所以任何一个酒店管理者特别是农庄景区的酒店管理者都需要重视在提供服务过程中给予游客精神上的满足和享受。

（二）服务质量的分类

酒店的服务质量可以分为硬件质量和软件质量。酒店的软件质量是指凡是与人的服务活动有关的，由游客所评价的感觉、情感上的总体综合质量。包括：酒店员工的服务态度、服务语言、服务效率、清洁程度等方面。所谓硬件是指凡是与硬件设施有关的，能被量化的质量。包括：

1. 设备设施质量

服务内容的合理性、设备设施的新旧程度和设施的美观舒适程度。如：农庄酒店的客房纱窗上的破洞。

2. 实物产品质量

包括农庄景区的酒店餐饮产品、客房每日更换的快消品以及酒店出售的纪念品、特产等实物质量。

3. 环境氛围质量

包括酒店环境、装饰风格、使用材料、酒店香氛、灯光照明等给人美感和舒适感的环境质量。

（三）农庄酒店服务质量的特征

高效和优质的服务能够给农庄酒店服务带来良好的口碑，在众多世界知名连锁酒店中，根据酒店管理重点的突出而反映出的优良服务，常常可以通过酒店的文化和口号得以体现。如万豪酒店长期以来坚信员工就是最大的资产，万豪酒店的文化就是员工以实际行动为顾客所创造的服务体验，其宗旨在于服务顾客。喜达屋酒店集团拥有行业领先且备受赞誉的顾客忠诚 SPG 计划，顾客通过积分可以兑换机票和喜达屋旗下酒店的住宿；同时酒店员工的目标也致力于提供卓越的客户服务、完美无瑕的关照、将客人需求谨记在心并超越他们的期望。四季酒店强调提供给客人“全天候量身定制的高品质服务，配合出类拔萃的优雅环境，让追求卓越的您即使身在路途之中，也能享有如家一般的舒适与安逸”。圣达特酒店则通过先进的数据、资料衡量酒店产品和服务的质量：我们酒店的效益来自我们客人的满意体验，这将直接关系到客人对酒店的满意程度和是否再次光临。雅高酒店定位为具有社会意识的企业，在经营的过程中时刻履行社会和环境责任，在增长的同时保护未来。通过结合上述国际知名酒店的特色经营，我们可以对农庄酒店服务质量的特征稍作思考，主要表现为以下五种特性。

1. 功能性

在服务游客的过程中要掌握及时、准时和省时三个要素。酒店人要理解时间概念从而更有效率地提供优质服务。

2. 舒适性

保证农庄酒店设施的舒适和能够方便地使用,环境的清新美好都能够给游客舒适的感觉。

3. 安全性

服务质量的安全性表现在物质和非物质两个方面。物质方面要保证游客的个人财产不受到损失；非物质上表现为游客的精神和生命不受伤害。农庄酒店要做好安全管理工作，包括饮食、设施、安全保护等方面。

4. 经济性

游客为被服务所支付的费用的合理性。

5. 文明性

游客来到农庄休闲度假释放心情，也希望在一个文明、自由、充满尊重的气氛里获得心理和生理上的满足。

（四）影响酒店服务质量的因素

1. 服务项目

由于对游客的需求认识的不足，酒店所提供的服务产品的服务质量往往不能达到游客的期望值。酒店服务的目的在于满足游客的综合需求，但是酒店在设计服务项目或服务产品的时候，往往硬件设施的投入要多于对游客的无形服务的投入，物质的大于精神的。

具体表现为：第一，由于缺乏对游客和市场的深入考虑所产生的服务产品的性价比问题；第二，缺乏相应的能够量化的服务质量标准，使得游客所体验的服务质量参差不齐；第三，缺乏相关针对服务失误所应有的预防措施，所以存在着服务失误的隐患。

2. 人员服务

休闲农庄的一线服务员工共有的特点是：个人素质低、文化程度不高、流动性强。在如此情况下即使是统一参加入职培训，但没有严格的筛选机制，这些战斗在一线的服务人员难免给游客留下不专业、水平不一的印象。所以农庄酒店建设有标准的服务体系，并实事求是地层层传达到游客的农庄体验中，是服务质量的另一个关键。

3. 质量监控

农庄酒店必须有完善的服务质量监控体系，以减少服务过程中，由于服务技能、手法不一导致的服务质量有所差异的问题。在服务的过程中由于游客参与配合程度的不同，个人服务质量也会不一。虽然正常的差别是难免的，但对于服务过程中易产生质量差别的环节，尤其是对游客很重要的服务环节，应该有相应成文的服务质量体系来进行规范。农庄酒店应该推行与绩效薪酬对应的质量监控体制，以促进员工行为的规范。

4. 失误补救不及时

由于酒店服务生产与消费是同时进行的特殊性，难免会产生服务中的失误。酒店员工在准备工作不充分，或未能在失误发生的第一时间进行及时有效的处理的情况下，找各种理由为失误进行辩解往往会严重影响到游客对服务质量的评价和满意度，而且不满意的游客还会成为酒店的负面宣传

二、酒店服务管理组织与管理内容

在农庄景区的酒店服务质量管理中，要坚持每一个服务人员和管理人员都能给游客提供优质而满意的服务，这是农庄景区酒店拥有市场竞争力的一个重要因素。在上一节中我们提到，农庄景区的酒店员工从招聘的角度分析有着学历和素质不高等问题。这些问题在服务游客的过程中会带来一系列的负面影响，这促使农庄景区的酒店管理者应采取一种制度来规范、约束、监督员工的行为。农庄景区的服务质量是酒店的生命线，建立系统的服务质量监督检查组织，能够提升酒店的服务水平。

（一）酒店服务管理组织

建立层级制或是经理负责制等不同结构的服务管理组织。这里简单介绍层级制服务管理组织。

1. 基层督查

基层督查工作由领班或主管主持，以班组为单位。检查内容为岗前准备和在岗工作，重点是员工的岗前工作准备、个人面貌、仪容仪表、工作操作流程等情况。做到责任到人，控制好一线服务的服务质量。

此外，督查人员应该每天随时以表格的形式记录所检查内容与结果，并对所产生的问题进行标注和总结。每个星期要针对所产生的问题进行部门上报，对于重大问题要及时向上级部门汇报并采取处理措施。

2. 部门督查

各个部门应建立督查制度。客房部、前厅部、餐饮部、工程部、营销部等部门必须指派管理级别的工作人员负责质量督查，成立督查小组。每周进行本部门工作的监督检查报告，并以书面形式上交农庄酒店的质量督查部门。报告的内容包括：本周工作中出现的问题、

问题解决方案、协调措施等。

检查内容有员工的岗前工作准备、个人面貌、仪容仪表、工作操作流程、服务效率等情况，重点是下级领班和主管的管理执行工作的情况。

3. 店级督查

农庄酒店的整体服务督查组由经理级别的员工负责。组长每天对各个营业场所、办公区域进行现场检查，并对检查结果作书面记录并存档。检查发现的问题应及时与部门经理进行沟通，并根据处理问题的时长进行复查。检查发现的一般问题，由部门解决；重大问题或游客重复提出的问题要填写意见整改书，并在每周例会上提出整改方案。

各级督查人员应该实事求是地记录检查工作，各部门也需及时有效地处理工作中的各项问题，农庄酒店的服务督查组长应该坚持每天检查各岗位，并针对薄弱环节加大检查力度。

（二）酒店服务管理内容

1. 酒店服务质量管理内容

农庄酒店的服务质量管理关系到游客对酒店的评价。如何让来到农庄酒店的游客都满意、如何提高来酒店消费的游客满意度、游客的满意能给酒店带来什么等问题，都是酒店管理者在服务质量管理中必须思考的内容。

（1）消费者满意（customer satisfaction）

满意是指先前的意愿得到满足或原先料想与现实相符。在消费者行为学中，满意定义为消费者通过对一个产品的可感知的效果，与他的期望值相比较后，形成的愉悦或失望的感觉的状态。我们也可以认为这是消费者在进行一系列体验之后的一种心理状态，这种状态来源于消费者使用产品或接受服务后的感受，与感受前对此服务或产品认知之间的差异。消费者可以经历三种不同结果的满意。如果感受后的效果低于感受前的期望，那么消费者就会失望和不满意。如果感受后的效果与感受前的期望相吻合，那么消费者就满意。如果感觉后的效果大大超出期望的程度，那么这种满意就意味着高兴和欣喜。

消费者满意这一概念的发展是在20世纪80年代初。美国的电话电报公司为了使自己长期处于有利的竞争地位，尝试性地做了了解消费者对本企业所提供的服务的满意情况的调查，而且在调查统计结束后会根据相关数据作出管理方面的相关调整和改善。

美国政府1987年8月20日颁布了第100～107号法令，以“马尔科姆·鲍德里奇国家质量奖”来鼓励企业应用消费者满意作为了解市场的一种手段。法令的主要内容是：

“美国在产品和制造质量的领导地位已经遭遇到严重的挑战，有时已经被外国的竞争者成功超越。在过去的20多年中，美国的生产率的增长大大地落后于我们的竞争对手。”

“美国的商业和产业界正在逐渐认识到，在全国范围内，因质量造成的成本占到公司高达20%的销售收入。因而，改进产品和服务质量与提高生产率、降低成本、增加盈利能力息息相关。”

“质量与质量改进活动的战略策划，对制造和服务的卓越表现的追求，对于国家经济的健康发展，在全球市场的竞争能力，显现得越来越重要。”

在现代商业社会中，“顾客至上”已成为现代企业的核心经营理念，只有满足顾客要求的质量才是真正的质量、有效的质量。顾客的要求，有书面明确约定的，也有隐含的，更重要的还有在隐性要求中的期待要求。比如说，顾客经过比较挑选网购了一台胶囊咖啡机，送货上门、拆封试用后都很满意，机器的外观、颜色和细节等方面都如产品说明书所描述。如果在使用后又发现产品的功能、可维护性、耐用性、售后服务等方面都超过了购买时的预期，顾客就会在满意的同时多了一份惊喜，就会自觉地认准该家电品牌，下次就会继续购买，成为该品牌的忠实顾客。企业产品只有具备了顾客最终认可的质量，也就是在满足顾客明确要求的同时，也满足顾客隐性的要求、额外期待的要求，甚至超越顾客期待的要求，才能紧紧吸引一大批忠实顾客。这就是“马尔科姆·鲍德里奇国家质量奖”的首要观点——“质量是由顾客最终确定”的进一步诠释。

随着人们生活条件的改变，消费者的需求层次不断提高，他们更加注重的是个性化和人性化的服务与产品。农庄景区的酒店管理者也应更加注重消费者的喜好与体验的感受，通过与消费者的直接沟通来感知消费者的消费变化和需求，从而根据变化来制定酒店的相关事宜，从各个方面改善服务，满足消费者不断变化的需求。

根据研究显示，企业每开发一个新的顾客的投入成本是维护一个老顾客所花费成本的5～10倍。当消费者对所购买的产品和服务感到不满后，他们很容易转身选择企业的竞争对手，导致顾客的流失。顾客流失所产生的后果是导致开发每一个顾客的单位成本将增加。由此可见，为顾客提供优质的提出真实意见或问题的渠道，根据问题加以分析，并提出解决问题的方法，从而来改善现状是消费者获得满意的中心内容。

（2）消费者满意度

由于消费者满意只是一种感受，很难用具体的度量去衡量，所以量化消费者满意成了一个必须要解决的问题。酒店在制定关于评价消费者满意度的科学体系时应该考虑三个方面的功能：首先这套适合于酒店消费者满意度的体系应该包括测量和评价酒店目前消费者满意度的各项事宜；其次提供能够有效提高消费者满意度的各方面的思路；再者提供能够在现实工作中根据思路所提出的解决办法。

根据实践，许多研究部门正试着建立一种能够准确度量消费者满意度的体系，为了能将消费者对于服务与产品的感知这一隐性变量转化为一种可以直接测评的指标。现今，大多数研究认为，消费者满意度是指企业提供的总的产品对消费者所有需求的一种实现程度。

企业总产品的内容包括除了核心产品之外的附加产品，这些都是能够影响消费者满意度的直接因素。为了解释，如图 7–1 所示，以一个农庄漂流度假村为例。

图 7–1　农庄漂流度假村的核心产品

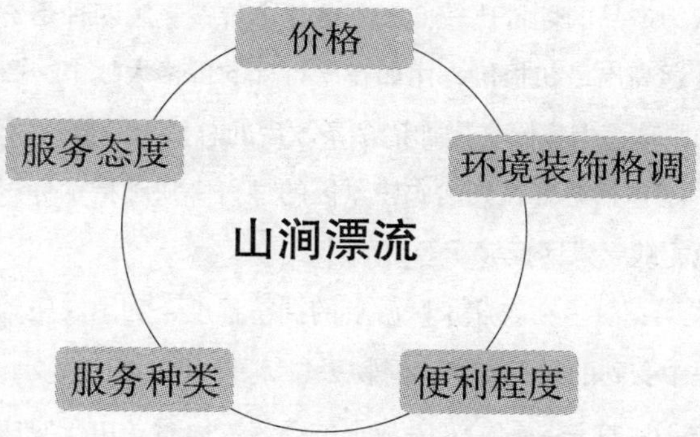

山间漂流是农庄度假村的核心产品，是企业经营成败的首要因素。如果水道拥挤、硬件配套落后、安全隐患大，这都会影响游客的再次光临，同样游客在此行体验的感觉会很差，甚至口口相传的负面宣传会严重影响农庄的声誉。

但是，游客在农庄度假不仅仅是漂流一项活动，他们的期望远远不止水道宽窄、设施先进等条件，农庄漂流度假村的服务态度、活动区域内的交通便利程度、餐饮食材的新鲜度等众多因素都属于游客对满意度评价的部分。所以在考虑到游客满意度的问题时，需要更加全面地考虑农庄景区内部的综合因素。

（3）消费者忠诚

在这里我们所说的消费者忠诚是指在农庄游客满意的基础上，持续对农庄经营的产品作出长期购买的行为。这些产品可以是农庄景区的门票、酒店住宿、特色产品等一系列有形和无形的产品的总和。游客对于忠诚的表现应该有以下几个方面：首先持续性地购买同一农庄所提供的产品或服务，并且主动向身边的人大力推荐该农庄的产品或服务。其次，在同种购买选择的过程中，游客会第一时间选择该农庄的产品和服务，不会考虑其他品牌的同类产品和服务。游客在购买该农庄的产品和服务的过程中发现缺陷和不足时，会用理解的心情向农庄提建议和意见，并且希望农庄对于缺陷和不足作出改善以求更长久的良好发展。这就是所谓的消费者忠诚（customer loyalty）。

（4）消费者不满反应与消费者流失

由于消费者满意度低容易引起消费者流失，因此所有导致满意度低的因素都可能造成消费者流失的局面。在农庄景区的酒店管理中，引起消费者流失的因素有以下几种：

价格：价格因素中又有几种常见的类型。第一种是高价，游客在接触高价的第一反应就是拒绝或是转换供应商。第二种是价格升高，这是游客参照前一次购买价格的比较，相同主题的产品如果前一次的价格与现价格出入较大的话，也会引起游客的放弃。第三种是价格不公，游客认为产品的性价比较低、不值这个价钱。第四种是价格欺诈，指的是游客最后付出的价格远远高出最初报价，比如在旅行社的价格大战中，商家往往会用低廉的价格来吸引消费者的眼球，但实际在增加诸多条款后的总付出是最初的两倍或是几倍。

便利：便利因素包括游客在到达农庄景区的过程中缺乏指示标识、营业时间不明确、预约时间段不理想、缺乏景区摆渡车等方面。

核心服务的失误：游客在农庄景区游玩的拥挤程度，和因农庄景区的安全管理欠缺导致游客在游憩过程中受到的人身伤害、财物丢失等。

服务人员的失误：这是导致消费者流失的第二大因素。由于农庄景区的工作人员大部分来自于边缘村镇，综合素质欠缺，在平时的接待工作中容易出现如对游客的不关心、不礼貌和没有反应等。

（5）客户关系管理（CRM customer relationship management）

企业面对处理长期的客户关系，以求提升企业成功的管理方式。其目的之一是要协助企业管理销售循环：新客户的招徕、保留旧客户、提供客户服务及进一步提升企业和客户的关系，并运用市场营销工具，提供创新的、个性化的客户商谈和服务，辅以相应的信息系统或信息技术，如数据挖掘和数据库营销来协调所有公司与顾客间在销售、营销以及服务上的交互。

总而言之，CRM是企业利用信息技术与流程设计，通过对顾客信息的集成性搜集与分析来充分了解顾客，并利用这些知识来精确定位有潜力的市场，或提供一对一的定制化销售与服务，使得顾客从P/S中感受到最大的价值。其目的在能提升老顾客的满意度与忠诚度，并能吸引好的新顾客，共创企业最大的收益与利润。

第四节 公共服务管理

一、景区公共服务包含的内容

公共服务是一个涵盖面广的概念。根据其内容和形式可以分为基础公共服务、经济公共服务、社会公共服务和公共安全服务。基础公共服务是指那些通过国家权力介入或公共资源投入，为公民及其组织提供从事生产、生活、发展和娱乐等活动都需要的基础性服务，如提供水、电、气、交通与通讯基础设施、邮电与气象服务等。经济公共服务是指通过国家权力介入或公共资源投入为公民及企业从事经济发展活动所提供的各种服务，如科技推广、咨询服务以及政策性信贷等。公共安全服务是指通过国家权力介入或公共资源投入为公民提供的安全服务，如军队、警察和消防等方面的服务。社会公共服务则是指通过国家权力介入或公共资源投入为满足公民的社会发展活动的直接需要所提供的服务。社会发展活动包括教育、科学普及、医疗卫生、社会保障以及环境保护等领域。社会公共服务是为满足公民的生存、生活、发展等社会性直接需求，如公办教育、公办医疗、公办社会福利等。

（一）景区公共服务

农庄景区的公共服务是指农庄景区通过对公共资源的整合、投入，为农庄和游客提供生产、体验和发展等组织活动都需要的基础性服务。这些服务又通过相应的基础服务设施来体现。如信息咨询中心、停车场、公共洗手间、垃圾桶、投诉电话、引导指示牌、警示标志、卫生服务中心、景物介绍牌、景区全图、中外文的对照解释等内容。

2012 年国庆期间，泰山、崂山等景区游客暴增直逼安全警戒线，景区不得不暂时停止售票，进不了景区的游客只好等待或折返。10 月 3 日上午 9：30，泰山进山游客人数已经达到 6.5 万人次，其中天外村、红门入口人流量最大，售票处已经排起长龙，游客需等待 30 分钟才能买到票。公路两侧的停车长度已达 5 千米，附近的宾馆、企业空地和学校操场也已经对外开放，供游客停车。11：30 至 13：00 暂停出售进山票，停止游客进山。同时，近千名消防员和武警官兵进入景区，疏导游客从天烛峰和桃花源两条相对轻松的路线下山。据统计，10 月 2 日 14：00 至 10 月 3 日 14：00，泰山景区进山进景点游客 92,388 人次。这种饱和的态势扩展到全国，在部分热点景区甚至发生了游客滞留、无处落脚的情况。

景区告急直接反映出公共服务的重大盲点。在国庆和类似节庆时期，游客对目的地旅游信息服务、旅游交通便捷服务、安全保障服务、旅游惠民便民服务和旅游行政服务的需求更加强烈，景区企业和当地政府对于门票的限制发行是否应该和景区的承受能力相匹配的现实考虑值得我们进一步的思考。

（二）景区公共服务设施设立的原则

1. 易用性原则

很多公共设施设计虽然存在于它所属的地方，但是没有可以被人容易和有效使用的能力。比如在自动取款机前等待前面的老人一遍又一遍地重复错误操作，而无法施以援手，这就是公共设施缺乏易用性所造成的困扰。易用性就是指产品是否好用或有多么好用，这是一个在设计时就必须认真思考的原则性问题。比如农庄景区垃圾桶开口的设计就既要考虑到使用有一定的硬度韧性的材料满足必须结实的基础，又不能因此使投掷垃圾成为投篮，这都是公共设施设计时应该考虑的易用性原则。

2. 安全性原则

在农庄景区，若老人、儿童在活动时不慎被某些公共设施所伤害，如健身器材的质地过于坚硬或者公共电话亭侧面挡板边沿过于锋利，这种意外伤害的主要责任是应归咎于设计者，还是使用者的不注意、不小心？有些人认为父母缺少看护造成，还有些人认为是设计师的设计疏漏所引起的。作为设置于公共环境中的公共设施首先要考虑是设施的安全隐患问题，设计时必须考虑到老人、儿童或是任何人可能在使用过程中出现的任何行为。儿童有着不能改变的好动、不安分的天性，而能改变的是以儿童身高作为一个尺度，低于此高度的公共设施均应考虑到其材料、结构、工艺及形态的安全性，从设计时就要尽量避免对使用者所造成的安全隐患。

3. 系统性原则

在农庄景区公共休息区内，根据人流量和人均产生垃圾的数量设置垃圾桶，或在公共座椅周围应设置垃圾桶，而垃圾桶的数量应与公共座椅的数量相匹配，过多或过少地放置垃圾桶都会产生影响。再如健身设施周围相对集中的公共照明设施，便起到了引导人群使用的作用。而缺乏这种集中照明的公共设施，因缺乏引导性、安全性和交互性，在夜晚的使用率便相对较低。事实上，不仅如此，诸如卫生设施、休闲设施、便利性设施、健身设施等公共设施，它们之间及其内部均存在着自然匹配的关系。

4. 审美性原则

公共设施对于农庄景区的整体形象的营造有着重要的作用，公共设施的设计不仅应该能充分发挥其功能，还应该能和周围农庄的一切山水自然融合一体。公共设施设计的审美性同样值得农庄景区的管理者考虑。

5. 环保性原则

在农庄景区内大力推进保护环境的基础公共服务设施的建设，做到节能、节水和设置农庄景区内的垃圾回收设施等，并加强对游客和当地居民对环境保护的意识。

二、完善公共服务产品体系

（一）游客中心

农庄景区内的游客中心是提供农庄内部信息咨询、教育、休息等公益性或免费基本服务的场所。参照《旅游景区游客中心设置与服务规范》，农庄景区应该在包括功能、建筑规模、休息设施、选址等方面对游客中心作合理的规划并实施。

1. 旅游咨询

为游客提供相关的咨询服务，包括景区及旅游资源介绍、景区形象展示、区域交通信息、游程信息、天气询问、住宿咨询、旅行社服务情况咨询及应注意事项提醒。

2. 旅游投诉

游客向旅游行政管理部门提出的对旅游服务质量不满意的口头或书面上的表示。投诉处理的原则是：查明情况，实事求是，耐心谨慎，避免影响扩大。

3. 旅游管理

对游客中心服务半径范围内的各类旅游事务及游客中心本身进行管理，包括定期巡视服务范围、紧急救难收容、临时医疗协调，以及设置游客服务中心服务项目公示牌。

4. 其他游客服务

雨伞租借、手机、摄（照）相机免费充电、小件物品寄存、失物招领、寻人广播服务；电池、手机充值等旅游必需品售卖服务；邮政明信片及邮政投递、纪念币和纪念戳服务；公用电话服务，具备国际、国内直拨功能，移动信号全覆盖，信号清晰；提供医疗救护服务，设立医务室，配专职医护人员，备日常药品、氧气袋、急救箱，并提供寻人服务等。

（二）公用洗手间

农庄景区的公共厕所建设能够直观地反映出农庄景区的档次，常见的问题反映在布局不合理、管理不到位，存在严重的脏、乱、差等现象，往往与名闻遐迩的农庄景区的宣传语形成强烈的对比。

农庄景区公共厕所的建设和改造要符合国家相关标准，合理布局，标准设计，按要求建设。可以中华人民共和国旅游局的《旅游厕所质量等级的划分与评定》（GB/T18973-2003）和《旅游厕所质量等级评定检查评分细则》作为依据：在洗手间入口和出口设有残疾人专用通道，并在农庄景区内外设立相应的标识；设有残疾人专用便池，并保持其设施良好、清洁干净；卫生间内应有防滑设施，以防老年人滑倒；并应注意门外的指向标记、门口的性别标记、厕所的装饰画设计、室内盆景的布置、除臭设备及洗手液和卫生纸的摆设等方面，张贴管理制度，有力地监管管理人员的工作包括出勤等。

（三）停车场

农庄景区的停车场是为游客提供停车服务的场地。由于农庄景区一般距离城市有一段距离，越来越多的拥有私家车的游客选择自驾来到农庄，而没有私家车的游客也可以选择农庄大巴，或是单位大巴来到农庄。因此农庄管理者在建设停车场时不仅要考虑私家车的安全有序停放，也要考虑大客车和中型客车的专属停车位，并且根据游客人数进行停车场的规模预测。

停车场区位选择直接影响游客行动的方便和与整体农庄景区布局的规划，而停车场规划时要尽量避免对景区的环境和景观造成破坏，它的负面效应主要表现在：一是停车场对景观风格的破坏，二是停车场对环境意境的破坏。停车场的区位选择是根据与农庄景区关系而确定的。由于停车场与农庄景观空间上的位置有着直接的联系，一般来说常用的方式有：

1. 景区外部集中布局方法

当农庄景区内部建筑分布或景观分布使得农庄整体空间较为有限，停车场地的建设会破坏农庄景区整体的美感形象时，可以考虑在农庄景区外围部分开辟一个地块作为农庄景区停车场。

2. 景区外部分散布局

结合景区外部集中布局方法，若外部空间较为狭长或停车使得游客与农庄景区的步行距离较远时，可以考虑采取分散布局停车场的方式，即在农庄景区外部分散建设几个或多个小型停车场，并且每一个小型停车场与农庄景区有相对应的通道方便游客出入。

3. 景区内部集中布局

当农庄景区的空间或整体环境容许将部分空间开辟作为停车场而且不影响景区的整体布局和美观时，建议在农庄景区内靠近大门附近开辟一个较为集中的停车场方便游客活动。除此之外，农庄景区的停车场区位选择还有农庄景区内部分散布局方法等。

（四）垃圾

农庄景区垃圾随便丢弃的现象屡见不鲜，造成这一结果的原因有垃圾箱的数量远远与农庄景区的人流量不符、垃圾桶设计及安放位置的不合理等（没有在人流量大的区域放置数量较多的垃圾桶，或者垃圾桶之间相距很远，游客使用起来很不方便）都是产生这种现象的原因。如果不能得到及时有效处理将会对生态环境、农庄景区形象、游客体验、农庄景区安全等造成严重影响。

1. 垃圾箱

垃圾箱具有特殊要求：首先垃圾箱在自然条件下要求能够耐高低温，并且有足够的机械强度和良好的冲击韧性，要求容易清洁且能够与环境融为一体。同时公共垃圾箱的摆放位置也是十分考究，需要结合农庄景区的人流量、人均垃圾携带量、垃圾桶容量和使用率等诸多因素进行考虑。

2. 建立垃圾处理方法

建立垃圾处理方法应该从减少源头垃圾的产生、有效控制垃圾产生以及优化垃圾处理方法三个方面来考虑，使垃圾在减量、无害的同时能给农庄景区带来部分资源。

首先，应该提高游客环保意识。农庄景区管理者可以通过不同手段对游客进行宣传教育，如通过导游影响、发放宣传手册等实现源头垃圾减量；并且在农庄景区内采取具体的管理措施，例如农庄景区各商户一律只能使用纸质包装袋；禁止农庄景区的餐厅内使用一次性筷子，餐巾纸的限量使用；农庄景区内酒店里不提供一次性洗漱用品，游客如有需要可以在酒店前台自费购买可循环利用的洗漱用品等。另外对于农庄景区内商户产生的垃圾采取按量计费的方式，对垃圾处理费采取阶梯式收费，减少垃圾产生。

其次，在人流量大的区域设置相应数量的垃圾桶，并且对垃圾进行分类，标有分类的显眼标识。垃圾初期分类能极大地提高后续垃圾处理效率。因此，在对游客进行宣传教育的基础上，鼓励游客配合做好景区的垃圾收纳工作。

最后，在垃圾的处理方面，农庄景区应该根据自身的实际情况和经济实力，制定景区的垃圾处理技术组合。可以选择建设自己的垃圾处理厂，如采用焚烧发电法、堆肥法等垃圾处理方式。

（五）标识系统

农庄景区的标识系统是不同内容的标识要素按照一定的关系进行组合，并设置在特定的场所，从而为游客提供指示性的信息。标识系统主要由说明性标识、引导性标识和限制性标识三大标识按一定关系构成。

1. 说明性标识

指说明对象的名称、内容、特性、历史等方面的标识。如农庄景点介绍牌内容应包括某个景点或景物的介绍、中外文对照解释、文物等级评定碑牌等。

2. 引导性标识

游客能够通过标识清楚地认识自己在农庄景区内的地理位置，并能明确知道寻找的目的地与自己所在地的地理位置关系。如农庄景区道路方向指示、导游图等。

3. 限制性标识

用于表达禁止、警示、指令等意图。如景区警示关怀牌，提示游客勿要踩踏草地、前方施工危险、保护环境等。

国家标准制定的关于景区标识旅游景区标识系统包括五大类型：景区全景地图、景区文字介绍，游客须知、景点相关信息，服务管理部门电话等。

案例

多利农庄

多利农庄是专业从事有机蔬菜种植和一站式为会员服务的企业，提供最安全、天然、健康的有机蔬菜，倡导低碳、绿色、环保的生活理念。环境保护、可持续发展并成为优秀企业公民是多利农庄的核心价值观。具备“设施菜田、工厂化育苗、种源培育、特色基地、有机蔬菜、仓储保鲜、生产与物流”等7大特色产业，先后获得：OFDC有机认证、ISO9001质量管理体系认证、ISO14000环境体系认证、HACCP食品质量安全体系认证、GAP良好农业规范认证。

其中农庄推出的蔬菜卡服务体现出一种人文关怀：“馈赠客户——为您的企业提供蔬菜卡、称心如意的蔬菜礼品券，让有机蔬菜为您的公司树立健康、环保的企业形象；馈赠员工——让公司福利更为人性化”“送一次礼，送一年的健康”“我们能够为您定制印有您公司LOGO的会员卡，以提高您企业的品牌识别度。每天都提醒您的客户您关注他们的健康。”

案例知识点提要：商业服务管理

商业服务管理：现代农庄景区的商业服务管理是指现代农庄的管理者通过有效地运用景区资源的综合运作而达到农庄景区一部分商业目标的管理。需要满足的是游客吃、住、娱、购方面的需求。

顾客满意度调查

顾客满意度调查进入中国十多年的时间，从最初的服务落实度调查，到感知质量调查，到满意度指数模型调查，不断与多种研究技术和理念相结合，发展出满足不同需求的满意度调研技术。根据满意度调研关注点和解决问题的不同，到目前为止，满意度调研技术可归为10代。

整个10代的满意度调查，前3代是基础，经历了从服务过程调查（第1代）到服务效果调查（第 2 代），从服务质量调查到满意度指数调查（第 3 代）的发展过程。后 7 代是在前 3 代的基础上，根据不同应用要求延伸发展而来。以提升不满意客户为关注点，发展了不满意度调查（第 4 代）、短板改进调查（第 5 代）；为优化资源配置策略、确定资源投入边界，应用发展了 KANO 模型（第 6 代）；为分析差异化服务需求，将 U&A 研究（第 7 代）融入了满意度调查；第 8 代满意度重点关注高满意人群，第 9 代将提升用户体验作为调研重点，第 10 代强调以满意度调查为核心建立服务管理体系。

第 1 代到第 10 代的满意度调研技术，并不是一个替代关系，各代技术适用不同类型、不同发展阶段的企事业单位需求。循序渐进地采用有针对性的技术级别，可显著有效地管理和提升服务水平。

致力于顾客满意的服务

在低附加值的餐饮服务业，虽然人人都在喊顾客至上，但其实并没有真正重视顾客感知，而“海底捞”把服务作为立身之本，把功夫下在每个服务细节上，超越顾客期望值，这让每个来“海底捞”门店的顾客都深有体会。“海底捞”的“五星”服务贯穿顾客从进门到出门的每一个环节和细节：停车有代客泊车；等位时有无限量免费水果、虾片、黄豆、豆浆、柠檬水提供，有免费擦鞋、美甲以及宽带上网，还有各种棋牌供大家娱乐；为了让顾客吃到更丰富的菜品可点半份菜，怕火锅汤溅到身上为顾客提供围裙，为长发顾客递上束发皮筋，为戴眼镜顾客送上擦眼镜布，为放在餐桌上的手机套上塑料袋，当饮料快喝光时服务员主动来续杯；去洗手间也能发现有专门服务生为你按洗手液、递上擦手纸巾……在许多网站上，“海底捞”一直牢牢占据着几大城市“服务最佳”榜单的前列。

充满乐趣的等待、节约当道的点菜服务、及时到位的席间服务、儿童天地、小优惠这些都体现出了“海底捞”在员工的组织分工上的成功。明确的分工使得服务人员拥有更加专业的工作和空间，用优质的服务去吸引更多的顾客。企业采用以人为本的战略措施，在满足服务的同时，注视创新，并且提供人性化服务，让客人有宾至如归的感觉。“海底捞”的特色服务是吸引顾客的重要原因之一。

案例知识点提要：顾客满意

顾客满意：满意是指先前的意愿得到满足或原先料想与现实相符。在消费者行为学中满意定义为消费者通过对一个产品的可感知的效果与他的期望值相比较后，形成的愉悦或失望的感觉的状态。

可口可乐公司顾客沟通调查

1981年，可口可乐公司进行过一次顾客沟通的调查。调查是在对公司抱怨的顾客中进行的。下面是那次调查的主要发现：超过12%的人向20个或更多的人叙述了可口可乐公司对他们抱怨的反应。对公司的反馈完全满意的人们向4～5名其他人转述他们的经历。10%对公司的反馈完全满意的人会增加购买可口可乐公司的产品。那些认为他们的抱怨没有完全解决好的人向9～10名其他人转述他们的经历。在那些觉得抱怨没有完全解决好的人中，有1/3的人会完全抵制公司产品，其他45%的人会减少购买。

企业同客户的行为和感受是相互的；客户对企业有好的感受便更有可能触发相应的购买行为，相互强化和促进之后便会产生良好的客户关系；如果客户对企业有购买行为，但具有很坏的感受，那么就有可能停止未来的购买行为。

企业与客户的关系不是静止的、固定的，它是一种互动的学习型关系，企业与客户之间要进行互动的沟通和交流，互相了解和影响，并能够在接触过程中进行学习，从而更好地了解客户，并提供更适合的产品或服务。

可口可乐公司的调查体现的是一种关系营销的观念。关系营销是建立在以消费者为中心的基础上的，关系营销的核心是关系，企业通过建立双方良好的互惠合作关系从中获利。关系营销强调充分利用现有资源来保持自己的各类客户，把建立于发展同相关个人及组织的关系作为企业市场营销的关键变量，从而把握了现代市场竞争的特点。

除上述调查外，可口可乐公司的CRM工作还应当进行客户忠诚度分析：①要明确客户的忠诚级别；②分析影响客户忠诚的因素。态度忠诚主要包括：客户的满意程度、情感因素的影响和对公司品牌的信任程度。行为忠诚包括：习惯性购买的行为、与公司交易的历史状况两个因素。

案例知识点提要：消费者忠诚

消费者忠诚：是指在顾客满意的基础上，持续对企业经营的产品作出长期购买的行为。这些产品可以是服务和特色产品等一系列有形和无形的产品的总和。

公共设施的合理性与独特性

有些学者不将公共设施划归工业设计的范畴，其主要原因在于工业设计具有机器化、大批量生产的特征。而公共设施设计往往具有专项设计、小批量生产的特点，这与环境设计的特征具有相似之处，因而较多地将公共设施设计视为环境设计的延续。事实上，随着当代加工工艺与生产技术的进步，早期工业设计的大批量化生产正在向今天“人性化”“个性化”的小批量生产方式转移。设计中“人”与“环境”的因素已经摆在了突出重要的位置予以考虑，这一点与公共设施设计的基本特点是一致的。而公共设施设计的独特性原则就在于，设计者应根据其所处的文化背景、地域环境、城市规模等因素的差异，对相同的设施提供不同的解决方案，使其更好地与环境“场所”相融合。

公共设施设计的合理性原则可基本表现为功能适度与材料合理两个方面。

功能适度主要是指公共设施单体在满足自身的基本功能的同时，不宜诱使使用者赋予其他功能。以公共座椅为例。公共座椅的主要功能是为公共空间中穿行者或逗留者提供必要的休息，但这种“休息”的程度级别在于“坐”，而并非是“卧”。遗憾的是，许多城市的公共座椅长度被设计成大于150厘米，中间又未设置扶手隔断，这样的座椅往往变成了流浪汉的“睡床”，不但没有满足普通市民“坐”的需求，反而对周边环境产生负面影响。

材料合理主要是指公共设施的造价应与民众的普遍收入水平形成参照，设计师应优先考虑使用那些价格低廉、加工方便而又坚固耐用的材料，避免通过堆积昂贵材料的办法取得炫耀性的视觉效果。蓄意破坏公共设施的行为在任何城市都存在，只是发生概率不同，市民的素质不应成为设计师规避责任的借口。事实证明，许多城市将铸铁下水道井盖替换成水泥材质之后，针对井盖的盗窃行为明显被遏制，这一例证有效地证明了材料的合理性对于保障公共设施不被蓄意破坏是多么重要。

案例知识点提要：景区公共服务

景区公共服务：农庄景区的公共服务是指现代农庄景区通过对公共资源的整合、投入，为农庄和游客提供生产、体验和发展等组织活动都需要的基础性服务。这些服务又通过相应的基础服务设施来体现。如信息咨询中心、停车场、公用洗手间、垃圾桶、投诉电话、引导指示牌、警示标志、卫生服务中心、景物介绍牌、景区全图、中外文的对照解释等内容。

思考题

1. 请思考票务管理和入门管理所要注意的各个方面。

2. 酒店服务管理的特征有哪些？

3. 如何对游客投诉进行处理？

4. 农庄公共服务包含的内容有哪些？

第八章 农庄景区运营管理

每逢国庆、五一“黄金周”都会出现景区爆棚的现象，出现客流“井喷”，规模震撼，到处摩肩接踵，人潮涌动，特别是国家推出小长假以后，城市周边的短线游和自驾游更是火热。这一方面说明国民强劲的消费需求，另一方面每次的爆棚现象也反映了景区所存在的各方面的问题，这不仅反映在景区成了“人看人”的热闹场所，其中更有景区因为接待能力的限制停止售票的现象出现和游客在景区留下“垃圾山”的不文明后果等。

本章中提到的游客管理、安全管理、人力资源管理和后台管理都是农庄景区运营管理中重要的管理部分。其中我们常说到的游客不文明行为，虽然和游客的个人素质和认识是分不开的，但站在农庄景区管理的角度来看，服务和设施不到位也是其中的重要因素：景区内商品价格高出市面许多而且选择的种类有限，以至于游客自带食品饮料；农庄景区垃圾桶分布不合理，游客想扔垃圾却找不到地方等。相关服务跟不上，导致游客的种种不便，进而促成部分游客的不文明行为。农庄景区作为一个服务单位，不仅仅要提供优质的服务，更重要的是提供一个安全舒适的环境，确保游客在游憩过程中的安全。倘若因管理的不当或设施的缺陷，导致游客或农庄景区服务人员的人身安全受到伤害，这将为农庄景区带来巨大的负面影响。农庄景区的招聘不好做，表现为人员的流动性大，人员素质参差不齐，由于农庄景区和城市有着一定的距离，很多时候招聘的对象往往是农庄景区附近的村民或临时工，这些特征所引发的问题对人力资源管理部门是一种挑战。

农庄景区运营整合能力是农庄景区快速成长的主要动力，如何最大化、合理地利用有效资源，促进农庄的全面发展；如何按照农庄自身规定的制度去执行，提高农庄的运作效益；这对于每一个农庄管理者都是一个值得思考的运营管理的问题。

第一节 景区游客管理

一、景区游客管理的含义

从商业的角度来看，游客是农庄景区的服务对象，俗称上帝。所有一切的服务工作都是围绕这一主角来开设，但是许多时候由于游客自身素质和认识问题，或是对于“尊重”的理解等因素，游客与景区之间的关系并不和谐。

农庄景区的游客管理是通过对游客的部分行为的制约和管理，从而达到保护景区资源和环境的目的，同时能够使景区和游客更长远地保持一种和谐的状态。学者何方永提出了对游客管理的三种理解：游客管理是游客行为管理，即游客责任管理，目的是规范与引导游客行为，以减少对旅游目的地的环境与资源的破坏；游客管理是游客体验管理，其目的是为了提高旅游体验质量，增加游客满意度；游客管理是协调环境保护与游客需求关系的一种工具。不同类型的旅游目的地，游客管理的内容侧重点不同。

马勇、李玺则将游客管理的方法分为激发型管理和约束型管理。激发型管理是一种软性管理，主要通过沟通和交流，充分激发游客的自我约束能力，包括教育、示范和引导。约束型的管理也称强制性管理，通过制定相应的行为规则，并借助强制力保障该规则得到遵守。

吴必虎通过对国内外游客管理技术的归纳与总结，认为游客管理可分为直接管理与间接管理两种方式。直接管理是指直接改变旅游者的意志和行为，如限制人流量、限制某些类型的活动等。间接管理方法是指通过改变影响游客意愿和行为的因素，来改变游客的行为本身，如对设施作物理变更，加强对游客的宣传等。

游客管理的基本内容包括：各农庄由于经营重点的不同使用合适的游客管理方法；制定相关的规章制度来约束游客的行为；增强景区方和游客之间的意见的交流。

二、游客行为对景区管理的影响

（一）游客行为对旅游目的地吸引力的影响

游客在旅游目的地进行的可能会有损景点环境、减弱旅游目的地的吸引力的行为，主要分为两类：一类是在旅游目的地随意丢弃各种废弃物污染环境；另一类是不尊重旅游目的地的相关规定的破坏行为。在一次对游客行为的调查中，中国游客常见不文明行为如随处抛丢垃圾、随地吐痰、擤鼻涕、吐口香糖、上厕所不冲水等，在国内外旅游常见不文明旅游行为中位居榜首。此外，在非吸烟区吸烟、打喷嚏不掩口鼻、危害他人健康和公共场所不按秩序排队、高声喧哗等同时被评为国内游和国外游常见不文明行为中的第二和第三位。如在埃及古神庙竟然出现“××到此一游”“××爱××”等字样；在国内的多家动物园内出现游客不听劝阻私自给动物喂食、投掷硬物甚至危害动物安全的不良行为；在公共场合释放“特殊气体”，任由小孩随地大小便等；在他人面前袒胸敞怀，在房间外穿睡衣活动等。

（二）游客行为对旅游目的地安全运营的影响

2010 年 6 月 13 日，在西安秦岭野生动物园，一对父子就是因为没有遵守园区规定，误闯虎区，父亲被 4 只东北虎当场咬死，所幸的是儿子被园区工作人员救出。游客在出游的过程中常有的不文明行为产生的原因非常复杂，有的是因为自身素质低下，没有环保意识；还有的是在旅游过程中的“道德感弱化”，缺乏责任意识。这些表现会严重影响旅游目的地的可持续发展，造成各种安全事故，甚至带来灾难。如违章抽烟、野炊等。

（三）游客行为对市场推广的影响

去农庄休闲，作为一种新兴的消费方式越来越多地出现在人们的生活中。在出游休闲中释放压力和放松心情，又远离了自己所熟悉的生活和群体或习惯，而往往在这两种情况下行为最容易失范，游客的不文明行为本身成为其他游客在游览过程中的污染，严重影响游玩兴致，破坏愉悦的气氛，从而影响他人的游览质量，在游览的体验中留有负面的回忆，成为农庄的伤疤。

三、景区个体游客行为管理

（一）制定规范，强制约束力

制定游客行为规范，加大宣传教育。加强各种类型的游客行为规范的制定、宣传和实施，对他们进行出游前的培训。建立一整套实施法律的专门机制，设立相关机构负责法律的实施。同时在全国范围内应该开展好这些法律的宣讲工作，让游客知道自己的行为是否违法，从而规范行为。

（二）与游客约定“道德承诺合同”或“文明体验保证书”

农庄景区与游客签订“道德承诺合同”或“文明体验保证书”。违规的游客将受到相关的严重的违约处罚。那些不签订合同或保证书的游客则不得进入农庄景区。美国的旅行商协会（ASTA，american society of american society of travel agents travel agent）制定了游客游览生态旅游目的地的十条戒律，协会建议这些组织采用自己的环境规范来约束在特殊景点和生态系统的行为，它强调无论是商务旅游还是休闲旅游：①尊重地球的脆弱性。要注意到只有所有的人都愿意帮助保护地球，独特而美丽的目的地才能被后代享有。②只留下脚印，只带走照片。不要折断树枝，不要乱扔杂物，不要从历史遗迹和自然保护区获取纪念品。③使你的旅行更有意义。了解你参观的地方的地理、习俗、礼仪和文化，花时间倾听人们谈论的东西，鼓励当地居民参加保护环境活动。④尊重别人的隐私和自尊，要征得别人的同意再拍照。⑤不要买用濒危动植物制成的产品。如象牙、龟甲、动物皮毛等。阅读美国海关不能进口物清单——《行前须知》。⑥沿划定的路线走。不打扰动物，不侵犯其自然栖息地，不破坏环境。⑦了解和支持为保护环境而努力的保护计划和组织。只要可能，就步行或使用对环境无害的交通工具。鼓励公共交通司机在停车时关闭发动机。⑧支持那些致力于节约能源和环境保护的企业（饭店、航空公司、度假区、游船、旅行商和供给商）

及行为，包括改善水和空气的质量；再利用废物实行对有害材料的安全管理，消除噪音，鼓励社会参与以及使用致力于环保且有丰富经验的训练有素的员工的企业。⑨询问美国旅行商协会的会员，以找出那些署名赞同美国旅行商协会关于航空、陆地和水上旅游的环境指南的组织。

（三）强制管理

强制管理可以体现为关闭某些活动场所，如禁止在特定时间段和区域通行、由工作人员监督的限制活动、禁止篝火晚会、禁止乱扔乱吐、禁止触摸动植物等。

（四）实物引导

在景区入口、排队取号或醒目的位置展示具有亲和力的标志或文字，如“足下留情，春意更浓”，使游客能够自觉遵守秩序和保护环境；在园区内设置相应的设备和设施使游客能够方便地使用。如垃圾箱、洗手间等。

（五）其他引导

农庄景区的环境保洁员工用自己的实际行动教育游客学会尊重他人的劳动和尊重环境；同时农庄景区的导游人员也要树立好榜样，时刻提醒随队的游客要注意自己的文明行为；生活在农庄景区内的当地居民往往也是监督者，他们提醒游客要注意安全，预防一部分不文明的行为发生。

第二节 景区安全管理

一、景区安全基本概念

农庄景区是游客的最终目的地和重要的活动领域，所牵涉的环境非常复杂，如何保证游客的人身、财物以及美好的体验过程有所保障，安全管理是一个重要的部分。安全管理是为了能够达到安全出行的目的，农庄景区的安全管理部门有意识、有计划地对于体验过程中各种安全现象所进行的一系列防范、控制以及解决活动的总称。

（一）分析农庄景区发生安全事故和安全隐患的成因

1. 农庄景区的分析

农庄景区由于经营特色的不同所引发的安全事故也会不同。要做好安全管理工作必须对农庄景区作出仔细的分析，发现事故的隐患从而有效地防范。如以自然景观为主的农庄可能发生自然因素引发的事故；以人文景观为主的农庄容易发生损毁的事故。

2. 游客的分析

虽然游客的消费背景等存在差异，但其安全问题是随时有可能发生的。如年老体弱者在体验旅行的过程中容易发生意外事故，也容易成为抢劫财物或被拐卖的对象。

3. 农庄景区当地的居民的分析

农庄的经营无疑为农庄当地居民的生活带来了改变，这其中有经济、道德等诸多方面。安全管理部门应该根据他们的行为特征来作出分析，以便于及时防范。

（二）确定安全管理的重点地区

农庄景区应该划分典型的防范地区和防范对象，提高警惕，减少事故的发生。

（三）组建训练有素的保卫人员

首先，加强员工的安全教育培训工作。通过加强员工的安全意识与安全技能的培训，让员工明白在遇到情况时应该怎么做、为什么要这么做及其利害关系。这一方面能够提高员工的安全意识，另一方面能够增加员工的安全管理的责任感。再者，景区保卫人员是执行农庄景区内安全管理规则的人，因此提升安全保卫人员的技能和素质能够有效地完成安全管理工作。

（四）建立健全的安全管理保障体系

农庄景区必须依照政策制定适合自身发展的安全管理制度，并建立安全管理企业机构。安全管理是一种全方位、全过程的管理，范围广、任务重，应由景区主要分管领导担任机构的主要负责人。特种旅游需要配备专业的专职安全管理人员，并确立各部门和员工的权责。并且要加强监督和检查的力度。

二、景区安全的特征

景区安全管理具有以下几个特点。

（一）复杂性

游客在农庄景区活动体验的任何环节都可能存在安全隐患，除了设施安全事故之外，还有自然因素引起的自然灾害，如泥石流、冰雹等，更为常见的还有人为的危害人身安全的犯罪行为。

（二）特殊性

游客在农庄景区的活动过程中逗留时间短、流动性强，所以涉及的管理范围大；而且农庄景区的安全事故的表现形态各有不同，加上突发事件出现的状况多，不同类型的安全事故发生后需要采取的措施不一，管理工作难度大，范围广。

（三）安全管理责任大

农庄景区对于游客来说是当地的一个窗口、一张名片，更是国家对外宣传的一个重要窗口。这里聚集着国内外的不同消费背景的游客，所以安全问题的管理也会直接影响到国家的整体形象。

2011年4月17日，在北京大兴一个度假村内举办的“真人CS”迷宫战中，陈先生从迷宫墙台上跌落，经诊断为左膝内侧半月板损伤、左膝骨性关节炎、右肩软组织损伤，住院接受手术治疗。事后，陈先生认为度假村负责人（度假村和共同经营者某文化传媒公司）应该对自己的受伤而负责。陈先生指出：度假村负责人明知迷宫墙台年久失修，水泥脱落，经不住人的行走，并且不久前曾经摔伤过人，存在危险隐患，却仍疏于管理防范，既没有作明确警示，也没在活动前说明参与的危险性；在活动过程中，教官看到攀登墙台也不制止，未能尽到合理范围内的安全保障义务，违反了积极履行控制危险的法定客观义务。

三、农庄景区安全表现形态和应对措施

（一）表现形态

农庄景区的安全问题的表现形态归纳总结有以下几个方面。

1. 自然灾害

如地震、泥石流等地质灾害：冰雹、雪崩、暴风雪等气象灾害。这类灾害毁灭性大，对景区安全管理的要求也很高；

2. 人为灾害

如火灾和因人为造成的在短期内人群大量发病和死亡的事件。这类灾害会造成严重的人员伤亡、财产损失等后果；

3. 犯罪

犯罪是如今最典型的旅游目的地安全问题的表现形式。可以分类为公私财产类犯罪、危害人身安全类犯罪、毒品赌博类犯罪等。

（二）相关应对措施

1. 自然灾害类型防治

农庄景区自然灾害的类型主要有：洪水、台风、沙尘暴等气象灾害。地震、泥石流等地质及地貌灾害。这类灾害的特点是：种类多、季节性很强、生命和财产损失大。主要防治方法有。

（1）水灾类

雨季来临之前，仔细查看道路和危险建筑，并采取相关措施加以防范。在景区筹备建设之前，对所有建筑、道路灯设施要全面考虑抗洪水冲击能力并且预留泄洪道。

（2）气象灾害类

气象类灾害季节性强，如冰灾、大雾等，且具有连锁性，一旦灾害发生就会产生连锁反应，产生一系列相关的次生灾害。这类灾害的防治措施以预防为主，重视天气预警系统，加强与气象部门的合作，并设计应急措施方案。

2. 火灾

火灾的引起大多数是由于火柴、未熄灭的烟头等违反安全管理规定所引起的，自然由雷击所引起的山火属于少数。火灾的特点是蔓延速度快、扑救难度大。这类灾害的预防措施有：①农庄景区管理者应该严格遵守景区消防规定，全面加强安全管理；②对于进入景区的游客应该适当地进行景区消防知识宣传，一方面了解景区防火的注意事项，另一方面了解逃生自救的基本方法；③在农庄景区内多处设置烟灰缸或带烟灰缸的垃圾桶，并张贴防火标志和宣传标语。

第三节 农庄人力资源管理

以人为对象的管理是现代企业管理实践中最广泛采用的管理原则，是一种以能为社会创造财富、能为社会提供服务的人及其所具有的能力为核心的综合资源。休闲农庄的经营管理与其他企业一样，其核心都是对人的管理。

员工的素质和技术水平直接影响到农庄服务的质量以及游客游玩的乐趣和他们对农庄的看法，关系到企业的经济效益、社会效益和生态效益。因此，在休闲农庄管理问题中，人力资源管理是非常重要的内容。各个休闲农庄的经营特色不同，只有找到一种适合本企业加速运转的人力资源管理，才能使农庄里的所有人都人尽其才，各得其所。充分体现得才、用才、管才、育才、激才、留才的一个过程。

人力资源包括四个方面的内容：一是人的本身的体质；二是人的智力；三是具有特定范畴的才干；四是人的意识观念状态和道德准则。

人力资源管理（human resources management）是指根据企业发展战略的要求，有计划地对人力资源进行合理配置，通过对企业员工的招聘、培训、使用、考核、激励、调整等一系列过程，调动员工的积极性，发挥员工的潜能，为企业创造价值，确保企业战略目标的实现。因此人力资源管理分为六大模块：人力资源规划、招聘与配置、培训与开发、绩效管理、薪酬福利管理、劳动关系管理。

以促进企业目标的实现为终点的人力资源管理，必须达到人与人、人与事的统一和谐。在日常的管理过程中应该明确以下人力资源管理体系的目标：①企业员工是实现企业终极目标的核心。②员工应该把促进企业的成功作为自己奋斗的目标，从而得到企业和个人的双赢。③企业必须制定适合自身发展特点的、具有连贯性的人力资源制度来保证实现企业目标。④人力资源管理制度应该与企业目标寻求共通点。⑤人力资源管理制度和企业文化互相影响。⑥人力资源管理制度应该为鼓励员工的各方面积极发展提供相对优质的环境。⑦增强员工的工作积极性和工作内容的灵活性，鼓励员工参加各类培训、充分发挥潜能。

一、农庄人力资源内涵

（一）人力资源的特点

1. 时效性

人力资源的形成、开发、使用都具有时间方面的限制，对人力资源储而不用，才能就会荒废、退化。从人的生命周期角度来看，能从事劳动的自然时间被限定在生命周期的中间一段；并且能够从事劳动的不同时期（青年、壮年、老年），由于社会沉淀的不同其劳动能力也有所不同。这也就是说，无论哪类人，都有其才能发挥的最佳时期。因此，必须把握人力资源开发和利用的黄金时段，以取得最大效益。

2. 再生性

资源可分为可再生性资源和不可再生性资源两大类，人力资源是一种可再生性资源。它受人类意识的支配和人类活动的影响，通过对劳动力的不断替换和更新，人力资源可以进行二次开发乃至多次开发。

3. 能动性

首先，人力资源的开发过程是通过主动地选择职业，和在工作过程中的不断学习来发挥个人的智力活动，从而使自己获得更强的劳动能力。再者，个人的自我开发和被开发是一个相辅相成的过程，能动性调动的程度直接决定着人力资源开发的程度和水平。

4. 社会性

人力资源是一种社会资源。从宏观上看，人力资源的形成要依赖社会，其配置要通过社会，其使用更是处于社会经济的分工体系之中。而从微观上看，由于人类劳动都是群体性劳动，所以不同的人都分别属于社会之中不同的组织或群体。

（二）农庄人力资源的特点

休闲农庄是一个多功能且非常复杂的综合性企业。由于农庄的经营范围、特色以及规模的不同，对于人才的需要也是不同的。一般来说休闲农庄的人力资源有以下特点。

1. 需求量大

由于农庄的服务项目多，往往设有吃、住、娱、游、购等多类服务项目，所以对人力资源的需求量很大。

2. 技术能力、知识要求差异大

休闲农庄的工作岗位繁多，有管理层的管理工作岗位，各部门的经理、领班以及基层工作员工岗位。各岗位之间所对应的知识和技术也是千差万别。一般来说，需要园林设计规划、园林保护、畜牧养殖、水产养殖、导游、餐饮、住宿、管理、市场营销、商业拓展、建筑、安全、卫生、财务、法律等多个方面的人力资源。

（三）农庄人力资源管理的问题

在农庄景区的运营过程中，人力资源管理是各项管理中最重要的环节之一。人力资源管理中的员工管理所反映出的员工服务，本身就是农庄产品的一个重要组成部分，而且是最能够直接影响农庄在游客心中地位的一个指标。但是长期以来，农庄景区反映出来的人力资源管理方面的负面消极报道远远超出其对立面，这些与农庄景区人力资源管理长期难以调和的矛盾是相关联的。

1. 人员流动率高

员工的工作时间长、工资相对较低、工作单调机械化，以及员工住宿和生活环境欠佳、不被人尊重等原因，都会导致频繁的人员流动。

2. 季节性强

许多农庄景区由于地理位置和时节等因素，运营时间不同，淡季和旺季需要的服务员工人数出入也比较大，这种需求的季节性意味着工作的临时性。这会带来两个方面的影响：一是农庄景区由于旺季而大批量地需要能够上岗工作的员工而往往忽略了员工培训这一环节，使得员工的服务质量不高，不能完全达到农庄景区所制定的服务标准与规范；二是临时性的季节工缺乏归属感和认真持久的工作态度，得过且过，其工作结果与理想相差甚远。

3. 缺乏人性化的尊重

员工一直服务于别人，受委屈和遭到抱怨的时候很多，缺乏起码的尊重。尤其是服务行业的员工相对待遇比较低，但付出得较多。在这种环境下工作的员工容易陷入一种心理上的恶性循环，从而对工作甚至是行业深感不满，无心工作。

4. 缺乏心理辅导

景区员工需要每天与游客接触，在任何时候都要保持微笑、耐心倾听，还要积极地处理工作中的投诉等问题。这种日复一日的反复造成员工的压力大，而农庄企业缺乏相关的场合进行合适的心理发泄、交流、咨询、辅导，导致工作的积极性为零。

5. 缺乏专业的管理团队

很多农庄景区由于组织结构、组织性质和资金等因素，没有设立专职的人力资源管理部门和人员管理岗位，表现为对于员工的管理混乱、信息传递有误和缺乏专业培训。

6. 缺乏统一标准

农庄景区的员工的工作资格和培训没有统一标准，对于相关证书的考核管理不严格，这些在员工招聘中表现得尤为明显。

（四）农庄人力资源管理的重要性

1. 服务质量的保证

量才使用，人尽其才，促使员工将企业的成功当成自己的义务，鼓励其创造性，营造和谐向上的工作氛围。不断培养员工积极向上的作风，影响员工的思想，提高员工队伍的专业素质，使员工自觉维护并完善企业的产品和服务，从而提高员工个人和企业整体的业绩，保证高质量的服务。

2. 企业核心竞争力的重要因素

人是企业拥有的重要资源，也是企业的核心竞争力所在。目前人力资源管理是企业发展战略规划中的重要组成部分，是企业走得越远越长久的核心因素，也是企业在市场竞争中立于不败之地的至关重要的因素。

（五）农庄人力资源的结构

1. 农庄人力资源的层次结构

农庄人力资源的层次结构分为三个级别，分别是决策层、管理层和作业层。

决策层由投资者或企业资产所有权人组成，是农庄的最高领导层（包括企业法人和决策者），其中第一负责人就是农庄的法人代表。农庄法人代表及决策者是农庄生产和经营的主要决策人，是农庄利益分配和生产资料调度的主要控制者。决策层负责制定农庄战略目标及实现目标的重大政策方针。

管理层是由农庄各部门的经营管理者组成，主要任务是负责各部门和业务的目标制定、拟定和选择计划目标的实施方案、步骤和程序，按部门分配资源，协调下级的活动，以及评价农庄运营成果并制定纠正错误和不足问题的措施等。

作业层是由农庄内直接为游客提供所有服务的员工组成，这其中包括各部门的主管、领班和一线工作人员。主要任务就是按照规定的程序，协调基层员工的各项工作，完成各项计划和任务。

2. 农庄人力资源的专业类型结构

经营管理人员：包括园区规划师、市场营销策划师、高级职业经理人、财务会计人员等。

专业技术人员：包括已取得国家承认的专业技术，并从事相关工作的在岗人员。如专业技工、导游、司机、厨师等。

行政管理人员：一种是人事、经理办公室以及财务等部门的人员，另一种是担任业务部门的工作的人员，如文书、核算和内勤等。

接待服务人员：包括售票员、检票员、服务员、保洁员、场馆接待员等。

后勤人员：包括救生员、保安巡逻人员、助理导游人员等。

二、农庄人力资源组织

农庄的人力资源组织一般包括以下几个内容：

（一）制定人力资源计划

农庄的各个部门根据农庄的规模和经营特点，坚持农庄的发展战略和经营计划，根据农庄的人力资源现状及发展趋势，收集和分析人力资源供给与需求方面的信息，预测人力资源供给和需求的发展趋势，制定人力资源计划。

（二）岗位分析和工作设计

对农庄中的各个工作和岗位进行分析，确定每一个工作和岗位对员工的具体要求，包括技术的种类、范围和熟悉程度，学习、工作与生活经验，身体健康状况，工作的责任、权利与义务等方面的情况。保证人力资源管理活动的各个环节互相协调，避免劳动力的重复或闲置。制定工作岗位职位说明书。这种说明书不仅是招聘工作的依据，也是对员工的工作表现进行评价的标准，进行员工培训、调配、晋升等工作的根据。

（三）人力资源的招聘与选拔

根据岗位需要，利用各种资源，如接受推荐、刊登广告、举办人才交流会、到职业介绍所登记等从企业内部或外部吸引应聘人员。经过资格审查，如接受教育程度、工作经历、年龄、健康状况等方面，从应聘人员中初选出一定数量的候选人，再经过严格的考试，如笔试、面试、情景模拟等进行筛选，确定最后录用人选来弥补职位的空缺。

（四）雇佣管理与劳资关系

员工一旦被企业聘用，就与企业形成了一种雇佣与被雇佣的、相互依存的劳资关系，为了保护双方的合法权益，有必要就员工的工资、福利、工作条件和环境等事宜达成一定协议，并签订劳动合同。

（五）工作绩效考核

指对照工作岗位职责说明书和工作任务，对员工的业务能力、工作表现及工作态度等进行评价，并给予量化处理的过程。考核结果是员工晋升、接受奖惩、发放工资、接受培训等的有效依据，它有利于调动员工的积极性和创造性，检查和改进人力资源管理工作。

（六）员工岗前培训

主要是要对新来员工表示欢迎；按照各农庄的特点介绍各农庄的组织结构、工作性质、农庄有关规章制度和本行业基本素质，准备手册或专人讲解；指定新员工工作部门的经理或组长作为新员工贴身学习的辅导老师；解答新员工提出的问题.

（七）帮助员工的职业生涯发展

人力资源管理部门和管理人员有责任鼓励和关心员工的个人发展，帮助其制定个人发展计划，并及时进行监督和考察。这样做有利于促进农庄的发展，使员工有归属感，进而激发其工作积极性和创造性，提高组织效益。

（八）员工工资报酬与福利保障设计

合理、科学的工资报酬和福利体系关系到农庄员工队伍的稳定与否。人力资源管理部门要从员工的资历、职级、岗位及实际表现和工作成绩等方面，来为员工制定相应的、具有吸引力的工资报酬福利标准和制度。员工福利是社会和农庄保障的一部分，是工资报酬的补充或延续。它主要包括政府规定的退休金或养老保险、医疗保险、失业保险、工伤保险、节假日，并且为了保障员工的工作安全和卫生安全，所提供的必要的安全培训教育、良好的劳动工作条件等。

案例

餐饮用工合同（酒店、餐厅、饭店）

本合同使用作为酒店用工、餐厅用工、饭店用工等餐饮业合同。

甲方 ____________________ 乙方 ________________________

经营地址 ____________ 居民身份证号 ____________

出生日期 ____ 年 ____ 月 ____ 日

家庭住址：____________

邮政编码 ____________

户口所在地 ____ 省（市）____ 区（县）

____ 乡镇 ____ 村

根据《劳动法》和有关规定，甲乙双方经平等协商一致，自愿签订本合同，共同遵守本合同所列条款。

第一条 本合同 ____ 年 ____ 月 ____ 日生效，____ 年 ____ 月 ____ 日终止。

其中试用期至 ____ 年 ____ 月 ____ 日止。

劳动合同期限在 6 个月以内的，试用期不得超过 15 日；劳动合同期限在 6 个月以上 1 年以内的，试用期不得超过 30 日；劳动合同期限在 1 年以上 2 年以内的，试用期不得超过 60 日；劳动合同期限在 2 年以上的，试用期不得超过 6 个月。

第二条 乙方担任 ____________ 岗位（工种）工作。

乙方患有岗位工种及行业禁忌的疾病，应及时向甲方报告，并即时脱离工作岗位。

甲乙双方对乙方岗位（工种）的其他约定 ____________

第三条 甲方应在乙方上岗前对乙方进行职业安全卫生、食品安全卫生、服务规范、职业道德、职业技能、甲方规章制度方面的培训。

第四条 甲方每年必须按国家规定，组织对乙方进行健康检查。

甲方按照国家劳动安全卫生的有关规定为乙方提供必要的安全防护设施，发放必要的劳动保护用品。

第五条 甲方加强安全生产管理，建立、健全安全生产责任制度，完善安全生产经营条件；健全内部服务和食品质量管理制度，严格实施岗位质量规范、质量责任以及相应的考核办法。

乙方严格遵守甲方的各项规章制度，防止服务质量事故。

乙方违反服务规范、劳动纪律及甲方规章制度，出现服务质量事故，甲方可以根据规章制度的规定进行处理。

第六条 甲方采用以下 ____ 形式向乙方支付工资：

（一）月工资 ____ 元，试用期间月工资 ____，甲方每月 ____ 日前向乙方支付工资。

（二）日工资 ____ 元，试用期间日工资 ____，甲方向乙方支付工资的时间为每月 ____ 日。

甲方由于经营任务不足使乙方待岗的，甲方向乙方支付的生活费为______元。

双方约定的工资不得低于北京市最低工资标准。

第七条 乙方每日工作时间不超过 8 小时，平均每周工作时间不超过 40 小时。甲方由于生产经营需要，经与工会和乙方协商后可以延长工作时间，一般每日不得超过 1 小时；因特殊原因需要延长工作时间的，在保障乙方身体健康的条件下延长工作时间每日不得超过 3 小时，但是每月不得超过 36 小时。

甲方因工作需要执行特殊工时制度的，应事先报劳动行政部门批准。

甲方安排乙方加班或因为顾客服务的需要，乙方延长工作时间的，甲方应按国家规定向乙方支付加班加点工资。

第八条 甲方应按北京市规定为乙方办理工伤、大病医疗等社会保险。

第九条 乙方违反服务规范、质量管理规定及操作规程等规章制度，应按甲方相应规定承担责任。

第十条 乙方有下列情形之一，甲方可随时解除本合同：

（一）在试用期间被证明不符合录用条件的；

（二）有偷拿财物、赌博、吸毒、打架斗殴行为的；

（三）严重失职，营私舞弊，对甲方利益造成重大损害的；

（四）严重违反劳动纪律和甲方规章制度，符合甲方解除劳动合同条件的；

（五）严重违反服务规范，损害消费者合法权益的；

（六）私自向顾客出售违反法律法规禁止的食品饮料的；

（七）违反法律法规规定，被处罚拘留或劳动教养的；

（八）被依法追究刑事责任的。

第十一条 乙方患岗位工种及行业禁忌的疾病，在医疗期满后不符合国家和本市从事有关行业的工种岗位规定的，若甲方无法另行安排工作，可以提前 30 日以书面形式通知乙方解除本合同，并向乙方支付经济补偿金。

第十二条 乙方解除本合同，应当提前 30 日以书面形式通知甲方。乙方擅自离职，应当承担对甲方造成的经济损。

第十三条 乙方在履行劳动合同期间，因个人失职给甲方造成损失的，应当承担赔偿责任。

第十四条 甲乙双方约定的其他事项____

第十五条 双方因履行本合同发生争议，应当自劳动争议发生之日起，60 日内向甲方所在区县劳动争议仲裁委员会申请仲裁。对仲裁裁决不服的，可自接到裁决书之日起 15 日内向人民法院起诉。

第十六条 本合同未尽事宜或与国家、北京市规定相悖的，按照有关规定执行。

第十七条 本合同一式二份，甲乙双方各执一份。

第十八条 本合同附件如下，与本合同具有同等法律效力。

甲方（公章） 乙方（签字或盖章）

法定代表人或委托代理人

（签字或盖章） 签订日期： 年 月 日

三、农庄人力资源开发

农庄的人力资源开发包括人员招聘和培训两个部分。每一个农庄都应当招录符合职位要求的员工来胜任不一样的工作，招聘这一环节是一个重要的起点。

（一）招聘的概念与原则

1. 招聘的概念

农庄的人员招聘，是指农庄为了更好地发展，根据农庄人员的规划以及工作的数量和质量的要求，从农庄外部吸收人员的过程。

2. 招聘的原则

农庄旅游这个行业大部分的工作都是服务类行业，每个农庄应该根据自身的实际需要，有目的性地招聘适合农庄发展的不同领域的专业人才。人员招聘是农庄人力资源的第一步，在这个过程中我们应该注意遵守以下原则：

准确原则：在招聘的过程中通过面谈或笔试的形式来了解应征者来应聘的目的、工作能力和个人性格等，从而推断未来在工作中的表现。应聘的过程应该兼顾道德和智慧等综合方面的全面考察。

公平原则：把一个职位的所有应征者放在一个平台上，对所有应聘者应一视同仁，不得人为地制造各种不平等的限制。要通过考核、竞争选拔人才，“赛马不相马”。以严格的标准、科学的方法对候选人进行测评，根据测评的结果确定人选，来创造一个公平竞争的环境，这样既可以选出真正优秀的人，又可以激励其他员工积极向上。

双向选择的原则：农庄根据职位说明书的要求自主地选择需要的员工，同时劳动者也可根据自己的条件自主地选择职业。在招聘过程中，招聘者不能一味地去选择和要求，更要考虑所需人员的需求，创造吸引他们的条件，使他们愿意为农庄创造财富。

（二）招聘的程序

在招聘员工的过程中一般按照以下的程序。

1. 制定人力资源计划，确定招聘的岗位

农庄往往因为人员流动或规模扩张而需要补充员工。由用人部门提出申请，交人事部门核对是否符合要求，再由人事部门发往总经理处签字批准。

2. 制定职位说明书，明确岗位要求条件

职位说明书需明确职位的要求、工作具体内容，以及应聘这个岗位所需要具备的知识和能力。聘任各级员工要以品德、经验、学识、能力适合于所任岗位为原则。

职位说明书

项目	假设事例	简评
职务名称	保洁	注明职务的性质
部门	管理处 / 保洁部	注明职务所属部门
上级	保洁班长	担任该职务的上一级主管
工资和其他收入	工资 1500 元，另外有健康保险、社保、可能有的奖金与福利	与市场平均工资相关
聘用条件	初中以上学历。工作经验：无限制。基本技能和素质：具备基本的应变、交往等相关能力，具有一定的服务意识。个性特征：踏实、认真	所要求的文化程度、自然条件
职责与责任	严格按照《岗位要求》和《岗位操作规程》进行日常辖区内的保洁工作。为前来看房的客人提供礼仪服务；协助其他岗位做好服务	职责与责任
工作关系	向谁报告工作：保洁班长或保洁主管。监督：辖区内同岗人员、绿化工、水电工程人员。指导：部门内部员工。合作者：部门内部员工。外部关系：无密切联系的社会公共关系	企业内有可能与该工作有工作关系的人
条款与条件	户外; 环境一般; 无职业病危害。每周休息一天，每年 10 天带薪假期	有关条款与条件
成长机会	保洁班长 / 保洁主管	晋升的职位
书面职位说明的日期	2014-11-12	书面职位说明制定的日期

3. 使用有效的招聘方式

职位说明书确定后，紧跟着就是确定选择适当的招聘方式来扩散消息。通常企业在招聘过程中所利用的渠道有：报纸广告、大型人才交流网站、猎头公司，其中也不乏企业内部人员的推荐。

4. 严格筛选简历，选出候选人

像一般企业一样，农庄也是通过简历内容来对应聘者加以评价，简历行文里透露出来的信息很重要，应聘者表述自己的语言、行文方式和简历撰写的层次性、逻辑性、流畅性、重点性，都能流露出作者的思维特征。

在选择的过程中，首先根据每个职位的岗位描述和招聘需求来筛选简历，之后，人力资源经理把选中的简历发到对应的业务部门进行第二轮筛选，在业务部门经理和人力资源经理沟通、协商好之后，产生面试名单。没有进入候选名单的应聘者也要及时地用邮件或电话的形式通知本人，给予回信以示礼貌。

5. 面试过程

农庄人力资源部在完成简历筛选后，接下来可以进入面试环节来继续甄选应聘人员。面试的目的在于考核应聘者的应聘动机与工作期望、仪表、性格、知识、能力、经验等特征，以及在简历中难以获得的信息。

面试的方法很多，根据不同的分类标准，可以划分出很多具体的面试类型。根据面试的标准化程度可以划分为结构化面试和非结构化面试；根据面试实施的方式分为单独面试和小组面试；根据面试题目的内容可将面试划分为情景面试和经验面试；根据面试的气氛设计可分为压力面试和非压力面试。

（三）招聘的方式

农庄为了满足企业自身某些岗位的需要通常会采取以下方式来招募新人。

1. 外部招聘

外部招聘就是企业根据制定的标准和程序，从农庄外部选拔符合空缺职位要求的员工。

（1）就业中心招聘

就业中心往往专注于特定的行业进行招聘。他们通常根据在该机构注册的人，来给农庄提供候选人名单。优点是农庄可以节约选人的时间，而且针对性强，范围广。缺点是费用高，应聘者的素质难以把控。

（2）猎头

猎头是专业的招聘代理机构，它能为企业提供更专业的招聘服务，招募关键位置的员工和高级的管理人才。缺点是时间长，猎头公司很难在第一时间找到相应人选。

（3）广告公开招聘

通过报纸、电视、招聘求职网站以及相关行业招聘网站上的广告向社会公开招聘，通过选拔来优胜劣汰。缺点是费用高，时间长。

（4）校园招聘

基于大学的招聘会形式，也可以是有针对性地到一些院校召开专题的招聘会，吸引专业对口的优秀学生。缺点是应届毕业生的实操经验不足，需要企业对他们进行入职培训；

学生在现实和理想的过渡时期由于需要适应和磨合，往往离职率会比较高。

（5）人员推荐

通过内部中层管理人员推荐或者外部有关单位的主管介绍。优点是推荐人首先用行业眼光对被推荐人的工作情况作评估，可以为用人单位节省时间和金钱；再者由于熟人推荐，劳资双方在很大程度上是互相了解的，可以加快适应工作环境的过程。

2. 内部招聘

主要通过企业内提拔晋升、工作调换、工作轮换和人员重聘来体现。

（四）农庄的员工培训

松下电器公司有一句名言，“一个天才的企业家总是不失时机地把对职员的培养和训练摆上重要的议事日程”。许多企业往往倾向于从外部招聘人才，而有意无意地忽视了内部员工的培养教育，这对企业的长远发展是极其不利的。因此，重视员工的培训，对企业人力资本的开发与利用具有十分重要的意义。

1. 员工培训的含义

农庄的员工培训是指农庄通过某种方式使员工在工作能力等各个方面得到不断完善。这种完善能提高员工在未来职位上的工作业绩，从而最终实现农庄效益的全面提升。它体现在注重对全体员工的培训，而不是部分中层以上的管理人员；培训内容与员工的日常工作相关联，多针对行业中的最新趋势和发展以及最新动向。

2. 培训的意义

（1）员工培训是增强农庄竞争力的有效途径

“终身教育”“学习型组织”的提法和概念都表明，人力资源的开发和培训已经成为企业增强自身竞争力的重要途径。如联想、海尔等都建立了培训中心或大学。随着知识和技术更新速度的加快，农庄需要不断创新和引进新设备、新技术、新工艺、新知识，这就要不断地对员工进行培训。

（2）员工培训是提高员工素质、建立人才储备的良好手段

加强对员工的培训，可以提高员工的专业技能与综合素质，极大地开发员工的潜能，最大限度地调动员工工作的积极性，不断提高员工的工作绩效和工作质量，使员工能准确地理解工作意图并完成复杂任务。同时，还可以从数量、质量、结构上为企业的经营与发展提供人员保障和人才储备，形成人力资源优势。

（3）员工培训是对员工的重要激励

培训是一项重要的人力资源投资，也是一种有效的激励方式，例如选送优秀员工去参

加带有旅游性质的培训班，组织业绩突出的员工去外地参观著名企业，鼓励员工利用业余时间进修并报销学费，定期选拔优秀员工去国外农庄考察等，都对员工有巨大的激励作用。

3. 培训工作的类型

根据员工个人的职业发展程度和所在岗位的分工，员工的培训也分很多不同的类型：

（1）岗前培训和岗位培训

新员工培训对于新员工快速和全面了解农庄、尽快进入工作角色、认同农庄文化，有非常重要的作用。首先，岗前培训需要新员工了解的是农庄的整体状况，这包括农庄的经营规模、经营目标、管理方法、农庄的历史和现状以及未来的发展趋势、相关的规章制度。

岗位培训是某一具体岗位的员工根据工作需要所要求了解掌握的工作技能和知识。随着技术的不断更新，农庄里的岗位职责和要求会有不同的变化，员工必须需要通过培训这一手段对新技术有新的认识。

（2）长期培训和短期培训

农庄的长期培训是指根据农庄的需要，如农庄的长远目标、外部环境的发展趋势和分析以及员工的个人发展，而进行的时间较长的培训。这是一种综合性很强的培训，涵盖面广，其目的是使培训对象更具有综合竞争能力，提高综合素质。

短期培训计划是指为了农庄运营需要而进行的时间较短的培训，需要着重考虑的两个要素是：可操作性和效果。短期培训的特点是专业性和针对性很强，着眼于近期效益。

4. 员工的培训方式

员工的培训方式有很多种，如何选择合理有效的方式是一个关键的问题。由于各农庄的经营特色不同而且发展程度不等，所选择的培训方式应该是以符合自身特点为主。

（1）课堂授课

属于传统的培训方式，通过现代视听技术（如投影仪、DVD、录像机等工具），对员工进行培训，运用视觉与听觉的感知方式，直观鲜明。优点是运用起来方便，成本低，节省时间，便于培训者控制整个过程。缺点是单向信息传递，反馈效果差。常被用于一些理念性知识的培训。

（2）师傅带徒弟

师徒传承也叫“个别指导法”，是由一个资深的老员工，来支持一位较资浅者进行个人发展或生涯发展的体制。师傅的角色包含了教练、顾问以及支持者。在师傅指导下开始工作，可以获取丰富的经验，避免盲目摸索，有利于尽快融入团队，还有利于传统的优良工作作风的传递。

（3）情景演示

新员工在培训教师设计的工作情况中扮演其中角色，其他学员与培训教师在学员表演后进行适当的点评。由于信息传递多向化，反馈效果好、实践性强、费用低，因而多用于人际关系能力的训练。优点是能激发学员解决问题的热情，可增加学习的多样性和趣味性，能够提供在他人立场上设身处地思考问题的机会，同时可避免可能的危险。

（4）岗位轮换

安排员工到农庄内部不同部门的不同岗位上进行日常工作，进一步了解各部门的运营情况，目的在于拓展员工的知识与技能，使员工成为能够胜任多方面工作的多元化资源，在新岗位工作的过程中往往能够激发员工更多方面的认识与思考，对自身的职业规划有新的认识。

5. 培训体系的建立

精心的培训管理系统设计对本企业的员工发展非常重要，培训管理包括培训准备计划设定→培训方案拟定→培训活动实施→培训效果评估。

（1）培训准备计划

在这一阶段必须明确两个方面的工作。一是作出对培训需求的分析，具体是哪一部分员工需要什么类别的培训和需要使用的培训方法；二是根据培训需求确定培训目标，通过培训员工能够达到或完成的学习成果。有了明确的目标，学习才会更有效。

（2）培训方案

培训方案应该包括培训目的、培训对象、培训时间、课程内容、师资来源、实施进度和培训经费等项目。

（3）培训活动的实施

为了保证培训的效果和质量，在培训实施阶段需要准备落实的有培训场所、课程描述、授课计划、培训教师的选定、培训教材等。要切实根据培训目标和员工自身的特点来灵活调整培训进程和培训方式。

（4）培训评估阶段

培训效果的评估是指员工将培训过程中所学到的知识和技能运用到实际操作的熟悉程度。可以从以下方面来考虑：①员工的工作态度是否有改善。表现为：对待游客的态度是否更亲切、更多微笑，举止更为得体，工作的主动性是否更积极。②员工的工作技能和知识是否有所提高。表现为：是否在学习中找到更好的工作方法，是否能够用更全面的思维方式来思考问题并有效解决工作中的难题。③员工的工作成绩是否有所改善。表现为：工作中的业绩是否提升，出错率是否下降，被游客投诉的次数是否下降等方面。

四、农庄人力资源激励

农庄人力资源激励是依据员工的工作评估来进行的。工作评估可以被认为是对农庄员工及其工作状况进行的评价，通过评价系统来体现员工在企业中的价值，从而成为员工在企业中晋升、加薪、奖惩的一种有力依据。

（一）农庄员工工作评估的作用

工作评估是指企业为了达到一定的目的，运用特定的指标和标准，采用特定的方法，对员工工作作出价值判断的一种认识过程。农庄员工工作评估是企业主完成其利润目标和战略的工具。绩效评价系统使管理者能平衡利润增长和成本控制之间的矛盾，提高科学的管理水平；能平衡不同群体之间期望值的矛盾，为农庄的人事调动提供机会；能平衡不同激励方式之间的矛盾，有利于调动员工工作的积极性。

（二）农庄员工工作评估的原则

1. 公平原则

农庄的员工工作评估应该有具体的评价标准和程序，是一个在企业内部完全公开透明的系统。为了使员工对评价工作感到充分相信，并对结果表示理解和接受，在评价工作的评估过程中一定要严格遵守评价体系中的规定。

2. 客观原则

进行工作评估时要采用客观的资料和数据，根据明确的规定统一结合，避免主观色彩参入其中，实事求是。

3. 一致原则

评价系统的标准适用于农庄内部的所有员工，不能因为职位级别等因素而变动，从而使员工质疑它的可信度。

（三）农庄工作评估的方法

现代企业对于工作评估的方法常用的有目标管理法、业绩评定法、强制分配法、工作标准法、叙述法等。这些不同的方法都存在着优点和不足，农庄应该选择一个适合自身发展特点的评估方法来进行评估工作。

（四）员工激励

任何企业都面临着同一个问题——员工流失。很多企业的人力资源部通常会消耗大量的精力通过各种渠道，以各式各样的手段来寻求一个适合企业发展的人才，好不容易遇到这么一个合适的人选，也许没过几天就提出了离职。对于一个企业来说，一个合适的新员工可以为企业输送新鲜血液，也可以为企业的发展和进步带来源源不断的动力，同时也可以解决企业用人短缺的问题。然而企业中员工过高的流失率非但没有解决企业面临的根本问题，反而制约了企业的正常经营活动。因此对于企业来说如何找出一条相对符合新员工特质的激励方法，留住企业的“新生力量”，增加企业间人才的竞争力显得尤为重要。

1. 员工激励的概念和作用

“企业根据职位评价和绩效考评结果，设计科学的薪酬管理系统，以一定的行为规范和惩罚性措施，借助信息沟通，来激发、引导和规范企业员工的行为，以有效实现企业及其员工个人目标的系统活动，使之产生有利于组织目标实现的特定行为的过程。有效的激励会点燃员工的激情，促使他们的工作动机更加强烈，让他们产生超越自我和他人的欲望，并将潜在的巨大的内驱力释放出来，为企业的远景目标奉献自己的热情。”

农庄的员工激励是指农庄的管理者用物质或非物质的方式推动员工完成某一工作目标的一种动力，这种动力能使员工在工作上更富有激情和雄心，并能够有效地提高业绩。比如，企业对于创意部门工作的出色完成而组织的欧洲游。

农庄中的员工激励产生的重大作用表现在：首先，良好的激励制度有利于企业吸引人才。IBM 公司向员工提供养老金、人寿保险和医疗保险待遇，兴办各种学校与训练网，定期组织员工学习，创造了一个保障充分、奖惩分明的工作环境。其次可以提高员工的工作效率和业绩。管理学家曾发现，收到充分激励的员工其工作潜能可以发挥出 80% 左右。再者，激励有利于员工的素质提升，员工会主动地钻研工作技能，提高自身的业务水平。

2. 员工激励的实施

不同的工作内容决定了不同的激励形式，但是激励的本质是相同：需要、动机和有目标导向的行为。为了实现农庄经营目标，激发员工的工作积极性，使员工能够心甘情愿地去尽自己最大的努力，管理者采取的激励方式一般有以下几种。

（1）以奖惩为杠杆的激励

管子认为，所有的人不分贵贱都是“得所欲则乐，逢所恶则忧”“民予则喜，夺则怒”，追求功利是人的本性，故提出以“利”作为杠杆，来激励人民的积极性。农庄可以将员工需要的东西作为出色完成工作时的奖励给予员工。

（2）薪酬激励

薪酬是最直接的激励，常常在各类企业的人力资源管理中体现。但是薪酬激励不仅仅是金钱和物质上的激励，它包含着成就的激励、地位的激励等更深层的意义。

（3）以目标为导向的激励

通过目标的设置来激发动机、指导行为，使员工的需要与农庄的目标结合起来，以激发他们的积极性。以理想和信念为支撑的激励是一种高层次的激励。

（4）情义沟通激励

员工与上级之间交流思想感情，从而增进相互之间的信任与了解，使员工感到在团队或企业中有“人情味”或温暖感，从而使团队或组织形成关系融洽、团结的群体，使每一个成员具有集体荣誉感，勇于为团队或组织的发展贡献力量，而不是一味地“又想马儿跑得快又不想给马吃草”。用情感的沟通来实现人与人之间的信息与感情的交流，达到互相理解的和谐的工作状态。比如农庄经常举行的集体活动、节日聚会等。

3. 马斯洛需要层次理论

员工激励在人力资源管理中扮演着重要的角色，它能够提高员工的积极性和创造性。马斯洛需求层次理论作为激励理论的一种，对当代人力资源管理有着重要的意义。马斯洛理论把人的需求分成生理需求、安全需求、社交需求、尊重需求和自我实现需求五类，依次由较低层次到较高层次排列。

第四节 后台支持系统管理

一、网站后台管理系统

农庄拥有自己的网站是对外介绍自己不可缺少的第一步，任何平面、户外、电视、电台广告都不能够充分展现农庄的形象、旅游产品以及新闻动态的更新。因此，为了使农庄官方网站成为24小时在线展示的最佳阵地和对外宣传的重要工具，拥有一个专属的网站管理部门是必不可少的。

（一）基本内容

1. 什么是网站后台管理系统

网站后台就是能够直接通过网页界面来管理网站内容的系统。现在景区网站一般有给用户使用的网站前台，包括查看景区的各种活动新闻、图片视频，订购酒店门票等内容。还有一个是给网站管理人员使用的网站后台，包括图片及其他文件的上传、新闻定时发布和自动更新、内容采集、图片及影音文件加水印、新闻审核、新会员审核、邮件群发、域名绑定和解析，以及对上述所有信息的修改、删除等操作。

在网站后台管理登录界面输入管理员名称和密码，登录网站后台，输入网站需要更新的资料，提交保存，网页内容就会根据所改变的操作变化。

2. 为什么需要网站后台管理系统

如果网站没有后台管理系统，那么它就是个纯页面文件的静态网站，不带数据库，管理人员无法直接修改（除非管理者掌握专业网页制作知识），所以静态网页在日常维护中显得极其麻烦。而动态网站不需要任何专业知识就能操作，也不需要借助任何软件，只要能上网打字，就能随时随地管理景区网站的内容。目前所说的动态网站其实就是带有网站后台管理系统的网站而不是页面上有动画的网站。

（二）任务

1. 网站策划

网站策划是一个网站的灵魂，是指利用科学客观的方法并加以策划学的知识，依托互联网的相关技术，对农庄景区网站提出一个整体的建设思路和从构思到运营的一系列实现方法，并根据景区的整体战略规划作出相应的体现。

2. 技术实施

包括网站的总体方案架构、软硬件配套、程序开发、UI设计（user interface 用户界面）、UE 设计（user experience 用户体验）等工作。

网站的总体方案架构是指明确农庄景区网站中的整体功能模块，并设立相应的一级栏目和次级栏目。如：新闻动态、在线预订、法律声明、友情链接等板块。

UI设计则是指对软件的人机交互、操作逻辑、界面美观的整体设计。好的UI设计不仅要让软件变得有个性有品位，还要让软件的操作变得舒适、简单、自由，充分体现软件的定位和特点。

①简易性：界面的简洁是要让游客便于使用和了解，并能减少用户发生错误选择的可能性。

②用户语言：界面中要使用能反映游客用户本身的语言，尽量生动以吸引读者。

③记忆负担最小化：人脑不是电脑，在设计界面时必须要考虑人类大脑处理信息的限度。现阶段的生活处于一个读图时代，在制作界面时要掌握这一点——浏览信息要比记忆更容易。

④一致性：界面的结构必须清晰且一致，风格必须与农庄景区的经营内容一致。

⑤清楚：画面感强，并且在视觉效果上便于游客理解和使用。

⑥用户的熟悉程度：游客可通过日常的电脑操作知识来使用界面，不应涉及复杂的操作程序。

⑦从用户习惯考虑：站在游客的立场来思考问题。用户总是按照他们自己的方法理解和使用。

⑧排列整齐规范：游客喜欢轻松地使用一个有序的界面。

⑨安全性：在游客作出危险的选择时有警告信息作出相应的提示。

⑩灵活性：通过鼠标、键盘或手柄、可触界面来方便地使用

UE 是 user experience 的缩写。用户体验（user experience）是指用户访问一个网站或者使用一个产品时的全部体验，如他们的印象和感觉、是否成功、是否享受、是否还想再来或使用。

3. 整合营销传播

从与游客沟通的本质意义上展开营销活动，将品牌、理念、产品、价值、网络、促销和服务整合成一体的管道，发挥更具实力的效果。简单来说就是长期用一个声音来说话，让人清楚地知道你是谁、是干什么的，将以往的“游客请注意”变为“请游客注意”。

美国学者唐·舒尔茨早期对其下的定义是：“整合营销传播（integrated marketing communications，简称 IMC）是一个业务战略过程，它是指制定、优化、执行并评价，协调的、可测度的、有说服力的品牌传播计划，这些活动的受众包括消费者、顾客、潜在顾客、内部和外部受众及其他目标。”

在整合营销传播中，农庄景区游客处于核心地位。为了对农庄游客有深刻全面的了解，需要建立信息资料库作为基础。整合营销传播的核心工作是培养真正的“消费者价值观”，与那些最有价值的游客保持长期的联系，听取他们对于农庄景区的看法并吸收具有帮助性的意见和建议。农庄景区不管利用哪种传播媒体，其产品或服务的信息一定得清楚一致。凡是能够将品牌、产品类别和任何与市场相关的信息传递给游客或潜在游客的过程与经验，均被视为可以利用的传播媒介。

“不管你在世界哪个角落，只要你想要，你就可以轻而易举地找到可口可乐。”2014 年可口可乐在澳大利亚地区为了吸引更多消费者特别是年轻的消费者的关注，举办了一场以用户名字为瓶身标志的活动：在澳大利亚韦斯特菲尔德购物中心户外看板，用户使用手机提交自己的名字，媒体墙上就会显示该用户的名字。通过这些媒体收集而来的用户名字将经过角逐，谁被关注者“喜欢”最多、谁被分享最多等一些规则，最后胜出 150 个名字，这 150 个名字将被分别印在可口可乐上市的可乐瓶上，而可口可乐官方同时也会请来歌手以这 150 人名字来创作一首歌曲。而那些没有被选入 150 名幸运儿的参加者又有机会参与到瓶身标志的活动中。

4. 产品和服务销售

注重网络渠道的销售和网上促销，其中包括农庄景区内所有的食、宿、行、游、娱、购一系列产品。农庄景区可以通过社区互动的平台来传播，这种一对一的网络互动咨询能够更好地使潜在的游客进一步认识农庄景区的情况。加上互联网有跨越时空阻隔的特点，通过一个平台，将不同地方、不同年纪的人聚集在一起，互相交流，分享旅游体验。此外还有微信、微博和自媒体传播等销售途径。

5. 客户关系管理

第一时间处理游客提出的问题，把每一次游客来电当作是一次销售机会，定期测试客户服务中心的自动语音系统的质量，主动联系为企业带来价值的客户，改善对客户抱怨的处理，定期给竞争对手的客户联系部门打电话，比较服务水平的不同并提出改善的方法等。

6. 加强团队建设

包括部门职能划分、人员管理和考核激励。

二、网站运营与维护

（一）概念

网站的运营与维护是指，企业对于网站的营销推广和对网站内容的及时更新以及对信息处理。

（二）特点

农庄景区的网络推广与其他行业的网络推广有着很多相似之处。信息时代给传统景区带来了发展的契机，显见的特点表现在以下两个方面：

1. 低成本，高效率

与电视、广播、报纸、杂志等传统媒介营销相比，网络推广成本更低、效率更高。农庄景区只需要负担较低的广告费用，就能利用服务器，将多媒体化的商品信息进行全面展示。而在宣传效果上，网络的优势是不受地域限制。

2. 信息整合，体验性强

一般旅游景区通常都会在网络上全方位地展示该景区的信息，包括景区的介绍、特色产品、使用的问题、交通信息、服务信息、节假日促销活动信息等，并为游客提供票务预定、住宿餐饮预定、旅游产品数据库查询、影音资料下载等功能。通过互联网，农庄景区可以与每一位上网的游客建立直接的关系，如在线咨询。通过双方互动，游客了解景区，景区也可以通过在线服务了解游客的需求特点，及时捕捉游客需求变化信息，形成景区与游客之间的“双向信息交流”。

三、方法

网站SEO优化：让更多的搜索引擎能够更系统、更完整地搜到农庄景区的宣传网站和内容。为了让景区从感官和用户体验方面更加富有内涵，不但从编程设置上进行优化，更要在网站首页设定精准的关键词，让搜索引擎能够更有效地在第一时间找到能够展示企业特色的关键词，使企业能够出现在搜索结果的前列。

案例

迪士尼游乐园的人力资源管理

迪士尼的哲学观是：if you can dream it，you can make it.（只要有梦想，你就可以实现。）迪士尼的创始人沃尔特·迪士尼（walt disney）经常放在嘴边的一句话就是：“你可以梦想、建造世界上最漂亮的地方，但所有的这些需要有人才能完成，你们就是我们的将来。”迪士尼世界的演艺和服务水准世界一流，迪士尼员工的微笑处处可见，这一切都与这种以人为本的人力资源管理密不可分，迪士尼大学培养“制造快乐”的员工主要有几个方面的关键点。

游戏面试

面试前半小时，迪士尼会给每一位应聘者介绍迪士尼的卡通人物，通过问答的方式营造轻松愉快的气氛。迪士尼的工作人员会将小巧的迪士尼卡通玩偶送给回答正确的应聘者，获得玩偶的应聘者更有可能被录用。接下来是考试，除了必须进行的英文考试之外，一个重要的方面就是微笑。考官会留心观察候选者的面部表情，候选者善于通过微笑表达友善并制造快乐的能力，在迪士尼看来可能比英文能力更为重要。

快乐培训

迪士尼非常注重员工的满意度。迪士尼大学门口有一块很醒目的、嵌着闪亮星星的牌子，上面写着“welcome to disney university—where you are the star”（欢迎来到迪士尼世界，在这儿你就是那颗闪烁的星星）。而且在培训期间，迪士尼公司会按照课时付给员工工资。老师授课时也非常注重员工的参与度，并且注重学习的游戏性。这些细节保证了员工拥有快乐的心情，并且最终将这种快乐带给游客。

Disney的培训分三阶段，分别是tradition（传统）、discovery day（探索迪士尼）和on-work training（岗位培训）。

第一阶段的tradition是在迪士尼大学完成的，是关于迪士尼的文化、历史、现状、服务水准、待客之道、各项制度、员工须知等内容的培训。

有一个小细节也许能够说明tradition这个阶段的重要性。在迪士尼，员工在公园里经常被小朋友问这样的问题："公园里有几只米老鼠？"问问题的小朋友也许在早上刚进公园时遇到米老鼠，和米老鼠合影了；中午这位小朋友到了公园的另外一个区用餐时又遇到了一只米老鼠；也许还会在另外一处遇到另外一只。答案是什么呢？三只，或者更多？正确的答案是："一只米老鼠，他跑到这吃奶酪来了。"这是一句"真实的谎言"。在所有的小朋友心目中，米老鼠只有一只，那是他们心中的英雄、偶像，而这个偶像只有一个。如果给小朋友的答案是两只，或者说三只，那这位小朋友会怎么想？他会认为他见到的米老鼠一定有一只或者全都是假的，甚至会让他想到，公园里的白雪公主、小矮人等都是假的。如果是这样，他的迪士尼之旅会是很失望的，他游玩的激情和乐趣会大打折扣，迪士尼为此所做的各种表演、道具、环境、气氛营造等努力都将付之东流。

迪士尼的培训课程丰富多彩，涵盖各种语言培训、个人职业发展、merchantainment（购物＋娱乐，一种标准的体验经济营销方式）等。迪士尼大学还训练员工观察每一位顾客，以便根据不同顾客对欢乐的不同感受，主动提供相应的服务。当课程结束时，老师对员工说："你们即将走上舞台，记住神奇的迪士尼，创造并分享神奇的一刻。每天的迪士尼都不同一般，不一样的天气，不一样的观众，但迪士尼的服务及演艺水准始终是一样的。"在迪士尼上岗被称为"在舞台上"，员工被称为"cast member"。在迪士尼没有顾客，只有客人。

第二阶段是discovery day（探索迪士尼）的培训。这一部分的重点是让员工通过实地考察熟悉迪士尼的文化，参与各项娱乐活动。

第三阶段是on-work training（在岗培训）。这是员工的show time。当然，不是叫员工上台唱歌跳舞，这只是迪士尼的形象说法而已。在岗培训从入职开始就未曾间断过，这些培训包括：技能培训、紧急事变应付（如遇到炸弹恐吓、Y2K的应变）、游客满意服务等。在迪士尼大学，图书馆不叫library，而是被称为center of excellence，即卓越中心。在这里你还可以获取许多其他培训资料与信息，有学习用的光盘、录像带、培训教材的磁带，以及各式有关迪士尼文化、表演艺术、动画艺术的图书等。

神秘评估

在迪士尼，有三个月的试用期时间来决定员工是否合适这项工作，所以前三个月的工作表现很重要。各业务部门培训经理（training manager）会指导员工的工作并负责考核。另外公司还会专门指定一位上司作为你个人的"家教"（home manager），负责个人事务的咨询及生活指导。

迪士尼有一个专门的部门被称为“战略信息及商业分析部门”（strategic information and business analysis division）。该部门的工作人员通常被员工称为secret shopper（神秘游客）。他们不定期对各个娱乐点、各个部门的员工进行明察暗访。他们通常会扮成一个普通客人，在和你接触的过程中，询问员工必须掌握的专业知识，观察员工在岗位上的表现是否符合工作流程，查看员工对工作环境的维护，记录员工对客人和小孩的态度等。在之后的一周内，被“盯”上的员工所在的部门负责人和员工本人会收到这份评估报告。这个调查不是针对某一个人，任何一个人都有可能被当作调查对象。也许你运气好，那天不上班，这样你的同事就会被调查，也许在一年里你会被“盯”上好几回。工作有时也像打比赛一样，自己表现不佳，或者不在状态时，会给自己带来麻烦，所以在迪士尼工作，主客观上都是要积极和努力向上的。

职业关怀

迪士尼公司非常注重对员工家庭的关怀，即family fun。每个员工的工作都离不开家庭的支持，工作满三个月的员工都可得到公司发送的4张可全年使用的能进入任何一个主题公园的门票，这张门票为电子票，每次与员工的身份证一起使用，且每次能带3人入园。员工每次有亲戚朋友来，他都能很自豪地带家人朋友到迪士尼游玩。奥兰多迪士尼世界有4个主题公园、2个水公园、24个度假区。员工凭工卡可享受预订酒店的5折优惠，在购物方面也可以享受特别折扣。迪士尼的员工宿舍除了有健身设备、游泳池外，还专门建了一个叫mickey’s retreat（意为米老鼠的回报）的地方，有篮球场、足球场、网球场、湖上赛艇、湖边烧烤等设施，以供员工娱乐及团队精神训练之用。每年迪士尼都会在这里举办一些员工娱乐的主题活动。

迪士尼招收新员工时的口号是：follow me to the best job in the world（跟着我，你会得到一份世界上最好的工作）。迪士尼深知：没有快乐的员工，哪来快乐的顾客？欢乐＝财富！

案例知识点提要：人力资源管理

人力资源管理（human resources management）：是指根据企业发展战略的要求，有计划地对人力资源进行合理配置，通过对企业中员工的招聘、培训、使用、考核、激励、调整等一系列过程，调动员工的积极性，发挥员工的潜能，为企业创造价值，确保企业战略目标的实现。

面包与记者

假设你是可口可乐公司的业务员，现在公司派你去偏远地区销毁一卡车的过期面包（不会致命的，无损于身体健康）。在行进的途中，刚好遇到一群饥饿的难民堵住了去路，因为他们坚信你所坐的卡车里有能吃的东西。

这时报道难民动向的记者也刚好赶来。对于难民来说，他们肯定要解决饥饿问题；对于记者来说，他是要报道事实的；对于你业务员来说，你是要销毁面包的。

现在要求你既要解决难民的饥饿问题，让他们吃这些过期的面包（不会致命的，无损于身体健康），以便销毁这些面包，又要不让记者报道过期面包的这一事实？请问你将如何处理？

说明：1. 面包不会致命。2. 不能贿赂记者。3. 不能损害公司形象。

案例知识点提要：面试

面试：企业人力资源部在完成第一环节的简历筛选后可以接下来进入面试环节的测评来继续甄选应聘人员。面试的目的在于考核应聘者的动机与工作期望、仪表、性格、知识、能力、经验等特征，以及在简历中难以获得的信息。

马斯洛的需要层次内容

1. 生理上的需求

人类维持自身生存的最基本要求，包括对呼吸、水、食物、睡眠、生理平衡、分泌等事物的需求。如果这些需要中的任何一项不能得到满足，人的生理机能就无法正常运转。只有这些最基本的需要达到满足的程度后，其他的需要才能成为新的激励因素。

2. 安全上的需求

人类要求对人身安全、健康保障、资源所有性、财产所有性、道德保障、工作职位保障、家庭安全等事物的需求。马斯洛认为，整个有机体是一个追求安全的机制，人的感受器官、效应器官、智能和其他能量主要是寻求安全的工具，甚至可以把科学和人生观都看成是满足安全需要的一部分。当然，当这种需要一旦相对满足后，也就不再成为激励因素了。

3. 情感和归属的需求

包括对友情、爱情、性亲密等事物的需求。人都希望得到相互的关系和照顾。感情上的需要比生理上的需要来得细致，它和一个人的生理特性、经历、教育、宗教信仰都有关系。

4. 尊重的需求

包括对自我尊重、信心、成就、对他人尊重、被他人尊重等的需求。人人都希望自己有稳定的社会地位，要求个人的能力和成就得到社会的承认。尊重的需要又可分为内部尊重和外部尊重。内部尊重是指一个人希望在各种不同情境中有实力、能胜任、充满信心、能独立自主。总之，内部尊重就是人的自尊。外部尊重是指一个人希望有地位、有威信，受到别人的尊重、信赖和高度评价。马斯洛认为，尊重需要得到满足，能使人对自己充满信心，对社会充满热情，体验到自己活着的用处和价值。

5. 自我实现的需求

该层次包括对以下事物的需求：道德、创造力、自觉性、问题解决能力、公正度、接受现实能力等。这是最高层次的需要，它是指实现个人理想、抱负，发挥个人的能力到最大程度，达到自我实现境界的人，接受自己也接受他人，解决问题能力增强，自觉性提高，善于独立处事，要求不受打扰地独处，完成与自己的能力相称的一切事情的需要。也就是说，人必须干称职的工作，这样才会使他们感到最大的快乐。马斯洛提出，为满足自我实现需要所采取的途径是因人而异的。自我实现的需要是在努力实现自己的潜力，使自己越来越成为自己所期望的人物。

案例知识点提要：马斯洛的需要层次理论

马斯洛的需要层次理论：员工激励在人力资源管理中扮演着重要的角色，它能够提高员工的积极性和创造性。马斯洛需求层次理论作为激励理论的一种，对当代人力资源管理有着重要的意义。马斯洛理论把人的需求分成生理需求、安全需求、社交需求、尊重需求、和自我实现需求五类，依次由较低层次到较高层次排列。

思考题

1. 农庄游客管理的含义是指什么？
2. 浅析游客行为对农庄管理的影响。
3. 谈谈农庄景区安全的特征表现在哪些方面？
4. 结合课外实例浅谈农庄人力资源激活的合理实施。
5. 浅谈农庄人力资源管理对农庄发展的重要意义。

第九章 农庄的可持续发展

第一节 休闲农业与农庄的可持续发展趋势

随着社会、经济、文化的发展，自然生态的可持续发展已经成为一种发展趋势，形成了一股不可阻挡的潮流，在休闲农业与农庄中尤为可见。在农庄的规划建设和经营管理活动中，将努力贯彻可持续发展的思想。对生态环境建设的重视，一方面源自于目前生态环境的退化，另一方面则是，农庄对良好生态环境的追求。20 世纪 80 年代中后期开始，一些有识之士认识到，保护优良的生态环境和人文环境是现代农庄与休闲农业赖以生存和发展的重要基础。可持续发展观要求农庄在选择一个优越地理位置的同时，还要求其对周围环境的保持和改善负有不可推卸的责任。

一、可持续发展下的休闲农业的开发

休闲农业的生命在于对资源和环境的保护，休闲农业与农庄是旅游产业链上的环节，只有通过创建绿色休闲现代农庄，才能支持休闲农业的发展。从而使农庄本身获得持续发展。这是有利于消费者、有利于（企业）农庄、有利于社会的可持续发展的必由之路。

（一）可持续发展的提出

可持续发展（sustainable development）概念的明确提出，最早可以追溯到 1980 年由世界自然保护联盟（IUCN），联合国环境规划署（UNEP），野生动物基金会（WWF）共同发表的《世界自然保护大纲》。1987 年以布伦兰特夫人为首的世界环境与发展委员会（WCED）发表了报告《我们共同的未来》。这份报告正式使用了可持续发展概念，并对之作出了比较系统的阐述，产生了广泛的影响。

有关可持续发展的定义有 100 多种，但被广泛接受、影响最大的仍是世界环境与发展委员会在《我们共同的未来》中的定义。该报告中，可持续发展被定义为："能满足当代人的需要，又不对后代人满足其需要的能力构成危害的发展。它包括两个重要概念：一是需要的概念，尤其是世界各国人们的基本需要，应将此放在特别优先的地位来考虑；二是限制的概念，技术状况和社会组织对环境满足眼前和将来需要的能力施加的限制。"涵盖范围包括国际、区域、地方及特定界别的层面，是科学发展观的基本要求之一。

1980 年国际自然保护同盟的《世界自然资源保护大纲》提出："必须研究自然的、社会的、生态的、经济的以及利用自然资源过程中的基本关系，以确保全球的可持续发

展。”1981年，美国布朗（Lester R. Brown）出版《建设一个可持续发展的社会》，提出以控制人口增长、保护资源基础和开发再生能源来实现可持续发展。1992年6月，联合国在里约热内卢召开的“环境与发展大会”，通过了以可持续发展为核心的《里约环境与发展宣言》《21世纪议程》等文件。随后，中国政府编制了《中国21世纪人口、环境与发展白皮书》，首次把可持续发展战略纳入我国经济和社会发展的长远规划。1997年的中共十五大把可持续发展战略确定为我国“现代化建设中必须实施”的战略。可持续发展主要包括社会可持续发展、生态可持续发展、经济可持续发展。

1987年由世界环境及发展委员会所发表的《布伦特兰报告书》所载的定义，其亦即可持续发展是既满足当代人的需求，又不对后代人满足其需求的能力构成危害的发展。它们是一个密不可分的系统，既要达到发展经济的目的，又要保护好人类赖以生存的大气、淡水、海洋、土地和森林等自然资源和环境，使子孙后代能够永续发展和安居乐业。可持续发展与环境保护既有联系，又不完全相同，环境保护是可持续发展的重要方面，可持续发展的核心是发展，但要求在严格控制人口、提高人口素质和保护环境、资源永续利用的前提下进行经济和社会的发展。发展是可持续发展的前提；人是可持续发展的中心体；可持续长久的发展才是真正的发展。使子孙后代能够永续发展和安居乐业。

（二）可持续发展的内涵

可持续发展是一个内涵极为丰富的概念，可持续发展的核心则是正确处理人与人、人与自然之间的关系，但由于不同的研究者对其理解不尽一致，强调的侧重点不同，因此也就出现了各种各样的可持续发展的延伸含义。

1. 从自然属性看可持续发展

较早的时候，可持续这一概念是由生态学家首先提出来的，即所谓“生态持续性”（ecological sustainability），它旨在说明自然资源及其开发利用程序间的平衡。1991年11月，国际生态学联合会和国际生物科学联合会联合举行了关于可持续发展问题的专题研讨会。该研讨会的成果发展并深化了可持续发展概念的自然属性，将可持续发展定义为：“保护和加强环境系统的生产和更新能力”，其含义为可持续发展是不超越环境，系统更新能力的发展。

2. 从社会属性看可持续发展

1991年，由世界自然保护同盟（INCN）、联合国环境规划署（UN-EP）和世界野生生物基金会（WWF）共同发表《保护地球——可持续生存战略》（caring for the earth：a strategy for sustainable living），将可持续发展定义为“在生存于不超出维持生态系统涵容能力之情况下，改善人类的生活品质”，并提出了人类可持续生存的九条基本原则。在这九条原则中，即强调人类的生产与生活方式要与地球承载能力保持平衡，保护环境的生命力和生物的多样性，同时提出了人类可持续发展的价值观和130个行动方案，及改善人类的生活质量，创造美好的生活环境。

3. 从经济属性看可持续发展

从经济属性看可持续发展也有许多的表达方式，不管是哪一种表达都认为可持续发展的核心是经济发展。1989年巴博在著作中把可持续发展定义为在保护自然资源的质量和其所提供的服务的前提下，使经济发展的净利益增加到最大限度。还有1990年皮尔斯提出，可持续发展是今天的资源使用不应减少未来的实际收入这一概念。当然第一种的经济发展已不是传统的以牺牲资源与环境为代价的经济发展。科斯坦萨等人把可持续发展定义为，可持续发展是动态的人类经济系统与更大程度上动态的、但正确条件下变动更缓慢的生态系统之间的一种关系，这意味着，人类文化能够发展，同时这种关系也意味着，人类活动的影响保持在某种限度之内，以免破坏生态学上的生存支持系统的多样性、复杂性和功能。

4. 从科技属性看可持续发展

实施可持续发展，科技进步也起着很大的作用，没有科学技术支持，无从谈起人类的可持续发展，因此有的学者从技术选择的角度扩展了可持续发展的含义。认为可持续发展就是转向更清洁、更有效，技术尽可能地接近零排放或者密闭式的工艺方法，以此减少能源和其他自然资源的消耗。还有人提出，可持续发展就是建立极少产生废料和污染的工艺或技术系统。他们认为污染并不是工业活动不可避免的结果，其原因还是技术水平差、效率低的表现，人类应发展科学技术以改善目前的工艺或技术系统。

5. 从我国发展来看可持续发展

2002年党的十六大把“可持续发展能力不断增强”作为全面建设小康社会的目标之一。可持续发展是以保护自然资源环境为基础，以激励经济发展为条件，以改善和提高人类生活质量为目标的发展理论和战略。它是一种新的发展观、道德观和文明观。

①突出发展的主题。发展与经济增长有根本区别，发展是集社会、科技、文化、环境等多项因素于一体的完整现象，是人类共同的和普遍的权利，发达国家和发展中国家都享有平等的、不容剥夺的发展权利；

②发展的可持续性。人类的经济和社会的发展不能超越资源和环境的承载能力；

③人与人关系的公平性。当代人在发展与消费时应努力做到使后代人有同样的发展机会，同一代人中一部分人的发展不应当损害另一部分人的利益；

④人与自然的协调共生。人类必须建立新的道德观念和价值标准，学会尊重自然、师法自然、保护自然，与之和谐相处。科学发展观把社会的全面协调发展和可持续发展结合起来，以经济社会全面协调可持续发展为基本要求，指出要促进人与自然的和谐，实现经济发展和人口、资源、环境相协调，坚持走生产发展、生活富裕、生态良好的文明发展道路，保证一代接一代地永续发展。从忽略环境保护受到自然界惩罚，到最终选择可持续发展，是人类文明进化的一次历史性重大转折。

可持续发展综合国力是指一个国家在可持续发展理论下具有可持续性的综合国力。可持续发展综合国力是一个国家的经济能力、科技创新能力、社会发展能力、政府调控能力、生态系统服务能力等各方面的综合体现。

（三）可持续发展的原则

1. 可持续性

资源的持续利用和生态系统可持续性的保持是人类社会可持续发展的首要条件。可持续发展要求人们根据可持续性的条件调整自己的生活方式。在可能的范围内确定自己的消耗标准。因此，人类应做到合理开发和利用自然资源，保持适度的人口规模，处理好发展经济和保护环境的关系。人类经济和社会的发展不能超越资源和环境的承载能力，即在满足需要的同时必须有限制因素，即发展的概念中包含着制约的因素；主要限制因素有人口数量、环境、资源，以及技术状况和社会组织对环境满足眼前和将来需要能力施加的限制。最主要的限制因素是人类赖以生存的物质基础——自然资源与环境。因此，持续性原则的核心是人类的经济和社会发展不能超越资源与环境的承载能力，从而真正将人类的当前利益与长远利益有机结合。

2. 公平性

公平性体现在本代人之间的公平、代际间的公平和资源分配与利用的公平，可持续发展是一种机会、利益均等的发展。它既包括同代内区际间的均衡发展，即一个地区的发展不应以损害其他地区的发展为代价；也包括代际间的均衡发展，既满足当代人的需要，又不损害后代的发展能力。该原则认为人类各代都处在同一生存空间，我们对这一空间中的自然资源和社会财富拥有同等享用权，我们应该拥有同等的生存权。因此，可持续发展把消除贫困作为重要问题提出来，要予以优先解决，要给各国、各地区的人、世世代代的人以平等的发展权。

3. 共同性

人类共同居住在一个星球上，我们是一个相互依存、相互联系的整体，有着共同的根本利益。我们面临的环境资源问题，不只是一国一地的事，常常是全球性的。这就需要我们突破区域和自身利益的局限，做到共同努力、通力合作、全球关注、谋求共同发展。各国可持续发展的模式虽然不同，但公平性和持续性原则是共同的。虽然国情不同，实现可持续发展的具体模式不可能是唯一的，但是无论富国还是贫国，可持续发展的原则是共同的，各个国家要实现可持续发展都需要适当调整其国内和国际政策。只有全人类共同努力，才能实现可持续发展的总目标，从而将人类的局部利益与整体利益结合起来。

4. 和谐性

可持续发展的战略就是要促进人类之间及人类与自然之间的和谐，如果我们能真诚地按和谐性原则行事，那么人类与自然之间就能保持一种互惠共生的关系，也只有这样，可持续发展才能实现。

5. 需求性

人类需求是由社会和文化条件所确定的，是主观因素和客观因素相互作用、共同决定的结果，与人的价值观和动机有关。在满足人们基本需求的基础上，再进一步提高生活水平，满足高层次需求。另外，不但要满足当代人的需求，还要满足后代人的需求。可持续发展立足于人的需求，而发展人、强调人的需求不是市场商品，是要满足所有人的基本需求，向所有人提供实现美好活愿望的机会。

6. 高效性

高效性主要是指资源的利用效率，高效性原则不仅是根据其经济生产率来衡量，更重要的是根据人们的基本需求得到满足的程度来衡量，是人类整发展的综合和总体的高效。

案例

欧盟精准农业确保农庄可持续发展

精准农业（precision agriculture）主要应用现代信息通信技术（ICT）、卫星定位系统和遥感技术，结合农艺学原理，优化管理农庄农作物种植或畜牧业养殖的时空变化（spatial and temporal variability），致力于提高农业产量、改进经济效益和确保环境质量。

近年来，欧盟共同农业政策（CAP）和欧盟第七研发框架计划（FP7），增加了对欧盟精准农业技术研发创新活动的投入。快速发展起来的创新型精准农业技术，在欧盟农业可持续发展、粮食与食品安全、自然资源有效利用和生态环境保护等方面，扮演着愈来愈重要的角色。欧盟开发应用的精准农业技术主要包括：

①确保精细化耕作、播种、施肥、灌溉、除草、杀虫、收获和畜牧业养殖的自动导向

系统（auto-guiding systems）及其变量技术（variable-rate technology）开发应用；

②利用信息通讯技术（ICT）开发的农作物种植或畜牧业养殖农庄优化管理技术推广应用；

③来自便携式或机载传感器信息收集处理技术的开发应用，如土壤特性、叶面积生长和动物体温的自动检测等；

④来自高清晰遥感数据的开发应用，如农作物生理生长状态的检测评估等。

根据欧盟议会的要求，由欧委会主持，欧盟联合研究中心（JRC）具体组织完成的欧盟精准农业评估报告，提出如下建议：

①继续提升欧盟农庄应用精准农业技术的主动意识；

②鉴于欧盟农庄规模与结构的多元化，进一步加速欧盟“精细化农庄计算器”（precision farming calculator）工具的研制开发；

③改进完善农庄环境足迹技术的开发应用；

④强化欧盟精准农业创新公私伙伴关系（PPP）和农庄专家咨询平台建设。

案例知识点提要：可持续发展

可持续发展：有关可持续发展的定义有 100 多种，但被广泛接受影响最大的仍是世界环境与发展委员会在《我们共同的未来》中的定义。该报告中，可持续发展被定义为：“能满足当代人的需要，又不对后代人满足其需要的能力构成危害的发展。它包括两个重要概念：需要的概念，尤其是世界各国人们的基本需要，应将此放在特别优先的地位来考虑；限制的概念，技术状况和社会组织对环境满足眼前和将来需要的能力施加的限制。”

二、可持续发展理论在农庄中的运用

农业可持续性发展理论是可持续发展思想和理论应用于农业而形成的新概念。自“绿色革命”以后，高投入集约型农业的弊端逐渐显现出来，各种有着密切相关的环境问题，发出了警告：农业生态持续下降、生物物种迅速减少、施用农药导致虫害的天敌被杀死了、农药残留对人类健康构成重大威胁等。人类在注重经济发展和社会发展的同时忽略了生态环境的承受能力，以牺牲子孙后代的生态环境为代价，暂时维持高速的经济发展，这种作为是不可取的。所以近年来，可持续发展成为农业、农庄发展和开发的主题思想。

（一）可持续农业的提出

可持续农业（sustainable agriculture）是在总结有机农业、生物农业、石油农业、生态农业等替代农业模式，在农业生产中贯彻可持续思想的基础上产生的。强调农业发展必须合理地利用自然资源，保护和改善生态环境，并在此基础上不断提高农业的生产水平和农民的收入水平，降低农村贫困比例，以使农业和农村经济得到持续、稳定、全面的发展。按可持续发展农业的要求，今后农业和农村发展必须达到的基本目标是：确保食物安全，增加农村就业和收入，根除贫困，保护自然资源和环境。

20世纪80年代初，以美国为首的发达国家的科学家集中讨论农业可持续发展的定义、范畴、研究的特点以及实施途径，发表了大批论文和专著。可持续农业作为一种新的农业思潮在全球迅速传播，受到世界各国的关注并付诸实践。1980年3月，联合国向世界发出了“确保全球持续发展”的呼吁，1983年成立了世界环境与发展委员会（WECD）。1985年，美国加利福尼亚议会通过的《可持续农业研究教育法》正式提出了农业可持续发展这个概念。1987年，美国农业部可持续农业研究与教育计划（SARE）正式提出了农业可持续发展的模式。1991年4月，联合国粮农组织（PAO）在荷兰召开国际农业与环境会议，形成了可持续农业和乡村发展（SABD）的丹波宣言，并提出了SABD的三大目标：即实现粮食安全、根除农村贫困和保护自然资源与环境。宣言提出，农业可持续发展是采取某种使用和维护自然资源的基础方式，并实行技术变革和机制性变革，以确保当代人类及其后代对农产品需求得到满足，这种可持续的发展（包括农业、林业和渔业）维护土地、水、动植物遗传资源，是一种环境不退化、技术上应用适当、经济上能生存下去以及社会能够接受的农业。同年还在联合国总部成立了世界可持续农业协会。1992年，在巴西召开的联合国环境与发展大会提出了以人的全面发展为目标，经济、社会和资源、环境协调持续发展的新发展；进一步指出可持续发展是指满足当代人的需要，又不对后代人满足其需要构成威胁的发展。这一新的发展观点把农业可持续发展的研究推向了一个新的阶段。

中国农业可持续发展探讨已有二十多年的历史，特别是20世纪70年代末到80年代初，在许涤新、叶谦吉的倡导下，召开了多次“生态农业”研讨会，一些农业科技人员开始以村为单位进行试点，探索和实践生态农业的理论。我国20世纪80年代开始进行“生态农业”的试点，并提出相应的理论，已触及农业可持续发展的领域。

中国的可持续农业除了更强调和突出生态学原理指导外，还很好地继承了中国自古以来就独有的正确处理人和自然关系的哲理观念，这是西方可持续发展学者十分崇尚和羡慕的。中国的生态农业同国际农业可持续发展是趋同的，中国的生态农业运动在中国推行20年，已拥有较完整的纲领、试点网络、专家、专业技术人员和大批参与的农民队伍，完全可以在此基础上推进中国的农业可持续发展的研究，但是作为提出农业可持续发展战略的标志，是1992年初国家计委等部门联合参与编制的《中国21世纪人口环境与发展白皮书》。出于对世界未来发展走向的充分把握和对中国国情的深刻分析，在国内外总体发展趋势的大背景下而提出了可持续农业。1994年3月，我国制定和通过《中国21世纪议程》，从我国具体国情和人口、环境与发展总体联系出发，提出了人口、经济、社会、资源和环境相互协调、农业可持续发展的总体战略、对策和行动方案，并在“九五”计划和2010年发展纲要中作了具体的部署，表明我国发展战略思想的转变。《中国21世纪议程》的编制和推进，标志着中国农业可持续发展的研究和实践进入新的阶段。

许多自然科学家、社会科学家、政治家都在研究和关注农业可持续发展问题。农业可持续发展是“科学技术能力、政府调控行为、社会公众参与”三位一体的复杂系统工程。人类自觉认识、自觉调控、自觉规范自己行为的智慧正是创立和发展农业可持续发展学的源泉。我国的理论界也针对中国的特点，不断地丰富完善可持续发展技术体系的内涵，逐渐形成了比较完整的、具有鲜明的中国特色的学术理论体系和实践方案，为农业可持续发展技术体系的实施，奠定了科学的基础。

21世纪，中国农业要实现可持续发展，必须以动态综合平衡为纽带。鉴于发达国家的现代化农业和发展中国家的索取性农业普遍忽视这种动态综合平衡的协调论原理，不免受到自然的惩罚。人们在农业生产中反复实践、反复认识，不断总结、不断提炼，终于形成了农业可持续发展的概念。在《我们共同的未来》一书中，全面地阐述了这两大主线（人与自然平衡、人与人和谐）的内在统一，至此，标志着农业可持续发展的理论和实践进入到一个全新的历史时期。它向世人昭示：农业可持续发展必须是“发展度、协调度、持续度”的综合反映和内在统一，三者互为鼎足，缺一不可。它们在各自临界阈值约束下共同形成的“交集”，产生了在实际运行过程中的正确“投影”，并成为衡量和诊断国家可持续发展健康程度的标识。农业可持续发展的理论体系、实证体系和应用体系应当以自然科学与人文科学的交叉研究为方向，借助现代的知识结构与研究手段去面对中国人口、资源、环境、社会和农村经济的现实，在农业综合数据库的支持下，以计算机的模拟技术和虚拟现实技术，对系统实施综合集成并预测未来中国农业的可持续发展能力。在时间序列分析的支持下，把农业综合发展、人口控制、资源消耗、生态环境质量动态变化、社会进步水平、政府管理能力、战略储备体系、科技创新能力等有机地结合起来。

（二）可持续旅游的提出

旅游与经济、社会、文化、环境都有密切关系，这就决定了旅游业的发展必然会给旅游目的地的社会、经济、环境等各方面带来积极或消极的影响。旅游业发展初期，尤其是大众旅游盛行时期，人们只注意旅游带来的经济效益，而没有顾及综合效益，其后果是对旅游资源进行过度甚至掠夺式开发，对景点实行粗放式管理，旅游项目大量上马，盲目扩张。这一切损害着旅游业赖以生存和发展的环境，威胁着旅游事业发展的长期利益。

20 世纪 80 年代以后，旅游从业者开始认识到，如果旅游与环境不能和谐共存，旅游业将成为短命产业，认识到旅游业的发展对人类和自然遗产的依赖，对生态系统稳定性和持续性的影响，以及旅游需要对于人类尤其是对于未来人类基本需求的重要性。

可持续旅游（sustainable tourism）要求人们以长远的眼光从事旅游经济开发活动，并对经济不断增长的必要性提出质疑，同时要求确保旅游活动的开展，不会超越旅游接待地区未来亦有条件吸引和接待旅游者来访的能力。

旅游可持续发展（或可持续旅游发展）思潮随即在世界范围内开始兴起。1990 年加拿大温哥华召开的全球可持续发展旅游分会上，来自全球不同国家、不同部门的官方和非官方的 40 多名代表，不仅拟定了全球“旅游可持续发展宪章（草案）”，而且将旅游可持续发展明确定义为：旅游可持续发展是引导所有资源管理既能满足经济、社会和美学需求，同时也能维持文化完整、基本的生态过程、生物多样性和生命保障系统。1993 年，《可持续旅游》学术刊物在英国的问世，标志着旅游可持续发展的理论体系已初步形成。1995 年 4 月，联合国教科文组织、联合国环境规划署和世界旅游组织等在西班牙召开“世界旅游可持续发展会议”，会议通过了《旅游可持续发展宪章》及《旅游可持续发展行动计划》。这两份文件为旅游可持续发展制定了一套行为准则，并为世界各国推广可持续旅游提供了具体操作程序。1996 年，“中国旅游业可持续发展理论基础宏观配置体系研究”被列入“九五”期间国家自然科学基金重点项目，彰显了地理学研究旅游业可持续发展的成熟性和先导性，推动了中国旅游业的可持续发展。1997 年，首届“全国旅游业可持续发展研讨会”在北京召开。伴随旅游业的蓬勃兴起，旅游可持续发展受到国内外越来越多的组织和学者的关注，并获得快速发展，研究方法与实践方面取得较大进展，但尚未形成较为系统的研究方法体系。

国内不少学者对旅游地不同旅游产品的开发模式进行了分析，研究表明，生态旅游是旅游业可持续发展的最佳模式之一，国外不少学者采用相关理论方法构建旅游地可持续发展模式，将 LAC 变化框架模式应用于区域旅游规划实施的持续性等。总体而言，国内学者侧重于构建对某类旅游地或某类旅游产品的开发模式，这虽有助于指导旅游地可持续发展，但理论价值有限；国外学者侧重于采用相关理论方法来构建可持续旅游模式，有助于相关理论在旅游地发展中的应用，而实践意义相对较小。

旅游业可持续发展的内容：

①增强全社会对旅游业所带来的环境、经济、社会文化等负面效应的理解，树立和强化全人类的生态保护意识。然而如何处理旅游业发展、经济增长及生态保护之间的关系？是坚持经济中心论，还是坚持生态中心论？能否实现鱼与熊掌二者兼得，既实现旅游经济发展，又很好地保护了生态环境？如何实现？这些问题正是旅游业可持续发展所要研究的内容。

②提倡公平发展强调旅游经济与生态环境的协调发展，避免走向任何一个极端。正如1992年联合国环境与发展大会通过的《里约宣言》所强调的，“为了实现可持续发展，环境保护工作应是发展进程中的一个整体部分，不能脱离这一进程来考虑”。可持续发展要求当代人的发展不影响后代人的发展，强调当代人与后代人之间的发展均衡与公平性。

③提高旅游业居民的生存环境和生活质量。旅游业的合理发展，会对旅游地带来诸多利益，如提高居民收入、改善居民生活、美化居住环境等。旅游业可持续发展要求兼顾旅游地社区和居民的发展与利益，只有这样，旅游业发展才能得到当地居民的支持。

④提高旅游容量和旅游产品质量。为旅游者提供高质量的旅游经历和体验是旅游业可持续发展的源泉。没有旅游者，旅游业的基本发展都无法得到保证，更不用于可持续发展了。在当今旅游业激烈竞争的今天，能否提高现有旅游地旅游容量，提供高质量、高品位的旅游产品，最大限度地吸引旅游者前来旅游，关系着旅游地未来发展的生死存亡。

⑤树立全新的理论观念，保护好未来旅游开发赖以生存的生态环境。旅游业可持续发展需要实现旅游资源的最优配置，要求人类从生态的观念出发，树立人类与自然和谐发展的新观念，自觉维护生态环境，使后代人发展旅游业仍有可持续发展的旅游资源。

（三）可持续发展理论对农庄的指导作用

1. 指明农庄的发展方向

现代农庄是农业旅游可持续发展的重要实施载体，目标与农业旅游的可持续发展方向是完全一致的，也就是说，现代农庄的运营方向也就是为了规范游览活动与自然、社会、经济、文化等系统变化的关系，使之在内涵和外延都能实现人类普遍公认的农业持续发展的方向，即在不损害生态环境的前提下，既满足当代人的旅游需求，又不会危害后代人满足自身的生态需要的发展。这一发展方向也就是休闲农业所要追求的方向，应当成为评估农庄成功与否的关键指标。因为农庄发展的过程是一个合理有序的开发农业旅游资源、保证资源的永续利用、使生态环境呈现协调有序、运行平稳的良性循环的状态过程。

2. 明确休闲农业的重要性

休闲农业是旅游的一种形式，在旅游内容类型上都体现了人类对回归自然的偏好，与以往的任何旅游相比，它跟环境关系更为密切。因为休闲农业会使人们自觉地提高环境的保护意识，同时对比其他的资源利用方式，如森林砍伐、矿山开采等，旅游给环境带来的负面影响是最小的，所以如果农庄运行得当可以作为可持续发展的一种实现载体。但农庄如何做到可持续性？就必须有充分的生态学知识、科学的休闲农庄规划、合理的经营方针、有效的环境监测及严格的管理措施。农庄的发展和开发也许会加速对环境的破坏，一些国家和地区开发休闲农业是已经出现过破坏环境的严重问题的。因而一个好的现代农庄的规划对保证休闲农业旅游的可持续发展是至关重要的，它可以达到最小的环境损失和最大的经济利益，并造福于当地居民，有利于“三农”发展。

3. 对农庄相关人员提出工作要求

为了保证休闲农业和现代农庄的可持续发展，实现农庄的目标，对农庄一切人员在工作中均以可持续发展作为工作基本要求。规划者对农庄所依赖的资源与环境进行开发规划时，不仅要考虑当代人的需求，而且还应想到后代人对资源的需求，有意识给后代人留下一些可供享用的资源和环境，为以后农庄的可持续发展保护其物质基础。这就要求规划管理者应有一个长远发展的认识态度，不仅要重视当前的效益，更应把长远的可持续发展放在首位，采用节约型和保护型管理模式，保持开发和发展的可持续性。开发投资者要清楚地认识到，农庄的投资不仅仅是经济上的投资，即农庄的投资包括资源投资、知识投资和经济投资，相应的利益也应该是三家共享的。农庄的服务对象是休闲游玩者，也应该在可持续性观点的指导下，增强保护意识，自觉主动地保护资源和环境，在休闲活动中，将对生态环境的不利影响降至最低。

第二节 经济与自然复合型休闲系统理念

可持续发展要求我们实行将社会、经济、自然相结合于一体的农庄开发管理理念。那么在农庄的规划设计以至后面的经营管理中，我们必须形成经济与自然环境相结合的休闲系统的理念，因地制宜地开发和设计农庄，建造以循环生态为基础的现代农庄结构。这样才能在激烈的市场环境中，以不损坏后世子孙的环境资源为代价的基础上，最大的获得经济效益。

一、因地制宜的开发理念

因地制宜，是根据当地的具体情况，制定或采取适当的措施来干某件事情或处理一些事。“因”根据；“制”制定；“宜”适宜的措施。

按照各地区具体情况而采取适当的措施。中国古代《吴越春秋·阖闾内传》指出：“夫筑城郭，立仓库，因地制宜，岂有天地之数以威邻国者乎？”在人文地理研究中，常把“地”理解为自然、社会和经济条件的统一，或天时、地利、人和三位一体。如在农业生产中指从各地区的光、热、水、土、生物、劳动力、资金、生产资料等具体条件、生产发展特点和现有基础的实际出发，根据市场和国民经济需要等具体情况，科学合理地调整农业生产布局和作物结构，以获得地尽其利、物尽其用的最大经济效益和保持良好的生态环境。

就农业而言，我国农业耕作因纬度、日照、积温、农业机械化程度、农耕农艺措施及技术水平不同，各地在制定农业区划、规划时针对地域特点作出不同的方案，在农业上亦称“因地制宜”。

农庄的动人之处在于其自然之美、乡土气息、农业文化与娱乐休闲等元素的充分结合。我们要求按照“准确定位、统一规划、合理布局、配套完善、科学管理、综合开发”的原则，坚持保护、开发、利用并重，实现“社会效益、生态效益、经济效益”相统一。宜果则果，宜渔则渔，宜牧则牧，产业对接，注重结合，不要盲目照搬别人的项目，应该做到人无我有，人有我精。我们要在内容设置上办出自己的特色，我们还要特别注意在农庄建设规划设计中，不应大兴土木，切忌将整个场地像推土机推成一块平地来规划设计，我们应该充分利用原有的各种资源，如自然地形地貌、自然植物群种，使这些资源来发挥其天然的优势，我们只要因地制宜地进行合理规划布局，还能够减少基础性投资。

农庄得兼顾季节因素规划。休闲农业具有很强的季节性，季节因素对休闲农庄的旅游产品种类、建设规模、客流容量等有很大影响。如在我国每到双休日和一些特定的假日都游客人满为患，平时游客相对又很少。还有在我国北方的一些地区，因一年中寒冷月份居多，导致农业观光的旺季时间较短。而在我国南方气候及其生态环境就相对比北方要好得多，如在我国长江中下游及以南地区，农业景观所呈现的自上而下由农耕或园艺型经济用材林到山地草场的递次变化，特别是江南山地立体农业特征极为突出，山地资源丰富多彩，气候条件得天独厚。故我们在休闲农庄的规划中，应本着兼顾季节因素的原则，北方可以利用大棚温室等农业设施发展农庄种植业，也可以特种养殖为主体，来避开这些不利因素。总之，我们一定要根据当地的季节性等实际情况，合理调整休闲生态农庄的观光项目，尽力做到一年四季都能够为游客展现一幅忙闲有序、农业景观四季变化分别有致的具有自己特色的乡村场景。

案例

湖南狮冲休闲观光旅游农庄（简称“狮冲农庄”）位于湖南狮冲农业建设发展有限公司立项、开发、建设的狮冲现代农业产业化创新示范园区内，该农庄距湘乡市东山新城4.7千米，规划总面积113万平方米，计划总投资5.8亿元。按照立项规划和功能分区方案，农庄由“一轴、一心、七园区”组成（“一轴”是指建设一个景观轴；“一心”是指建设一个服务中心；“七园区”是指园区由休闲农业观光园、经济林开发区、特种养殖区、特色农产品加工区、户外体育运动休闲区、素质教育区和老年养生活动区等七大功能版块构成）。

作为湘乡市对接韶山红色旅游区精品线路上的一个重要节点，项目营运方湖南狮冲农业建设发展有限公司依托该农庄良好的区位优势、资源禀赋和历史文化背景等资源，以“高、新、特、优、雅、奇”为基本定位；遵循“生态优化、特色优先、产品优质、品味优雅”的经营理念和“以农为本，因地制宜，科学规划，突出特色，先易后难，滚动发展”的开发原则；通过“以农业资源与旅游资源相结合，以文化产业和旅游产业带动服务业和农产品深加工业”等经营策略，将部分优质土地（景观）和特色项目资源外包，以合资、合作等方式，与合作方共建、共享高品位、高档次、最具人气，最大、最火、最炫的狮冲农庄。志在打造现代农业产业化创新示范园和湖南省中部丘陵地区独具特色的休闲观光旅游农庄。

案例知识点提要：可持续农业 因地制宜

可持续农业：是在总结有机农业、生物农业、石油农业、生态农业等替代农业模式，在农业生产中贯彻可持续思想的基础上产生的。强调农业发展必须合理地利用自然资源，保护和改善生态环境。

因地制宜：就农业而言，我国农业耕作因纬度、日照、积温、农业机械化程度、农耕农艺措施及技术水平不同，各地在制定农业区划、规划时针对地域特点作出不同的方案，在农业上亦称“因地制宜”。

农庄建设要与实际相结合，明确资源优势，保持其“人无我有，人有我精”的特色性地位，在农庄建设中更直接地为农庄服务，为旅游服务。目前很多农庄的投资者和管理者已经有了在因地制宜、突出特色的经营理念，并运用于农庄的开发和管理中。

现代农庄建设应树立因地制宜，突出特色的理念，农业生产具有强烈的地域性和季节性，发展农庄观光农业必须根据各地区的农业资源、农业生产条件和季节特点，充分考虑其区位的条件和交通条件，因地、因时制宜，突出区域特色。作为投资者和管理者更应改变思路，树立因地制宜的开发理念，保持农庄的可持续发展。

二、循环生态经济的开发理念

循环经济理念的提出，从理论上为资源环境在经济发展过程中的作用和注意事项提供了指导意义，使资源环境由一个外部性因素、制约因素，变为经济健康发展的内在要素、促进因素。显然，一个国家、地区的经济发展应立足于基本的资源环境状况和资源与环境协调，通过资源的循环利用达到与环境的和谐统一，所以循环经济应是我国实施可持续发展战略的经济发展模式。

循环生态经济农业，是按照生态学原理和经济学原理，运用现代科学技术成果和现代管理手段，以及传统农业的有效经验建立起来的，能获得较高的经济效益、生态效益和社会效益的现代化农业。

（一）循环生态经济的理念

生态循环农业的理念，可以说是个大农业的理念。因此，要完成这项十分繁杂而又艰巨的任务，必须坚持“农林牧副渔并举，山水林田路综合治理”的原则，在调查研究的基础上，搞好建设规划，因地制宜地推广不同类型的生态农业建设模式。实践表明，不管哪种生态农业模式，都要突出抓好三大主体措施，这就是采用生物措施（如植树、种草、增种绿肥等），工程措施（如大江大河治理，在坡耕地上修水平梯田等），耕作栽培措施（如合理轮作、深松少耕、横坡打拢、秸秆还田、增施农肥等）。这三大主体措施是相辅相成、缺一不可的。

生态经济学，简单地说，就是在良好的生态条件下所从事的“三高农业（高产量、高质量、高效益）”。它不单纯地着眼于当年的产量、当年的经济效益，而是追求三个效益（即经济效益、社会效益、生态效益）的高度统一，使整个农业生产步入可持续发展的良性循环轨道，把人类梦想的“青山、绿水、蓝天、生产出来的都是绿色食品”变为现实。

生态循环模式的农庄一般是采取“林－草－牧－沼”生物食物链循环利用模式。即苗木行间种植饲草、以饲草控杂草，饲草用于生猪养殖，禽畜粪便放养蚯蚓作消耗的食料，并消解臭气，蚯蚓大量繁殖后作为混配饲料的高蛋白补充，生产混配饲料，生态饲养生猪，猪粪进入沼气池，灭菌，产生的沼气作能源，作为园区接待服务区能源利用的补充，沼气液、渣回流苗木生产区作无害化有机肥利用。同时，在园区的生产运营和旅游观光过程中，会产生大量的污染和废弃物，通过合理的分类处理，使其和生态循环模式相配套。这种模式能够使园区的饲草资源得到最大化的利用，生态产业链得到有效的延伸，体现了效益的最大化，还可减少无机肥的大量施入，大大减轻土壤的污染，使产业的发展与生态环境的改善得到协调发展、友好相处，最终实现可持续高效发展的新模式。

循环生态经济的理念基础是生态经济理论。生态经济学是以生态学原理为基础、经济学原理为主导，以人类经济活动为中心，运用系统工程方法，从最广泛的范围研究生态和经济的结合，从整体上去研究生态系统和生产力系统的相互影响、相互制约和相互作用，揭示自然和社会之间的本质联系和规律，改变生产和消费方式，高效合理利用一切可用资源。

简言之，循环生态经济就是以可持续发展为前提的一种尊重生态原理和经济规律的经济。它要求把人类经济社会目前的发展和子孙后代的发展共同依托的生态环境作为一个统一体，经济社会发展一定要遵循生态学理论。

（二）循环生态经济在农庄的运用

1. 循环生态经济理念在农庄规划设计中的运用理念

（1）减量化原则的运用

主要是指在农庄的在建设过程中和日常生活管理中应坚持节地、节水、节种、节肥、节药、节电、节粮以及减人等，提高资源的利用效率，减少不必要的资源浪费和资源消耗。

（2）再利用原则的运用

农副产品在加工过程中，需要以市场为导向，依靠科技进步，努力提高农副产品的综合利用效率，推进加工技术的进步，实现园区经济效益、社会效益和生态效益的和谐统一。

（3）再循环原则的利用

传统农业的资源利用方式和资源利用效率与循环经济的发展理念相悖，因此应加强微生物新资源利用，创建以微生物产业为中心的新型工业化农业。其不仅能改善农副产品的品质，还能减轻环境污染，提高农副产品产值。

（4）循序渐进，协调发展

农庄规划方案需要统筹兼顾，分期建设。为作到布局合理，必须有计划地分期实施，逐步建设。为保证其健康发展，一是要合理规划，计划实施；二是要根据投入的资金合理分配，分期建设。建设过程中需要按照“整体、协调、循环、再生”的原理，充分发挥农庄自身优势，合理开发利用自然本身价值，协调发展农庄各资源特色和功能。

2. 现代农庄循环生态经济的发展方向

现代农庄是农业、生态、旅游经济相结合模式，休闲农庄既是珍禽花木、绿色蔬果的集中种养基地，又是游客接近自然、观光休闲的最佳去处，它能够充分挖掘现代农业的生态优势和乡村人文优势，建设一批集观光、旅游、休闲、度假于一体的高品位景点，发展现代农庄是提高农民收入一个行之有效的成功载体。随着我国人们收入的增加、闲暇时间的增多，现代城市人们的生活节奏加快，以及竞争的日趋激烈，他们都渴望拥有多样化的旅游，尤其是希望能够在典型的乡村环境中享受优美的田园风光，放松一下自己疲劳的身心。

农庄在生态理论上的发展方向，生态学是最先研究生物界的内容，包括了所有的个体、种群、群落和生态系统几个层次。我们在规划循环生态经济农庄时候必须要保护景观区的生物多样性，促进生态的良性循环。环境是生产力，这是现今新兴的一种共识理念。环境是农庄发展的前提，也是物质基础。我国目前的农村生态环境遭受破坏的问题较为严重，重要因为大量不合理地施用化肥、农药、除草剂等，我们急需要采取有力的措施来加大规划和建设力度，一方面我们要加强对基本农田的保护，改变现有的不合理的耕作方式；二是要大力发展生态农业，减少化肥和农药的使用，控制和防治农业环境的再污染，生产更多的绿色食品。现在我国已经有一部分农庄经营者开始在有机蔬菜、有机水果、放养家禽、不再以配合饲料饲养生猪和鱼等方面作出了有益的尝试。但受传统观念、技术、资金的限制，还有很多农庄在整体规划设计中，没有能够充分把握好可持续发展理念，以此为卖点的项目少之又少。我们要知道，发展休闲农业的本质就是发展循环生态经济农业，遏制常规旅游对旅游资源的过度开发和给环境带来的负面影响，在提高农业综合生产能力和增加农业收入的同时，协调经济与循环生态的关系，促进农业可持续发展。

其实生态农业技术在我国已经有几千年的深厚基础，但是目前仍存在低技术、低效益、低规模、低循环的不足。我们应当运用现代循环生态经济学的原理和方法，采用先进的生态工程技术和现代农业科技来作为指导，引导我国现代农庄经营走上可持续发展的道路。

农庄在经营管理上的发展方向、循环生态经济农庄引入现代企业管理制度，对农庄的生产、经营运作采取科学的管理方法，以最大限度地提高经济效益。具体如下：

（1）企业系统管理化机制

从系统的原则出发，把农庄经营运作看作是一个由许多部门、产业以及社会再生产的各个环节相互联系、相互协作的要素组成的有机统一整体。

（2）责、权、利一致的激励机制

生态农庄是劳动联合与资本联合的复合体。对于劳动者来说，是劳动联合，采取多劳多得的物质和精神激励的原则；对于投资者来说，是资本联合，采取所得红利按投入资本比例分配的原则。两种联合结为一体，相互得益，相互促进。

（3）生产与科研一体化机制

生态农庄为了在市场竞争中立于不败之地，必然要在农作物优良品种的培育、栽培和加工生产的专业化、集成化、运输等各个环节，积极采用国内外先进技术，提高农业生产的科技含量。同时，农业科研的进行也离不开农业生产实践。只有二者实行横向联合，才能冲破妨碍农业发展的束缚，提高农业生产力，建立起新型的农业经营体制。

我国相当一部分农庄经营者是在房地产行业和流通行业中完成原始资本积累，因看好休闲农业的发展前景转而投资休闲农业的，对休闲农业消费者的需求、休闲农业的特征和趋势等，他们都缺乏深刻认识。在当前的各农庄规划中，各农庄经营者往往或根据经验融合自己对休闲农业的体会而自行设计，或直接照搬照抄先进地区的代表作，粗制滥造，大动土木，建筑外观雷同，内部布局失当，功能单一而接近，大多数只是简单地提供吃，住，玩之类的简单服务，很少有精品，造成旅游者没有新鲜感，所以回头率低。为了走出这一怪圈，我们在休闲农庄的规划建设中的农庄设计，首先要求有突出的、特色的主题。以鲜明的现代农业特色来展现和规划区域的风貌，并使之与周边旅游风景资源有着明显的差异性，利用原有的人文、自然资源创造出独特的景观形象和游赏魅力。我们设计休闲农庄的主题就是要表达规划设计中的中心思想，这也是我们休闲农庄企业文化的核心。主题确定后，我们就要突出休闲农庄特色，营造具有吸引人气的氛围。整个休闲农庄的规划设计要时刻呼应主题、体现主题，突出主题特色农业文化的内涵。

我国休闲农庄的发展规划应该以具有旅游价值的农业资源如：农产品、农耕文化、区域自然风貌为前提，以科学的规划、设计、修建为手段，再以现代化创新的经营管理理念为载体，以展现给游客以生态观光、休闲、采摘、购物、品尝、农事活动体验和传统农耕文化回味为目的，把新农村建设与体现传统农庄风貌充分地结合起来，还要讲求“原汁原味”，避免“视角污染”，追求设施与农业系统、生态系统、人文景观系统的和谐统一。向游客提供一种自在、自然、幽静、野趣、新奇的新型游乐空间，尽力体现返璞归真、回归自然的消费心态。使之形成一个集生态旅游观光、现代高效农业、优化生态环境和社会文化功能为一体的原生态农业旅游、休闲、娱乐新型农庄。

思考题

1. 农庄可持续发展的内涵？

2. 请举例说明可持续发展理论在农庄中的运用。

3. 循环生态经济的开发理念对农庄管理有何意义？

参考文献

[1] 土地流转信托的问与答．第一资讯 .2013

[2] 农村土地承包经营权流转管理办法 .2005

[3] 许家林．会计学原理．北京：科学出版社，2011

[4] 企业会计准则第 14 号——收入．财政部会计准则委员会

[5] 吴红波．可持续发展是唯一选择．人民日报，2013-09-13（2）

[6] 王圣宏．国内外循环农业研究与发展比较分析．环境保护与循环经济，2010

[7] 陈红．循环型农业发展过程中地方政府行为研究．东北林业大学，2007